그리피스 컬렉션의 한국사진

양상현 교수(1964-2015)는 럿거스대학교에
오랫동안 잠자고 있던 그리피스 컬렉션의 한국사진들을 발굴하여
주제별로 분류하고 일차적인 고증을 거치는 과정에
많은 열정을 쏟았습니다.
수년에 걸친 작업의 결과를 책으로 출간하는
준비를 하다 마저 끝내지 못하고
세상을 떠난 그의 영전에
이 책을 바칩니다.

그리피스 컬렉션의 한국사진

윌리엄 그리피스 | 럿거스대학교 도서관 특별 컬렉션

19세기 말에서 20세기 초까지 근대 한국사진

―――――――――・―――――――――

PHOTOGRAPHS OF KOREA IN THE WILLIAM ELLIOT GRIFFIS COLLECTION

Photographs of Korea from the Late 19th Century to the Early 20th Century

양상현·유영미 엮음

눈빛

William Elliot Griffis (1843–1928)

윌리엄 엘리엇 그리피스는 미국 필라델피아에서 태어나 뉴저지주의 럿거스대학교를 졸업했다. 1870년 일본 정부의 초청으로 후쿠이 현에서 화학과 물리학 교수로 근무하였고, 그 다음 해에는 도쿄카이세이학교 (현 도쿄대학)로 적을 옮겼다. 일본 연구에 몰두하던 중, 일본을 이해하기 위해서는 고대로부터 일본에 중대한 영향을 주었던 한국을 알아야 한다는 것을 깨닫고 각종 문헌과 자료를 수집하여 한국 연구에도 노력을 기울였다. 4년간의 일본 체재 후 미국으로 돌아와서 『천황의 제국(*The Mikado's Empire*)』(1876)과 『은자의 나라 한국(*Corea: The Hermit Nation*)』(1882) 등 다수의 저서를 출간함으로써 19세기 말 20세기 초의 가장 영향력 있는 동아시아 전문가로 자리 잡게 되었다. 『은자의 나라 한국』은 1910년까지 18년간 9번의 수정본이 출판되었는데 외국어로 쓰여진 한국관련 서적 가운데 가장 포괄적이고 흥미로운 저술로 평가받았고, 한 세기가 지난 현재까지도 연구자들의 관심을 받고 있다.

그리피스 컬렉션의 한국사진

19세기 말에서 20세기 초까지 근대 한국사진

윌리엄 그리피스 | 럿거스대학교 도서관 특별 컬렉션

양상현·유영미 엮음

초판 2쇄 발행일 — 2020년 8월 11일
발행인 — 이규상
편집인 — 안미숙
발행처 — 눈빛출판사
　　　　서울시 마포구 월드컵북로 361 이안상암2단지 2206호
　　　　전화 336–2167 팩스 324–8273
등록번호 — 제1–839호
등록일 — 1988년 11월 16일
편집·진행 — 성윤미·이솔
출력·인쇄 — 예림인쇄
제책 — 대원바인더리
값 45,000원

사진: 미국 럿거스대학교 도서관 제공, 2019
Copyright ⓒ Sang-hyun Yang & Young-mee Yu Cho, 2019

ISBN 978-89-7409-309-9

양상현(Sang-hyun Yang, 梁尙鉉, 1964–2015)

1982년 서울대학교 건축학과에 입학했고, 1990년대 동대학교 대학원에서 건축설계 및 계획을 전공하면서 한국건축의 현대적 의의와 전통의 수용에 대해 그리고 조선시대 사찰 배치의 서사구조에 대해 관심을 가졌다. 이후 여러 학술논문을 통해 불교 사찰건축의 구성을 다양한 이야기로 풀어냈다. 순천향대학교 건축학과 교수와 민족건축인협의회 의장을 역임하며, 장애인 주택개조와 농촌마을 만들기 등 착한 건축을 지향하고, 숨 쉬는 학교도서관 및 과거와 공존하는 도시설계 등 건축가로서의 활동도 꾸준히 하였다. 저서로는, 『거꾸로 읽는 도시』『뒤집어 보는 건축』『클릭 서양건축사』『손수 지은 집』 등이 있다. 2008년 연구년 때 방문교수로 간 미국 럿거스대학교에서 그리피스 컬렉션 사진자료들을 만나게 되었다.

유영미(Young-mee Yu Cho, 劉永美, 1956–)

1979년 서울대학교 인문대학 영문학과를 졸업하고, 1990년 미국 스탠포드대학에서 언어학 박사학위를 취득했다. 음운론과 형태론에 관한 연구를 통해 인간의 언어 능력에 관한 경이를 끊임없이 경험하고 있다. 또한 1980년 중반부터는 외국어로서의 한국어 교육에 뜻을 두어 스탠포드대학의 한국어 프로그램을 창설했다. 1996년부터 현재까지 뉴저지주립대학인 럿거스대학에서 한국학 교수로, 1년 수강생 600명을 위한 40여 개의 강좌를 제공하는 한국학 프로그램을 책임지고 있다. 그리피스 컬렉션의 한국관련 자료를 홍보하는 역할로 2008년에는 그리피스 워크샵을 주최하였고, 양상현 교수와의 인연으로 그리피스 사진자료 분석에 참가하게 되었다.

PHOTOGRAPHS OF KOREA
IN THE WILLIAM ELLIOT GRIFFIS COLLECTION

Photographs of Korea from the Late 19th Century to the Early 20th Century

First edition published in 25th November 2019

Photos, courtesy of the Griffis Collection at Rutgers University Library

Printed in Korea by Noonbit Publishing Co.
Book Design: Kyu-sang Lee, Sohl Lee, Yoon-mi Sung

Noonbit Publishing Co.
2206, IannSangam 2 dan-ji, Worldcup Buk-ro 361, Mapo-gu, Seoul, South Korea
noonbit88@hanmail.net   +82-2-336-2167

추천사

심희기
연세대 법학전문대학원 교수

럿거스대학교 아시아언어문화학과 유영미 교수 덕분에 대학 도서관의 그리피스 컬렉션(이하 GC로 약칭함)에 1876년을 전후한 시기로부터 1920년대까지의 한국관련 자료들이 상당수 보존되어 있다는 정보를 알게 되었다. 본인은 소속 대학인 연세대학교로부터 2007년 9월-2008년 8월까지 1년간 연구년을 부여받아 이 기간에 이 컬렉션 중 한국관련 자료들을 정밀조사하는 기회로 활용하려고 마음먹었다. 거의 매일 오전 10시부터 오후 5시까지 특별한 일이 없으면 그곳 열람실에서 모든 책자와 팜플렛, 논문 별쇄본, 스크랩북, 편지, 사진 등을 열람하였다. 그 결과 그리피스는 자신이 목표로 삼는 대상에 대한 자료를 열정적으로 수집한 후 놀라울 정도로 치밀하게 분류한 인물로 본인에게 각인되었다.

19세기 말부터 20세기 초반에 해당하는 기간에 한정하여 생각해 볼 때 그리피스를 미국에서 손꼽히는 일본 전문가 중 한 사람이라고 평가한다면 아마도 그는 동시에 그 기간 중 미국에서 거의 유일한 조선문제 전문가였다고 말할 수 있다.

여기서는 본인의 GC에 대한 총체적 인상을 술회하는 것이 독자들에게 도움이 될 것 같다.

첫째, 그리피스는 자신이 생존했던 기간 동안 미국 사회에서 동아시아 3국(중국, 일본, 조선)의 전문가로 활동하려는 목표의식을 뚜렷하게 가지고 있었던 것 같다. 그래서 그는 자신이 입수한 동아시아 3국에 관한 자료는 아무리 사소한 것이라도 버리지 않고 모두 보관하려는 의지를 보였다. 가장 인상적인 자료는 각종 신문기사를 연도별로 정밀하게 모아 놓은 스크랩북이다. 19세기 말이라는 시점은 사진자료나 그림자료가 매우 중요한 시각자료로 활용되던 시점인지 출판사들은 저자들에게 가급적 시각자료를 책자에 포함시킬 것을 요구하였고, 그리피스의 저술에도 시각자료가 담기지 않은 저술은 거의 없었던 것으로 기억된다. GC에 사진자료가 많이 있는 이유는 그리피스가 언젠가 출판할 한국관련 저술에 사진자료를 포함시키려는 의도가 있었기 때문으로 추측된다.

둘째, 동아시아 3국에 관한 자료란 출판물(책자, 논문 별쇄, 팜플렛, 학술회의 자료)과 신문기사, 사진자료가 주종을 이루고 있다. 동아시아 3국 중에서 중국에 관하여는 그리피스보다 출중한 전문가가 많이 있었기 때문에 그리피스의 명성은 일본과 조선에 한정되는 것이었다. 그리피스는 비교적 이른 시기에 교사 혹은 교수로 일본에 초빙되어 상당한 기간 동안 일본에서 생활한 경험을 토대로 일본관련 저술을 왕성하게 발표하여 19세기 말의 미국에서 일본 전문가로 명성을 얻게 되었다. 시간이 지나면서 그리피스보다 더 많은 기간을 일본에서 보낸 다른 일본문제 전문가들의 일본관련 저술이 나타나기 시작하자 그리피스는 조선관련 저술을 하기 시작하여 저 유명한 『은자의 나라 한국』을 출간하였는데 이때부터 그리피스는 서구사회에서 자타가 공인하는 조선문제 전문가가 되었다.

셋째, GC에 다른 곳에는 없는 조선관련 희귀 책자들이 보관되어 있다고 말하기는 어려운 것이 아닌가 하는 생각이 든다. 예를 들어 본인이 작성한 GC 보관 희귀 책자 목록에 있는 희귀 책자들은 대부분 다른 곳에도 보관되어 있는 책자들이다. GC의 강점은 희귀 책자들을 가장 많이 소장한 곳이라는 점에 있다.

넷째, 위와 같은 GC의 강점은 사진과 그림자료에서 더욱 두드러지게 나타난다. GC가 보관하는 사진자료 600여 점은 이른바 희귀 사진자료를 거의 망라하여 보관하고 있다고 말할 수 있다. 그 상세한 내역은 양상현 교수의 공동저술논문(양상현·박소연·유영미, 「그리피스 컬렉션에 소장되어 있는 한국 근대 사진자료의 학술적 가치에 대한 고찰」, 『한국근현대사연구』, 71집 7–50쪽, 2014)에 잘 기술되어 있다.

다섯째, 2014년에 발표된 위 논문이 기폭제가 되어 유사한 논문들이 후속되고 있어 주목된다. 박소연의 「그리피스 컬렉션에 포함된 한국 근대 도시·건축 사진자료에 관한 연구」(2015. 2. 순천향대학교 건축학과 석사학위논문), 조경덕·정혜경·양상현의 「그리피스 컬렉션 사진에 대한 기독교사적 고찰」(기독교학문연구회, 『신앙과 학문』 20권 3호, 2015, 207–233쪽), 이경민·양상현·문병국의 「그리피스 컬렉션에 포함된 근대 인천과 한성 사진 연구」(『건축역사연구』 제24권 제6호, 2015. 1, 7–19쪽)가 그것들이다.

마지막으로 GC에 대한 차후의 연구과제로 어떤 것이 있을까를 논하여 후학들의 연구를 권장하고 싶다.

첫째, 19세기 말에서부터 20세기 초까지의 기간 중 미국의 '대(對) 조선 인식의 현황'을 깊게 분석하고 싶다면 GC는 최적의 연구대상이 아닐까 생각한다.

둘째, GC에서 차후에 별도로 분석하거나 학계에 소개할 만한 대상은 그리피스가 받은 각종의 편지가 아닐까 한다. 박은식과 이광수가 그리피스에게 보낸 편지가 알려져 있지만, 그것 외에도 의미 있는 편지가 많이 있다. 예를 들어 이승만, 서재필, 언더우드, 헐버트를 비롯한 많은 선교사들이 그리피스에게 보낸 편지들이 연구자들의 활용을 기다리고 있다.

셋째, 19세기 말에 그리피스가 일본을 서방세계에 소개한 공적을 높이 사서 2년에 한 번씩 럿거스대학교에서 그리피스 관련 미일 컨퍼런스가 열리고 있다. 『은자의 나라 한국』에 오류가 많이 있지만 19세기 말에 그리피스가 조선을 서방세계에 소개한 공적이 있으므로 정기적인 컨퍼런스가 아니더라도 가까운 시일 내에 한미 그리피스 컨퍼런스가 기획되기를 희망한다.

이 사진집은 그동안 잘 알려지지 않은 19세기 말–20세기 초의 조선·한국관련 시각자료를 제공하는 의미 있는 사진집이 될 것임이 틀림없다. 고 양상현 교수와 유영미 교수의 그간의 노고에 감사드린다.

Recommendation

Hui-gi Sim

Professor, Graduate School of law, Yonsei University

Thanks to Professor Young-mee Yu from the Department of Asian Languages and Cultures at Rutgers University, I was able to discover that a multitude of records pertaining to Chosŏn/Korea from circa 1876 to the 1920s were preserved in the Griffis Collection (GC) at the Rutgers University Library. I was given a sabbatical leave, from September 2007 to August 2008, by my institute Yonsei University, and decided to use this period as an opportunity to conduct a close study of the Korea-related records in this collection. Nearly every day, from 10 a.m. to 5 p.m., I perused the books, pamphlets, article excerpts, scrapbooks, correspondences, and photographs in the reading room. The impression that Griffis thus left on me was that of a passionate collector and astonishingly meticulous organizer of information.

Looking at the late nineteenth and early twentieth centuries, one can consider Griffis as one of the most esteemed American scholars of Japan, and simultaneously, identify him as the only American scholar of Chosŏn affairs at the time.

Here, I find that a report of my general impression of the GC may be useful for the reader.

Firstly, Griffis seemed to have pursued, throughout his lifetime, the objective of becoming America's expert of the three East Asian countries (China, Japan, and Chosŏn). He was thus determined to preserve all records he had acquired that pertained to the East Asian countries, and kept even the most trivial pieces of information. The most impressive of his records is the scrapbook in which he has painstakingly collected newspaper articles and sorted them by year. Perhaps because photographic or illustrated records were used as important visual records the late nineteenth century, publishers would demand that their authors include visuals in their books — thus I recall observing that none of Griffis's texts were unaccompanied by visual aid. Likely, the reason the GC holds such a plethora of photographic records is that Griffis was intending to incorporate them into his work on Korea that he had been planning to publish one day.

Secondly, records on the three East Asian countries chiefly consist of publications (books, article excerpts, pamphlets, conference records), newspaper articles, and photographic records. Of the three East Asian countries, China had been studied by scholars that were far more prominent that Griffis himself, and so Griffis's prestige had to be limited to the study of Japan and Chosŏn. Griffis was recruited as either a professor or teacher in Japan at a fairly early age, and by writing prolifically about Japan based on his years of experience, he reached fame in the

United States during the late nineteenth century as a Japan expert. However, as other Japan-related publications, by scholars who had spent longer periods of time in Japan than Griffis, began to emerge, Griffis started writing about Chosŏn. After publishing the celebrated *Corea, the Hermit Nation*, he was recognized in the Western world as a prestigious expert on Chosŏn affairs.

 Thirdly, I believe it is perhaps wrong to say that the GC possesses Chosŏn-related books that are truly rare and never to be found elsewhere. For instance, most of the items in my inventory of rare books in the GC are those held in other places as well. The greatest strength of the GC is rather that it holds the most number of rare books.

Fourthly, this strength is demonstrated especially by the GC's photographs and illustrated records. The approximately 600 photographs owned by the GC almost fully encompass the range of so-called rare photographic records. The details of such are well described in a co-authored article by Professor Sang-hyun Yang (Sang-hyun Yang , So-yeon Park, Young-mee Yu, "The Significance of Korean Photos in the William Elliot Griffis Collection at Rutgers University," 2014, *Journal of Korean Modern and Contemporary History*, Vol. 71, 7-50).

Fifthly, it is worth noticing that the publication of the above article in 2014 has catalyzed a multitude of similar articles. These include "A Study on Korean Photos of Cities and Architectures in Griffis Collection" by So-yeon Park (2015.2, M.A.Thesis, Department of Architecture at Graduate School of Soonchunhyang University), "Christian Historical Study on the Pictures of Griffis Collection" by Kyoung-duk Cho, Hye-kyung Chung and Sang-hyun Yang (*Korean Association For Christian Studies, Faith and Scholarship*, Vol. 20 No. 3, 2015, 207-233), and "A Study on Photographs of Modern Incheon and Hansung in Griffis Collection" by Kyeong-min Lee, Sang-hyeon Yang, and Byeong-kuk Moon (2015. 1, *Journal of Achitectural History*, Vol. 24 No. 6, 7-19).

Lastly, I would like to recommend to future researchers several potential topics for further research regarding the GC.

Firstly, for those who wish to conduct in-depth research on the United States' awareness of Chosŏn from the late nineteenth to early twentieth centuries, the GC may be the optimal object of study.

Secondly, I believe that the various kinds of correspondences received by Griffis are worth for the GC to further examine or introduce to the scholarly conversation. Besides the well-known letters sent to Eun-sik Park and Kwang-su Yi, the collection also possesses a great number of other important correspondences. The letters sent to Griffis by Syng-man Rhee, Chae-p'il Sŏ, Horace Underwood, Homer Hulbert and others await utilization by researchers.

Thirdly, U.S.-Japan conferences are being held biennially at Rutgers University, in celebration of Griffis's achievement of introducing Japan to the Western world in the nineteenth century. Albeit the inaccuracies in *Corea, The Hermit Nation*, Griffis also made the accomplishment of introducing Chosŏn to the nineteenth-century Western world — thus, I wish for a U.S.-Korea conference, if not regular conferences, to be arranged in the near future.

Doubtlessly, this photography collection will be a meaningful publication providing previously unseen visuals of Chosŏn/Korea from the late nineteenth and early twentieth centuries. I would like to express my gratitude toward Professors Sang-hyun Yang and Young-mee Yu for their hard work. [Translated by Eunice Lee, Princeton University]

서문 1

유영미

럿거스대학교 한국학 교수

저는 미국 뉴저지 럿거스대학교에 '그리피스 컬렉션'이 있다는 사실을 대학에 부임한 후 수 년이 지나도록 모르고 있었습니다. 1999년이던가 인근 대학에서 한국문화사를 가르치던 교수가 학생들을 인솔하여 컬렉션을 열람하러 왔던 것을 계기로 우연히 그 존재를 알게 되었습니다. 이후, 2000년대 중반부터 담당 사서인 퍼난다 페론 박사님의 도움을 받아서 그리피스 컬렉션을 학부생, 대학원생, 교수를 가리지 않고 모든 연구자들에게 소개하는 일에 앞장서게 되었습니다. 컬렉션을 살펴본 방문자들은 『은자의 나라 한국』 등의 저서로 한국 전문가로 알려진 그리피스의 자료가 한국의 개화기와 일제강점시대를 더 정확하고 섬세하게 이해할 수 있는 귀중한 단서를 제공해 준다고 입을 모아 이야기했습니다. 40년 이상 훈민정음에서 육진 방언까지, 개화기 성경 번역에서 소련의 고려 말까지 연구해 온 브리티시 컬럼비아대학교의 로스 킹 교수님도 컬렉션의 한국 사진자료 덕분에 1880년대 러시아의 프리모르스크에 정착한 한인들의 구체적인 모습을 확인하게 됐다는 말씀을 하였습니다.

지난 십여 년간 그리피스 컬렉션의 정리되지 않은 방대한 자료들은 연구자들에게 마치 광산에서 숨겨진 원석을 발굴하는 것처럼 열정과 동기를 부여해 왔습니다. 가공되지 않은 1차 자료인 그리피스 컬렉션을 통하여 학문의 재미는 교과서의 틀에 얽매이지 않는 '개방성'에 있음을 새삼 깨닫게 되었습니다. 1960년 본교의 벅스 교수와 사서 쿠퍼만은 강연과 저서를 통해 그리피스 컬렉션의 자료가 한국사 연구에 중요한 역할을 할 것이라고 이미 발표한 바 있습니다. 그러나 이후 40년 동안 전혀 학계의 관심을 받지 못하다가 2005년에서야 처음으로 컬렉션의 자료에 의거한 논문이 출판되었는데 명지대학교의 정성화 교수의 「William Elliot Griffis and Emerging American Images of Korea」이었습니다. 그러나 그리피스 컬렉션이 학계의 주목을 받게 된 본격적인 계기는 이 책의 추천사를 쓰신 연세대학교 법학대학 심희기 교수의 2007−2008년 럿거스대학교 방문이었습니다. 심 교수는 연구년 기간 동안 노고 끝에 「Korean Materials in the William Elliot Griffis Collection」(Gass & Perrone 2003)을 기초로 하여 60여 쪽에 달하는 「Rare Books and Pamphlets in the William Elliot Griffis Collection」을 한−영 양본으로 완성하셨습니다. 돌이켜 보면 2008년은 그리피스 연구에 있어 여러모로 뜻깊은 해였습니다. 심희기 교수 외에도 한국문학, 어학, 사회학, 전통미술, 건축 등 다양한 전공 분야에서 13명의 학자가 열정적으로 참여하여 제1차 그리피스 컬렉션 워크숍이 개최되었습니다.

2008년 워크숍 참석자들 중 한 분이 순천향대학교 건축학과 양상현 교수였습니다. 아시아언어문화학과의 방문교수로 일 년 동안 럿거스대학교에 체류하면서 한옥의 현대적 해석에 관한 강의와 더불어 한국의 절이 가진 문화적 의미에 관한 흥미로운 강연도 해주었습니다. 워크숍에서는 개화기 사진에 관한 발표를 하셨는데 사진 속에서 거울을 보는 기생의 다중적 시선으로부터 이야기를 풀어내어 깊은 감명을 주었습니다. 럿거스대학교 방문 기간 동안 그리피스 컬렉션의 모든 사진자료를 직접 촬영하였고, 귀국한 후 몇 년에 걸쳐서 치밀하게 분석하여 사진을 정리했습니다. 양 교수의 노력은 「그리피스 컬렉션에 소장되어 있는 한국 근대 사진자료의 학술적 가치에 대한 고찰」(2014), 「그리피스 컬렉션 사진에 대한 기독교사적 고찰」(2015), 「그리피스 컬렉션에 포함된 근대 인천과 한성 사진 연구」(2015) 등 논문 발표와 「그리피스 컬렉션에 포함된 한국 근대 도시 건축 사진자료에 대한 연구」(2015) 순천향대학교 석사학위 논문 지도로 결실을 맺었습니다. 특히 2014년 논문에서는 그리피스의 사진 586점을 일일이 분석하여 7개의 항목(관혼상제, 전쟁, 생활, 궁궐과 왕실, 도시-건축, 종교, 기타)으로 분류하였고, 한 번도 소개된 적이 없던 사진 351점을 세상에 처음 알리게 되어 언론의 주목을 받기도 했습니다.

이 책은 그리피스 자신의 메모는 물론 새롭게 고증된 내용도 함께 담아서 '잠자고 있던' 한국 근대사의 장면들을 보여주고자 합니다. 차후의 연구자들을 위하여, 이 책의 뒷부분에(414쪽) 사진 분류를 포함시켰습니다. 1차 사료의 빈틈을 메워서 역사를 충실히 재구성하는 노력이 소중한 가치를 지닌다는 신념으로 작업을 추진해 온 양상현 교수는 책이 미처 나오기 전 2015년 8월에 갑작스럽게 유명을 달리하셨습니다. 교수님의 뜻을 기리는 마음으로 부인 손현순 교수와 눈빛출판사 이규상 사장의 도움으로 문외한인 제가 이 책의 출간을 대신 진행하게 되었습니다. 책이 나오기까지 많은 분들의 도움이 있었습니다. 럿거스대학교 2016 연구기금 덕분에 조이스 사마리다와 브랜든 박 두 학생의 도움을 받아 자료조사 및 번역을 충실히 할 수 있었음을 밝힙니다. 이 책을 위하여 따로 귀중한 글을 써 주신 페론 박사님, 심희기 교수님, 로스 킹 교수님, 정근식 교수님, 그리고 유니스 리 님께 깊은 감사를 드립니다. 번역과 교정을 도와준 전희정 선생님에게도 고마움을 전합니다.

2008년 한 해 동안 제가 지켜본 양상현 교수는 24시간이 모자랄 정도로 하루하루를 충실하게 사시는 모습으로 각인되어 있습니다. 새벽에 일어나 가족들의 아침식사를 준비해 두고 철인3종 경기에 참가하러 가신 것, 행사 때마다 흔쾌히 카메라맨이 되어 준 일, 까맣게 햇볕에 그을린 얼굴로 도서관에서 자료수집에 몰두하던 모습이 십 년이 지난 지금도 제 기억 속에 생생합니다. "인생의 가치는 얼마나 오랫동안 숨을 쉬었느냐가 아니라 얼마나 많은 숨 막히도록 아름다운 순간을 살았는가로 측정된다"는 말이 생각납니다. 저 말고도 수많은 분들이 양 교수께서는 매 순간 아름답도록 치열하게 사셨다고 증언하시리라 생각됩니다.

뉴저지 곳곳에 꽃산딸나무의 연붉은 꽃들이 층층이 피어나는 오월이 돌아오니 일 년 동안 세 들어 살던 정원에 꽃산딸나무 한 그루를 심고 떠나신다고 즐거워하셨던 모습이 어제처럼 떠오릅니다.

이 책을 삼가 양 교수의 영전에 바칩니다.

Foreword from an Accidental Editor

Young-mee Yu Cho
Rutgers University

William Elliot Griffis (1843–1928) graduated from Rutgers University in 1869, and went to Japan to participate in the Japanese government's Westernization project for three years (1871–1874) by teaching natural sciences and helping organize education in Echizen (later named Fukui). Upon returning to the U.S., he became one of the preeminent Western authorities on American–Japanese relations, East Asian history and culture, and Korea through his numerous publications, including *The Mikado's Empire* (1876), *Japanese Fairy World* (1880), *Asiatic History: China, Corea, Japan* (1881), *Corea: The Hermit Nation* (1882), *Corea, Without and Within: Chapters on Corean History, Manners and Religion* (1885), *The Religions of Japan* (1895), *Japanese Nation in Evolution: Steps in the Progress of a Great People* (1907), *China's Story in Myth, Legend, Art, and Annals* (1911), *The Unmannerly Tiger, and Other Korean Tales* (1911), *A Modern Pioneer in Korea: The Life Story of Henry G. Appenzeller* (1912) and *Korean Fairy Tales* (1922). Griffis's many publications on Japan and Korea contributed to the formation and dissemination of Western images of Japan and Korea in the late 19th and early 20th centuries. *The Mikado's Empire*, the most popular book of its time about the nation of Japan, established Griffis as one of the first Japan experts in the U.S. Griffis also established himself as a Korea expert. One of his bestsellers, *Corea: The Hermit Nation* was reprinted numerous times through nine editions and over thirty years. It has functioned as an important entry into Korea for Americans and Europeans over the years, and was translated into Korean in the 1970s.

The Special Collections and University Archives of Rutgers University Libraries hold the William Elliot Griffis Collection (WEGC), which was received as family gifts mostly after his death in 1928. The WEGC consists of Griffis's own work and the materials that he collected. Although Griffis did not travel to Korea until 1927, he collected on all subjects that concerned East Asia, including articles, pictures, and artifacts relating to Korea, from 1874 until his death in 1928. The WEGC is described as "over 120 cubic feet in size, including journals, manuscripts, printed materials, photographs, family papers, and scrapbooks, correspondence and ephemera" (Rutgers University Libraries). "He also collected a wealth of other articles, manuscripts, photographs and artifacts relating to Korea between 1874 and his death in 1928" (Gass and Perrone 2008). While three-quarters of its East Asian materials are about Japan, a quarter is about Korea and China.

Portions of the WEGC were published in microfilm as Parts 2–5 of *Japan Through Western Eyes: Manuscript Records of Traders, Travellers, Missionaries and Diplomats*, 1853–1941 (JTWE). The Korean materials within the

WEGC, however, have neither been catalogued in detail, nor has their significance in Korean studies been fully explored. The Korean materials in the collectionprovide a unique opportunity to Korean studies researchers as they include invaluable "in-process materials ," including photographs. This section consists of four boxes of Korean photographs, many of which are part of a series published for sale and whose photographers are unidentified, as well as Korean pamphlets.

Burks and Cooperman (1960a, 1960b) were the first researchers who publicized the existence of the WEGC and expounded its potential significance as primary sources in Korean and East Asian Studies. However, it took more than four decades for the WEGC to be explored and utilized for in-depth historical research. In 2008, with the help of the Griffis Collection Curator, Dr. Fernanda Perrone, I organized a workshop on the Korean Materials in the WEGC by inviting twelve scholars (of Korean history, sociology, law, literature, linguistics, and art) from ten universities in the U.S. and Korea. Since then, we have had a number of visiting scholars whose research focused on the unpublished Korean materials in the WEGC. Most notably, Professor Hui-gi Sim of Yonsei University,during his sabbatical year, produced a 60-page manuscript, "Rare Books and Pamphlets in the William Elliot Griffis Collection"(2008), available both in Korean and English.

Professor Sang-hyun Yang of Soonchunhyang University, one of the thirteen participants of the 2008 Griffis Workshop, was the first scholar who paid close attention to the significance of the Korean photos in the WEGC. The Korean materials contain invaluable photographs, articles, and personal letters in the section designated as "Unprocessed Materials." This section comprises four boxes of Korean photographs, many of which are part of series published for commercial sale and whose photographers are unidentified. "The Significance of Korean Photos in the William Elliot Griffis Collection at Rutgers University" (Yang et al. 2014) examined all the photos that date from the end of the 19th century to the beginning of the 20th century, and classified 592 photos into seven categories: 1) four ceremonial occasions, 2) war, 3) lifestyle, 4) palaces and royal family, 5) cities and buildings, 6) religion, and 7) other. It was determined that a total of 358 photos in the collection are new discoveries that have never been disclosed publically in any publication until now. Simple notes handwritten by Griffis on the backs of the photos helped us in identifying the contents and in reconstructing the stories behind some of the pictures. In order to identify the photos that have never been made public, Professor Yang and his graduate student So-yeon Park manually combed through numerous available publications on that historical period. In any historical research, visual materials are of great evidential value, as they enable one to reconstruct the past and to build connections to the present. However, due to a dearth of visual materials, reconstructing the Korea of one century ago has been particularly challenging. I believe this book of photos with detailed annotations (both in Korean and English) constitutes an invaluable source for future research .

I would like to acknowledge the receipt of a Rutgers University Research Council Grant (AY 2016–2017), which enabled me to obtain invaluable research and translation help from two of my students, Joyce Samarida and Brandon Park. In addition, I would like to thank Dr. Fernanda Perrone, Prof. Hui-gi Sim, Prof. Ross King, Prof. Keun-sik Jung, Prof. Hyun-soon Sohn, and Eunice Lee for contributing to this book. In addition, I am able to include in this book an exhaustive list of Korean Studies references that took advantage of the WEGC (p. 462).

I dedicate this book to the late Professor Sang-hyun Yang, who, to our great loss, passed on quite unexpectedly in the summer of 2015 before he saw the result of his tireless research. I cherish one year of his Rutgers visit with the following aphorism: "Life is not measured by the number of breaths we take but by the number of moments that take our breath away." I have the honor of carrying on his labor of love.

서문 2

손현순

차의과학대학교 약학대학 교수
고 양상현 교수의 아내

2008년 미국 뉴저지주 럿거스대학교 도서관에서 숨겨진 보물찾기놀이라도 하듯 설렘 속에서 그리피스 컬렉션 사진자료들을 하나씩 하나씩 펼쳐 보았던 그 순간을 나는 또렷이 기억하고 있다. 투명비닐 속에 묶음 묶음으로 담겨 있던 흑백사진들이 커다란 박스 속에서 모습을 드러냈을 때 그 자리에 있었던 우리는 타임머신을 타고 100년 전으로 돌아간 기분이었다. 사진 찍기를 좋아했던 그는 일주일 동안 도서관 자료실에서 500장이 넘는 사진들을 한장 한장 카메라에 옮겨 담았다. 사진 앞면뿐 아니라 뒷면에 적힌 그리피스의 손글씨로 된 사진설명 메모들까지 모두. 그렇게 그리피스가 수집한 우리나라 근현대 역사적 순간이 담긴 사진들은 각각의 고유번호를 달고 그의 컴퓨터 속에 전자파일로 보관되었다.

그리고 우리는 2009년 한국으로 돌아왔고, 그는 다시 학교의 일상으로 돌아갔다. 그러나 이들 사진들을 역사적 사실과 함께 이야기로 엮어 내는 흥미로운 일에 그는 많이 들떠 있었다. 그러면서 수 년의 시간이 흘렀다. 그 사이 우리는 잘 읽어 내지 못했던 사진 뒷면의 영어 손글씨는 그의 학교 네이티브 영어 강사의 도움을 통해 명확한 단어로 재탄생했고, 눈썰미 뛰어난 대학원생들의 꼼꼼함 덕분에 5백여 장의 사진 한장 한장은 이미 공개된 것인지 아닌지 구분될 수 있었다. 사진 속 장면들을 역사적 사실과 대조하고 새로운 이야기를 찾아가는 과정을 거쳐 사진들은 주제별로 분류되기 시작하였다. 그중 일부 주제는 몇 편의 학술논문으로 완성되었고, 또 일부는 매스미디어를 통해 세상에 공개되었다.

공식적인 사학자가 아닌 건축학자가 근현대사 사료를 정리한다는 것은 그리 보편적이지도 쉬운 일도 아니었지만, 건축뿐 아니라 문학과 역사에도 유난히 관심이 많고 예술적 감각 또한 풍부한 그였기에, 그처럼 오래된 사진들 속에서 사실적 요소들을 찾아내고 이야기를 입히고 재해석하는 일을 시도할 수 있었다고 본다. 새로운 이야기를 발견해 낸 순간 어린아이처럼 신나서 흥분된 목소리로 나에게 설명해 주곤 하였고, 그럴 때면 나 또한 그 이야기에 빠져들어 나도 어느덧 그리피스의 친구라도 된 것 같은 착각을 했었다. 그러면서 그와 나는 함께 이야기했었다. 근현대사를 전공하는 연구자들이 활용할 수 있도록 이 사진들을 하루 빨리 공개해야 한다고 말이다.

2015년 초, 드디어 5백여 장의 사진들은 주제별로 깔끔하게 분류가 마무리되었고 각각의 사진에 대한 설명과 그가 구성한 이야기들이 입혀져 하나의 자료집으로 편집이 완성되었다. 그의 연구년이었던 2015년에 가장 많은 시간과 열정을 쏟았던 마지막 작업이 바로 이 그리피스 컬렉션 출판 준비였다. 그러나 그 작업은 2015년 8월 14일 멈추어 버렸다. 이 책은 그가 홀연히 떠난 그날까지 그가 손수 작업했던 상태 그대로를 엮은 것이다. 그가 직접 출간했다면 내용이 좀더 풍부하게 추가되고 손질되어 완성도가 높은 형태로 세상에 드러날 수 있었겠지만, 지금 세상 밖으로 나온 이 책은 어쩌면 미완의 상태라고 해야 할 것이다. 이것을 마저 완성시키는 일은 이제 후배들의 몫이 되었다.

유영미 교수님과 함께 그리피스 사진자료들을 발굴하고 정교한 사진 솜씨와 이야기로 풀어 낸 그의 애정이 온전히 스며든 책을 출간하면서 그가 서문을 쓴다면 무슨 내용을 썼을까 생각해 본다. 이 책이 나오기까지 자신의 역할이라면 그저 우리 역사 속에 남은 소중한 사진들에 대해 개인적 흥미를 끝까지 놓지 않았던 한 사람이었을 뿐 무슨 큰일을 한 것은 아니라고 말했을 것 같다. 그리고 이 흥미로운 작업에 동참해 준 이들에게 전하고 싶은 감사의 말을 했을 것이다. 아내인 나는 그들의 이름을 모두 다 알지는 못한다. 그러나 내가 아는 범위에서 꼬박 2년 동안 그 많은 사진을 확인하고 분류하는 일에 너무나 애를 많이 썼던, 그의 연구실 대학원생 박소연에게 가장 먼저 감사의 말을 전하며, 사진 해석에 함께 도움을 준 대학원생 안경선과 이조양, 학부생 권수빈, 그리고 사진 뒷면의 그리피스 손글씨를 해독해 준 영어 강사님께도 감사드린다. 이제 그는 없지만 그의 뜻과 사진들의 가치가 더욱더 소중하게 빛날 수 있도록 이렇게 멋진 책으로 만들어 준 눈빛출판사 이규상 사장님께 감사드린다. 그리고 인물사진들을 찍은 일본 사진관 이름을 찾아내고 명성황후 관련 사적지와 이화학당을 답사하고 고증하는 일을 발로 뛰며 도왔던 우리 딸 다솔이와 딸의 친구 현아에게는 등을 토닥이며 칭찬해 주고 싶고, 신나게 작업하던 아빠를 지켜보며 고등학교 시절을 보냈던 우리 아들 찬솔이는 꼬옥 한 번 안아 주고 싶다. 마지막으로 그가 16년 동안 학생들과 함께 열정적으로 많은 활동을 할 수 있도록 든든한 터전이 되어 준 순천향대학교, 그를 그리워하는 제자들, 그리고 따뜻한 가족과도 같았던 건축학과의 문병국, 이일형, 이용재, 이태희 교수님께 머리 숙여 감사드린다.

　아마도 그가 남긴 마지막 작품인 이 책은, 책장에 꽂아 놓으면 그가 항상 우리 곁에 있다고 느끼게 해줄 든든한 소장품이 될 것 같다. 우리가 이 책에서 보는 것은, 작은 민가에서 살아가는 가족들의 소박한 일상부터 명성황후를 향하는 남편 고종의 애틋한 이야기까지 매우 다양하지만, 모두가 사람들이 살아가는 세상 이야기이다. 이승에서의 짧은 시간 동안 서로에게 소중한 존재가 되어 의미를 찾으며 살다 가는 사람들의 이야기. 오래된 사진 속에서 이러한 이야기들을 찾아가며 마냥 즐거워하던 그가 이 도톰한 책을 보고 환하게 웃어 주면 좋겠다.

Remembering My Husband

Hyun-soon Sohn

Professor, College of Pharmacy, CHA University, Wife of Professor Sang-hyun Yang

I vividly remember the moment back in 2008 when we were at the Rutgers University Library in New Jersey, unfolding the photographs at the Griffis Collection one by one, excited as though we were on a scavenger hunt. When the bundles of black-and-white photographs in plastic wrappers revealed themselves from the large boxes, we felt as though we had travelled a hundred years back in a time machine. He loved taking photographs, and so he spent a whole week in the reference room of the library recording each and every one of more than five hundred photos on his camera — not only their front pages, but also Griffis's handwritten descriptions on their backs. Through this process, Griffis's collection of images capturing historic moments of modern Korea were given serial numbers and were electronically saved on his computer.

In 2009, we came back to Korea, and he went back to his routine school life. He was thrilled, though, about the prospect of creating a narrative out of these photographs and historical findings. Years then passed, during which some of the illegible English handwritings on the backs of the photos became decipherable words, with the aid of a native English-speaking instructor at his school, and the five hundred photos were sorted into those previously released and those unreleased, thanks to a sharp-sighted graduate student. Through the process of comparison and contrast between photographed scenes and historical facts, and, as the result of a search for new narratives in them, the photographs began to form thematic categories. Some of these themes were made into academic articles, some made known to the world via mass media.

That an architect, and not a professional historian, was organizing modern historical data was a neither commonplace nor easy endeavor. I believe, however, that his exceptional interest in literature and history, as well as his rich artistic sense, enabled him to make this attempt at discovering factual elements in such old photographs, building narratives around them, and thus reinterpreting them. Whenever he found new stories, he would relate them to me with childlike excitement, and I, too, would become fascinated by them and feel as though Griffis had become a friend of mine. Then we would say to ourselves that these photos had to be released as soon as possible, so that they would be available to scholars of modern history.

In early 2015, the five hundred or so photographs were at last classified into neat categories, and a collection was completed, along with the descriptions for each photo and the stories that he had created. This task — preparing a publication of the Korean Photos in the Griffis Collection — was the final work into which he dedicated the most time and effort in 2015, his sabbatical year. Yet, the project came to a halt in August 14th, 2015. This book reflects his work up until the day of his sudden departure. Had he published it himself, the book would have entered the world with finer details and would have been polished to a greater degree of completion. Perhaps this book must be considered incomplete as it is being released today. To truly complete this work has thus become a task for future scholars.

I try to imagine the preface that he would have written upon publishing this cherished book, the product of all his searches through Griffis photographs with Professor Young-mee Yu, and the fruit of his exquisite photography and storytelling. I think he would have said that his role in this publication was not much beyond pursuing a personal interest in these precious photographs containing our nation's history. And I believe he would have thanked the ones who had participated in this fascinating endeavor. As his wife, I do not know all of their names. But to acknowledge those whom I know of, I would like to first thank graduate student in his lab, So-yeon Park, who spent two whole years identifying and classifying such a large quantity of photographs; graduate students Kyung-sun Ahn and Jo-yang Lee, and undergraduate student Su-bin Kwon, who helped with the analysis of these photographs; the English instructor who helped decipher the Griffis's handwriting on the backs of the photos. I wish to give special thanks to President Kyu-sang Lee of Noonbit Publishing Co. for creating this book and letting the legacy of my husband's photography shine on even after his passing. I want to give a pat on the back to my daughter Da-sol and her friend Hyun-a, who discovered the name of the Japanese photo studio where the portrait photographs were taken and helped the field investigation and research of historic sites related to Empress Myeongseong and Ewha Haktang. A hearty hug for my son Chan-sol, who spent his high school years watching his father enthusiastically pursue this project. Finally, I would like to extend my most sincere thanks to Soonchunhyang University, for providing my husband a space to passionately engage in various projects with his students for sixteen years, to my husband's students who miss him dearly, and to Professors Byeong-gook Moon, Yil-hyung Lee, Yong-jea Lee, and Tae-hee Lee of the Department of Architecture, who we truly felt like family.

    This book, his very last piece of work, will be a reassuring reminder on my bookshelf that he will always be with us. What we see in this book is a wide variety of narratives — from the humble everyday moments of families living in small folk houses, to the story of Emperor Gojong's ardent love toward his wife Empress Myeongseong — but they all tell stories of human beings and their lives in this world. Stories of human beings, of their becoming dear to one another and searching for purpose during their brief dwelling in this universe. It was such a joy for him to find these stories in old photographs, and I hope this nice and thick book would give him a big smile. [Translated by Eunice Lee, Princeton University]

한국과 그리피스 컬렉션

퍼난다 페론

럿거스대학교 도서관 그리피스 컬렉션 큐레이터

"나는 '한국'이라고 불리는 나라에 직접 가본 적은 없지만
생각과 연구 속에서는 자주 방문하곤 한다."[1]

– 윌리엄 엘리엇 그리피스, 1881

19세기 후반에 그리피스는 서양에 일본을 소개한 '해설자'로서 명성을 떨치고 있었다. 그리피스는 자신의 책, 기고문, 강연 등을 통해 베일에 싸여 있던 일본을 서양에 소개했다. 빅토리아 시대를 살았던 그는, 요즘의 대변인과도 같은 입장에서 미국-동아시아 관계 전반과 한국을 알린 전문가로 알려져 있었다. 당시 그는 일본에 대한 연구의 일환으로 한국에 대해 연구하기 시작했다. 그리피스는 여행가이자 다작을 한 작가로 알려져 있었지만, 한·중·일을 비롯한 다양한 분야의 장서, 문서, 사진, 단편 자료 등을 모으는 수집가이기도 했다. 2019년 현재, 그의 모교인 럿거스대학교에 소장된 그리피스 컬렉션은 그 자체로 그리피스의 가장 큰 유산이다.

그리피스는 1843년 필라델피아에서 존 그리피스와 안나 그리피스의 넷째로 태어났다.[2] 석탄판매상으로 성공했던 그의 아버지는 1857년 경제공황의 여파로 큰 타격을 받고 그리피스는 1859년, 고등학교를 졸업한 후 몇 달간 필라델피아의 보석회사에서 견습공으로 일하게 된다. 이때 경험한 가난은 그리피스의 삶에 큰 영향을 끼쳤고 나중에 부수입을 올릴 수 있는 가정교사, 저술, 강연 활동에 관심을 보이게 된다. 1863년 미국의 남북전쟁의 확전으로 펜실베아니아주 44연대 소속의 이등병으로 입대하게 되었고, 하마터면 게티스버그 전투에도 참전할 뻔했다. 3개월간의 병역을 마친 그리피스는 당시 네덜란드 개혁교회 소속 소규모 남학생 교육기관이었던 뉴저지주 뉴브런즈윅의 럿거스대학교에 입학했다.

1869년 럿거스대학교를 졸업한 그리피스는 근처의 뉴브런즈윅 신학교에서 1년간 수학하다가 개혁교회

---

1) Wm. Elliot Griffis, "Corea, the Hermit Nation," *Journal of the American Geographical Society of New York* 13 (1881): 125.

2) Fernanda H. Perrone, "The Griffis Family of Philadelphia," in *Phila-Nipponica: An Historic Guide to Philadelphia and Japan* (Japan Society of Greater Philadelphia, 2015): 163-168.

소속 선교사 귀도 버벡을 통해 일본 후쿠이현 에치젠 지역 영주의 초청을 받아 일본으로 떠나 화학과 물리학 교사로 지내게 된다. 집과 말은 물론 적지 않은 급여를 받을 수 있었기에 당시 경제적 곤궁을 겪고 있던 가족을 부양하기에 풍족했다. 그는 후쿠이현에서의 생활이 1년이 채 안 돼서 지금 도쿄대학교의 전신인 도쿄 카이세이학교로 자리를 옮긴다. 그는 이 시기에 처음으로 한국에 관심을 갖기 시작했으며, 1874년에는 한반도를 육안으로 볼 수 있는 쓰루가 섬을 방문하기도 했다.

같은 해, 그리피스는 일본 교육부와의 계약 문제로 갈등을 겪다가 일본을 떠난다. 뉴욕에 정착한 그는 저술과 강연 활동에 매진했으며, 1876년 오늘날 가장 유명한 그의 첫 저서 『미카도의 제국』을 펴냈다. 이후, Union Theological Seminary에서 수학한 뒤, 그리피스는 뉴욕의 First Reformed Church of Schenectady (1877–1886), 보스턴의 Shawmut Congregational Church (1886–1893), 뉴욕주 이타카의 First Congregational Church (1893–1898)에서 목사로 일했다. 1879년, 그리피스는 뉴욕주 Schenectady 출신의 캐서린 스탠턴(1855–1898)과 결혼하였고, 세 명의 자녀를 두게 된다. 성직자로 일했던 이 시기에 그리피스는 부족한 수입을 보충하기 위해 끊임없이 저술 활동을 했고, 강연자로서도 적극적으로 활동했다. 그러다가 1903년 성직자로서의 삶에서 은퇴하여 연구와 저술 활동에 전력을 쏟게 된다.

그리피스는 일생 동안 50권 이상의 책을 저술했으며, 수많은 기고문과 백과사전의 항목, 참고문헌서 등을 썼다. 대부분이 일본과 동아시아, 태평양 지역에서의 미국의 역할에 대한 것이었지만, 그 밖에도 다양한 분야에 관심을 갖고 있었다. 그리피스는 동아시아, 특히 한·중·일을 다룬 모든 자료의 열렬한 독자이자 수집가였다. 또한 한국의 선교사, 교육자, 정부관료 들과 적극적인 소통을 이어 갔으며 이들로부터 연구에 필요한 책, 자료, 문서 등을 조달받을 수 있었다. 한국에 대한 그리피스의 첫 저술 「은자의 나라 한국(*Corea: The Last of The Hermit Nations*)」은 뉴욕 선데이 매거진 1878년 5월호에 실렸고, 1882년에는 첫 번째 저서인 『은자의 나라 한국』을 펴냈는데, 이 책은 9번의 개정판이 출간되었다. 그 후에도 다수의 신문, 잡지 기사를 비롯하여 *Corea, Within and Without* (1885), *A Modern Pioneer in Korea: The Life Story of Henry G. Appenzeller* (1912), *The Unmannerly Tiger and Other Korean Tales* (1911), *Korean Fairy Tales* (1922) 등의 저서가 출판되었다.

1926년부터 1927년까지, 그리피스는 두 번째 부인인 사라 그리피스 (1868–1959)와 함께 그의 생애 마지막 일본 여행을 떠났다. 3,200킬로미터에 달하는 일본과 만주여행 중에 한국에서도 몇 주간을 보냈다. 이때 그리피스는 서울과 지방의 나환자 수용소를 방문하고 강연 활동을 하기도 했고 많은 자료를 수집했다. 이듬해 그리피스는 플로리다에서 돌연 숨을 거두었다.

1928년 후반 그의 아내 사라 그리피스는 그리피스가 모은 방대한 책, 원고, 사진, 문서, 단명 자료를 럿거스대학교에 기증했으며, 대학 도서관에 그리피스 컬렉션(The William Elliot Griffis Collection at Rutgers University Libraries) (MC 1015)이 만들어졌다. 1900년대 초에 이미 그리피스는 영어로 출간된 다수의 서적을 자신의 모교인 럿거스대학교에 기증한 바 있으며, 1916년에는 장서 중 일본어로 출간된 서적을 코넬대학교의 찰리 와슨 동아시아 컬렉션에 기증했다. 럿거스대학교의 교수이자 그리피스를 연구했던 벅스 교수는 그리피스를 "노끈 한 줄도 버리지 않고 모은 사람"이라고 말한 바 있다. 그 말 그대로 그리피스가 수집한 자료는 매우 방대했으며, 총 250개의 원고상자와 수천 장의 사진, 지도, 문서, 희귀서 들이 포함되어 있었다. 그리피스의 아내는 이 자료를 럿거스에 기증할 때 화물 기차의 반 칸을 빌려서 운반해야 했다. 1960년 손녀인 캐서린 및 다른 가족들이 그리피스가 한국 여행 당시 기록한 일기 등 다수의 자료를 재차 기증하여 그리피스 컬렉션은 그 규모가 더 커졌다. 이후, 19세기 후반과 20세기 초반에 한국과 일본에 머물렀던 서양인들에 관한 책과 원고를 구입하면서 컬렉션은 더욱더 방대해졌다.

　　그리피스 문헌 중 한국과 관련된 자료는 전체 컬렉션에 걸쳐 산개되어 있다. 책과 팜플렛은 개별적으로 럿거스대학교 온라인 카탈로그에 등재되어 있으며, 연구자들을 위해 『윌리엄 엘리엇 그리피스 컬렉션의 한국자료(*Korean Material in the William Elliot Griffis Collection*)』라는 안내서가 준비되어 있다. 이들 중 주요 자료들은 이 책에서 다루고 있는 일련의 사진들과 그리피스가 스크랩한 자료들, 책, 그리고 선교사 아펜젤러, 언더우드, 일본의 정부관료, 이승만, 박은식, 이광수, 서재필 등의 한국 유명인사들과 주고받은 서신 등으로 구성되어 있다. 뿐만 아니라, 한국의 지도, 전쟁 포스터, 그리피스의 출간/미출간 원고들, 그리피스가 수집한 한국, 또는 한미관계 관련 신문기사들, 그리고 단명 자료 등도 수록되어 있다. 그리피스 컬렉션은 벅스 교수와 초대 큐레이터인 쿠퍼만이 처음으로 소개했지만[3], 2000년대 중반에 와서야 본교 동아시아언어문화학과의 유영미 교수에 의해 그리피스 컬렉션 내의 한국 자료의 중요성에 대해 알려졌다. 개인적으로는 유영미 교수를 비롯 한국, 미국, 캐나다의 동료 연구자들의 격려에 감사의 인사를 전하고 싶다. 그 덕분에 나 역시 이 중요한 시기의 한국을 문서화하는 데 다시 노력을 기울일 수 있게 되었다. [럿거스대학교 전희정 역]

---

3) Ardath W. Burks and Jerome Cooperman, "The William Elliot Griffis Collection," *The Journal of Asiatic Studies* 20, no. 1 (July 1960): 61–69.

Korea and the William Elliot Griffis Collection

Fernanda H. Perrone
Rutgers University Library

"I have never entered 'the Corea,' as it used to be called, in bodily presence,
though often there in thought and study,"
wrote William Elliot Griffis in 1881.[1]

In the late nineteenth century, William Elliot Griffis (1843–1928), who worked in Japan from 1871 to 1874, enjoyed modest fame as an "interpreter" of Japan to the West. His books, articles, and lectures introduced this little-known country to a broad Western audience. A Victorian version of a "talking head," he was also considered an authority on U.S.–East Asian relations in general and particularly on Korea, which Griffis initially considered part of greater Japan. As well as a traveler and prolific author, Griffis was a collector of books, documents, photographs, and ephemera about Japan, Korea, China, and many other subjects. In 2019, the William Elliot Griffis Collection, held by his alma mater, Rutgers University, stands as his most important legacy.

William Elliot Griffis, the fourth child of John Limeburger Griffis and Anna Maria Hess Griffis, was born in Philadelphia in 1843.[2] His father was a prosperous coal trader. John Griffis' coal business suffered badly, however, in the financial panic of 1857, forcing his son, after graduating from high school in 1859, to apprentice for a few months to a Philadelphia jewelry firm. This early experience of poverty profoundly influenced Griffis, leading him to constantly seek extra income through tutoring, writing, and lecturing. In June 1863, as the U.S. Civil War raged, he enlisted as a private in the 44th Pennsylvania Regiment, barely missing the Battle of Gettysburg. After completing his three-month term of military service, Griffis enrolled in Rutgers College in New Brunswick, New Jersey, at that time a small men's institution affiliated with the Dutch Reformed Church.

After graduating from Rutgers in 1869, William Elliot Griffis studied at the neighboring New Brunswick Theological Seminary for a year before he received, through Reformed Church missionary Guido Verbeck, an invitation to teach chemistry and physics in Echizen, today Fukui prefecture, in the west of Japan. The offer included

---

1) Wm. Elliot Griffis, "Corea, the Hermit Nation," *Journal of the American Geographical Society of New York* 13 (1881): 125.

2) Fernanda H. Perrone, "The Griffis Family of Philadelphia," in *Phila-Nipponica: An Historic Guide to Philadelphia and Japan* (Japan Society of Greater Philadelphia, 2015): 163-168.

20

a house, a horse, and a handsome salary that was particularly attractive to Griffis because of his family's continuing financial difficulties. After less than a year in Fukui, Griffis moved to Tokyo where he taught at the Kaisei Gakko, a forerunner of Tokyo University. During this period, Griffis first became interested in Korea; apparently while teaching in Tokyo in 1874, he visited the island of Tsuruga, from which he could see Korean peninsula.

In 1874, Griffis left Japan after a conflict with the Ministry of Education over his teaching contract. He settled in New York, where he threw himself into writing and lecturing, publishing his first and most famous book, *The Mikado's Empire*, in 1876. After studying at Union Theological Seminary, Griffis served as a pastor of three churches—the First Reformed Church of Schenectady, New York (1877-1886); Shawmut Congregational Church in Boston (1886-1893); and the First Congregational Church in Ithaca, New York (1893-1898). In 1879, Griffis married Katherine Lyra Stanton (1855-1898) of Schenectady and the couple had three children. Throughout this time, he constantly wrote, published and delivered lectures to augment his clergyman's salary. In 1903, Griffis retired from the ministry to devote himself fulltime to his research and writing.

In his lifetime, William Elliot Griffis authored over fifty books and innumerable journal articles and entries in encyclopedias and reference books, including a great many on Japan, East Asia, and the American role in the Pacific, not to mention the Netherlands, American history, and many other subjects. Griffis was an avid reader and collector on all subjects that concerned East Asia, especially Japan, China and Korea. Although Griffis did not travel to Korea until 1927, he was knowledgeable about the country's culture and politics. An accomplished networker, he maintained an active correspondence with missionaries, educators, and government officials in Korea, who sent him books, photographs, and documents that he used in his research. Griffis' first known publication about Korea was "Corea: The Last of the Hermit Nations," which appeared in the *New York Sunday Magazine* in May 1878. In 1882, he produced his most famous book about Korea, *Corea: The Hermit Nation*, which appeared in nine editions between 1882 and 1909. This work was followed by *Corea, Without and Within* (1885), *A Modern Pioneer in Korea: The Life Story of Henry G. Appenzeller* (1912), *The Unmannerly Tiger and Other Korean Tales* (1911) and *Korean Fairy Tales* (1922), in addition to many newspaper and magazine articles on Korea.

In 1926–1927, William Elliot Griffis at last returned to Japan with his second wife, Sarah Frances King Griffis (1868-1959) of Pulaski, New York. In the course of the 2000-mile trip, he visited the four main islands of Japan, Manchuria, and spent several weeks in Korea, where he visited Seoul, a leper colony, gave lectures, and collected much material. Griffis died suddenly the following year while staying in Winter Park, Florida.

In late 1928, his widow Frances King Griffis donated his extensive collection of books, manuscripts, photographs, documents, and ephemera to Rutgers, where they constitute the foundation of MC 1015, the William Elliot Griffis Collection at Rutgers University Libraries. Griffis had already given a substantial group of English-language books to his alma mater in the early 1900s, and in 1916, he donated his Japanese-language books to the Charles W. Wason Collection on East Asia at Cornell University. Rutgers professor and Griffis scholar Ardath Burks described Griffis as a "saver of string." Indeed, the Griffis Collection is voluminous, comprising 250 manuscript boxes and thousands of photographs, maps, prints, and rare books. Frances King Griffis had to rent half a box car to transport the collection to Rutgers from upstate New York. In the 1960s, the collection was augmented by Griffis' granddaughter Katherine G. M. Johnson and other family members, who donated materials including Griffis' diary of his trip to Korea. Additional books and manuscripts related to Westerners in Japan and Korea during the late nineteenth and early twentieth centuries have been acquired by purchase.

The Korean materials in the Griffis archive are dispersed throughout collection. Books and pamphlets are cataloged individually in the Rutgers University Libraries online catalog. A guide, *Korean Material in the William Elliot Griffis Collection*, was created to assist researchers in using the collection. The most important material comprises the photograph collection that is the focus of this volume, the scrapbooks, the diaries, and two boxes of letters received by Griffis from missionaries including Henry Appenzeller, Horace G. Underwood, U.S. and Japanese government officials, and prominent Koreans including future president Syng-man Rhee, Eun-sik Pak, Kwang-su Yi, and Chae-p'il Sŏ. The collection also includes maps of Korea, war prints, Griffis' writings–both published and unpublished–newspaper clippings about Korea and Korean-American relations, and ephemera. Although first described in 1960 by Ardath Burks and original Griffis curator Jerome Cooperman[3], it was only in the mid-2000s that the true significance of the Korean material was recognized and publicized by Professor Young-mee Yu Cho of Rutgers Department of Asian Languages and Cultures. I would like to thank Young-mee, along with her colleagues in the United States, Korea, and Canada, for her tireless advocacy of the Griffis Korean material, which has led me to refocus my attention as a curator on documenting Korea during this seminal period.

---

3) Ardath W. Burks and Jerome Cooperman, "The William Elliot Griffis Collection," *The Journal of Asiatic Studies* 20, no. 1 (July 1960): 61–69.

차례 | Contents

1. 조선왕실과 대한제국

Royal Family of Chosŏn and the Korean (Taehan) Empire

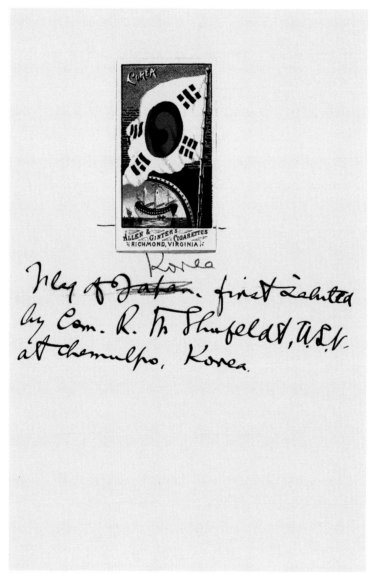

1101 (채색, colored)
태극기
Korean Flag

1201 대원군 Taewŏn'gun

1202 의친왕 Prince Yi Kang

1203 고종 King Kojong

1204 고종 King Kojong

1205 고종 King Kojong

1206 명성황후로 잘못 알려진 사진 Photo mistakenly known as Empress Myŏngsŏng

1208
궁녀
Court Lady

1209
대원군
Hŭngsŏn Taewŏngun

1301
명성황후 국장
Empress Myŏngsŏng Funeral

1302
명성황후 국장
Empress Myŏngsŏng Funeral

1303
명성황후 국장
Empress Myŏngsŏng Funeral

1304 명성황후 광릉 무덤터 Empress Myŏngsŏng Tomb Site

1305 청량리 홍릉 Hongnŭng, Ch'ŏngnangni

1306 경복궁 건청궁 Kyŏngbok Palace Kŏn Ch'ŏng Palace

1307 조선 궁의 굴뚝 Chosŏn Chimney

1401
차표 파는 곳
Ticket Office

1402 전차 Street Car

1403 전차 대기소 Street Car Station

1404 화력발전소 Power Plant

1405
나무 다리
Timber Bridge

1406
나무 다리
Timber Bridge

1407
겨울 조선의 다리
Chosŏn Winter Bridge

1408
나무 다리
Timber Bridge

1409
망우리 고갯길
Mang'uri Pass

1410
달구지와 신작로
Ox Cart on New Road

1411
삿갓 쓴 남성들
Men Wearing Satkat

1412
능으로 가는 길
Road to Tombs

1413
말 끄는 아이와 지게꾼
Child Pulling Horse and A-Frame Carrier

1414
철도 공사 기념식
Railroad Construction Commemorative

1415
철도 공사
Railroad Construction

1416
철도 공사
Railroad Construction

1417 한강 철교 Han River Railroad Bridge

1418 기관차 Locomotive

1419
경부선 개통 축하
연회장
Kyŏngbusŏn Opening
Celebration Banquet Hall

1420
나룻배
Ferry Boat

1421
동대문 화력발전소 전경
Tongdaemun Power Plant

1422
철도 공사
Railroad Construction

1423-4
한강 철교
Han River Railroad Bridge
▼ 1425
철도 개통식
Railroad Bridge Opening

1426-7

경부선 철도 개통식

Kyŏngbu Railroad Opening Ceremony

1501 (채색, colored)
서재필
Sŏ Chaep'il

1502-3
서재필
Sŏ Chaep'il

1504 (채색, colored) 김옥균 Kim Okkyun

1505 (채색, colored) 박영효 Pak Yŏnghyo

1506 박영효 Pak Yŏnghyo

1507 박영효 Pak Yŏnghyo

1508 (채색, colored) 조선 사람 Chosŏn Person

1601
흥선대원군 능
Grave of Taewŏngun

1603 대원군 능(의빈 창
녕 성씨 묘의 오류)
Taewŏn'gun Grave,
Mistakenly Known
◀ 1604 왕릉
Royal Tomb
◀◀ 1602 사당
Ancestral Shrine

1605-6
문인석
Stone Literati

1607
비각 안 묘비
Monument inside Tomb

1701 별기군 Pyŏlgigun

1702 (채색, colored) 신식 군대훈련 New Military Drills

1703 갑옷 Armor

1704
해군 장교들
Navy Officials

1705
신식 군대
New Military

1706
신식 군대
New Military

1707-8, 1709 (채색, colored)
별기군 병사
Pyŏlgigun Soldiers

1710
한국 군대
Korean Military

1711
대한제국 군악대
Taehan Empire Brass Band

1713 군복 Military Uniform of Chief Justice
◀ 1712 무관 포도대장 정장 Military Uniform of Chief Justice

2. 제국주의 침략과 민족운동

Imperialistic Aggression and Nationalist Movement

2101
전봉준 압송
Chŏn Pongjun's Escort to Prison

2103
의병 처형
Execution of
Righteous Army

2102
동학군 참수
Tonghak Army
Decapitations
▶ 2104
의병 처형
Execution of
Righteous Army

2201
어재연 장군기
Military Flag of General
Ojaeyŏn
▼ 2202
깃발
Flag

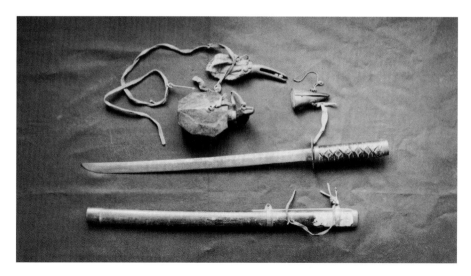

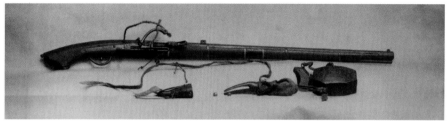

2203
환도와 칼집
Sword and Sheath
▶ 2204
화승총, 총알주머니, 화약병, 부싯돌함
Matchlock, Bullet Pouch, etc.

2205 해군 선장 Navy Captain

2219 해군 선장 Navy Captain

2206 Hugh McKee 장군 기록
Records of General Hugh McKee

2207
광성보전투 후
After
Kangsŏngbo Battle

2208
광성보전투 후
After
Kangsŏngbo Battle

2209
초지진의 미군
U.S. Military in Ch'ojijin

2210
점령당한 초지진
Occupied Ch'ojijin

2211
조선인 포로
Chosŏn Prisoners of War

2212
조선인 포로
Chosŏn Prisoners of War

2213
조선인 포로와 문정관
Prisoners of War and Official

2214
조선인 포로와 문정관
Prisoners of War and Official

2215
문정관들
Officials

2216
문정관과 하인
Official and Servant

2217
문정관
Official

2218
맥주병을 들고 있는 조선인
Chosŏn Man Holding Beer

2301
조선국 성환천
Sŏnghwan River

2302
일본군 행진
Japanese Military
March

2304
청일전쟁 일본군 캠프
Japanese Camp,
Sino-Japanese War

2305-6 성환전투 승리 개선문 Sŏnghwan Battle Victory Arch

2307 바랴크호 Variag Lake

2308 바랴크호 Variag Lake

2303
법정
Court

2401
일본인 마을
Japanese Village

2402
근대식 마을
Modern Village

2403
근대식 마을
Modern Village

2404
제물포 일본군 묘지
Chemulp'o Japanese
Military Cemetry

2405-7
남산 녹천정 일본공사관 원경
Japanese Legation, Namsan Nokch'ŏnjŏng

United States Legation Seoul.

U, 12.

2501 (채색, colored)
미국공사관
U.S. Legation

2502
미국공사관
U.S. Legation

2503
미국공사관
U.S. Legation

2504
미국공사관
사무실 뒷편
U.S. Legation Offices

2505
미국공사관
U.S. Legation

2506 미국공사관 U.S. Legation

2507 미국공사관 내 한옥 건물 Traditional Korean Home in the U.S. Legation

2509
마구간
Stable

2508
미국공사관의 외교관 회의, 1903년
U.S. Legation Diplomat Meeting

2601-2
러시아공사관
Russian Legation

SÉOUL. — L'Eglise Américaine et la Légation Britannique

2603
정동교회와 영국공사관
Chŏndong Church and
British Legation

2604-6
영국공사관
British Legation

2607
프랑스공사관
French Legation

2608
프랑스공사관
French Legation

3. 조선사람들의 생활과 삶

The Lives of Chosŏn People

3101 전주 혼례식 Chŏnju Wedding Ceremony

3102
초분
Straw Grave

3103 초분 Straw Grave

3104 무덤 Grave

3106 혼례 Wedding

3107
상여
Funeral Bier

3108-9 (채색, colored)
상복
Mourning Clothes

3110
상복
Mourning Clothes

3111
조선인 상복
Korean Mourning Clothes

3112
장승
Korean traditional totem pole

3105
장승
Korean traditional totem pole

3113
성황당
Village Shrine

3114
무속인
Shaman

3201
밭농사 - 평양
Dry Field Farming
- P'yŏngyang

3202
쟁기질
Plowing

3203
쟁기질
Plowing

3205 인쟁기 | Human Plowing

3206 말 징박기 | Horseshoes

3207
가래질
Spadework

3208
두레질
Irrigation

3209
뱃사공
Boatmen

3210
콩 타작
Barley Threshing

3211
흙담치기
Mud-wall Building

3212
흙 담기
Mud Collecting

3213 톱질 Sawing

▶ 3214 대장간 Blacksmith Shop

3215 배 만들기 Boat Building

3301 소 끄는 사람 Man Pulling Ox

3302 옹기장수 Pottery Seller

3303 엿장수 Candy Seller

3104 엿장수 Candy Seller

3305 아이들 Children

3306
부산시장
Pusan Market

3308
개성 장터
Kaesŏng Market

3307 부산 장터 Pusan Market

3310 노점 주인 Street Stall Vendor

3309
건어물점
Dried Fish
Shop

3311 보부상 Merchants

3312-3 닭장수 Chicken Seller

3314 광주리 장수 Basket Seller

3315
다듬이 장수
Ironing Stick Seller

3316 돼지 장수 Pig Seller

3317 옹기장수 Earthenware Sellers

3320 테 장수 Basket Seller

◀ 3318-9 테 장수 Basket Seller

3321-2 옹기 장수 Pottery Seller

▶ 3323 엿장수 Candy Seller

▶ 3324 여행상 Women Peddlers

3401
가마
Palanquin

3402-3
관리
Official

3404 (채색, colored) 내각 장관 Cabinet Minister

3405 양반 Yangban

3406 (채색, colored) 양반집 가족사진 Yangban Family

3407 강화유수 조병식 Kanghwa Governor Cho Pyŏngsik

3408 관리 Official

3409 구문관 부처 Old Official and Wife

3410
학동
Pupil

3411
양반
Yangban

3412
조선의 남성들
Chosŏn Men

3413 (채색, colored)
가마 행렬
Palanquin Procession

(韓國26) KOREAN DISTRICT GOVERNOR OUTING. 出外守郡

3414 (채색, colored)
군수 외출
Excursion of
an Official

3415
말 탄 선비
Literati on Horseback

3417 한국의 소학당 Korean Village School
◀ 3416 조선인 관리 Chosŏn Official

3419
관리
Official

3420
관리와 첩
Official and Concubine

(韓風9)　COREANS TAKING MEAL AT A PUB.　韓國遊亭の會食

3421 (채색, colored)
회식
Meal

3422
식사
Meal

3424 양반 Yangban in Plain Attire
◀ 3423 관리 Official

(裝 男) 俗風國韓

3426 한국 풍속 남장 Men's Costume
◀ 3425 양반 Yangban in Informal Attire

3501
조선의 가족
Chosun Family

3502
소 달구지
Ox Cart

3504 지게꾼 A-Frame Carrier
◀ 3503 나무꾼 Wood Cutter

3506
물지게꾼
Water Carrier

3509 조선사람들 Chosun People
◀ 3507 물지게꾼 Water Carrier

3510 조선 남성의 두발 Chosŏn Men's Hair

3511 고개 넘는 아이들 Children Crossing Hill

3515 비구니 Buddhist Nun

3514
얼음 낚시
Ice Fishing

COREANS CATCHING FISH ON THE ICE.　　韓人氷上の魚採り

3512 농부 부자
Farmer Father and Son
▶ 3513 갈퀴질하는 아이들
Children Raking

3518-9 지게꾼 A-Frame Carrier
◀ 3516 물장수 Water Seller

3517
지게를 진 소년들
Boys with A-Frame Carriers

3520 물지게 Water Carrier
▶ 3521 물지게꾼 Water Carrier

3523
물 긷는 남성
Men Drawing Water

3524
얼음낚시
Ice Fishing

3525
조선의 남성들
Chosŏn Men

3526
담배 피는 남자
Man Smoking

韓國風俗 餅搗

3527
떡메
Rice Cake Pounder

3531
비석치기 하는 아이들
Children Playing with Stones

3528 골짜기 노인 Man in Mountain
▶ 3529 광주리를 이고 있는 아이들
Basket Carrying Children

3530 조선의 아이들 Chosŏn Children
▶ 3532 남매 Brother & Sister

3533
삿갓 쓴 남성
Man Wearing Satkat

3534 승려 Monk

▶ 3535 개화승 이동인
Modern Monk Yi Tong'in

3536
형벌
Punishment

3537
형벌
Punishment

3538
형벌
Punishment

3601 양반집 여성과 아이 Yangban Lady and Child 3602 양반집 여자들 Yangban Women

3603 조선의 여성 Chosŏn Woman 3604 조선의 여성 Chosŏn Women 3605 장옷 걸친 여인 Women Wearing Changyot

3606-7 소녀들 Girls

3608 (채색, colored) 한국 부인의 외출 Lady's Outing

3609 물동이를 이고 있는 여성 Woman Carrying Water Jar

3610 절구질하는 여인 Woman Pounding Grains

3611 여성과 아이들
Woman and Children
▶ 3612 양반집 여성들과 유모
Yangban Ladies and Nurses

3613 여아들 Girls
▶ 3614 소녀들 Girls

3615
소쿠리를 이고 있는 소녀
Girl Carrying a Basket on Head

3616
계란을 든 여인
Woman Carrying Eggs

3618
빨래터
Washing in Stream

3619
빨래터
Washing in Stream

3620
계곡 빨래터
Washing in Valley

3621
빨래
Washing

3622
강가
Riverside

3623 거울 보는여인 Woman Looking in the Mirror

3624 부인 외출 Women's Outing

3625 조선 여인 Chosun Woman

3626 양반집 딸 Yangban Daughter

3628 양반집 딸 Yangban Daughter

3630-1 평양 부근 부인 외출 Women Near Pyŏngyang

3627
양반집 여성
Yangban Ladies

3633
물동이를 인 여인
Woman Carrying Water Jar

3632 조선 여성 Chosŏn Women

◀ 3629 장옷 입은 여성들
Women Wearing Changyot

3634
가슴을 내놓은 여인들
Women Showing Breasts

3635 삿갓가마 탄 여인 Woman Riding Satkat Palanquin

3636 조선 여인의 나들이 Chosŏn Woman Travelling

3638 가마 탄 여인 Woman on Palanquin

3639 가마 탄 여인의 나들이 Lady's Outing on Palanquin

3642 다듬이질 Pounding Grains
◀ 3640-1 절구질 Pounding Grains

3643 다듬이질 Ironing Sticks

3644 글 공부와 바느질하는 여인 Women Studying and Sewing

3645 (채색, colored) 다듬이질하는 조선 여인 Ladies Using Ironing Sticks

3646 (채색, colored) 식사하는 어머니와 아들 Mother & Son's Meal

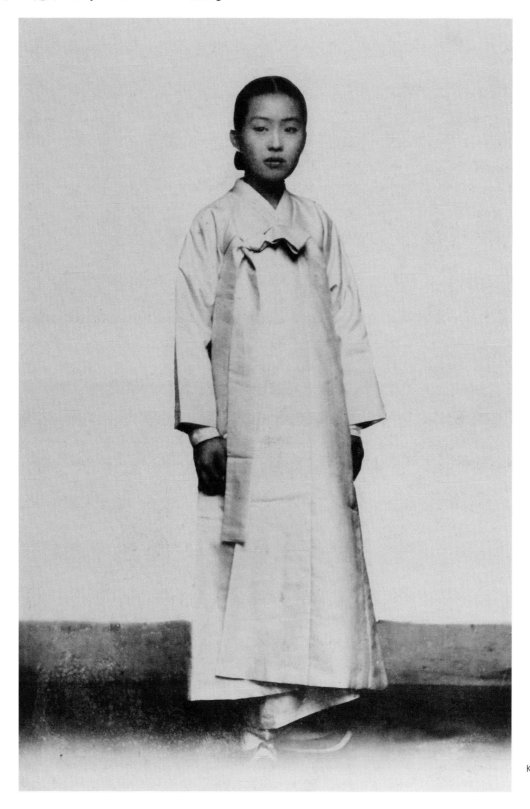

3701
경성 기생(행화)
Kyŏngsŏng Kisaeng,
Haenghwa

3703
기생
Kisaeng

3702
경성 기생(연옥)
Kyŏngsŏng Kisaeng, Yŏnok

3704
기생
Kisaeng
◀ 3705 (채색, colored)
관기 성장
Kisaeng in Full Attire

3706
기생
Kisaeng
◀ 3708 (채색, colored)
경성 기생(이화)
Kyŏngsŏng Kisaeng, Yihwa

3710
기생
Kisaeng

3709 기생 Kisaeng

3711-2 기생 Kisaeng

3707 검무 Sword Dancing

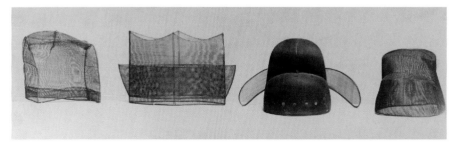

3801-5
모자
Hats

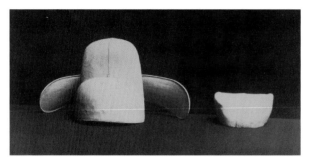

3806
조선의 신발
Chosŏn Shoes

3807-8
도자기
Ceramics

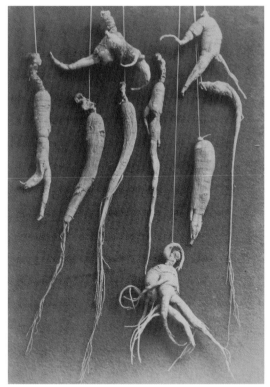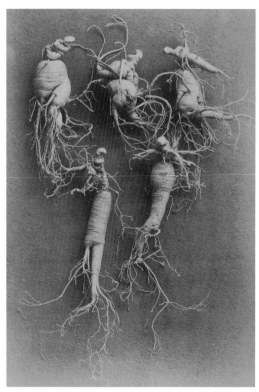

3809-10
인삼
Ginseng

3811
꽃
Flowers

147

3901
만주 조선인
Chosŏn Men
in Manchuria

3902
러시아 이주민 마을
Russian Settlement

3903
러시아 프리모르스크 초가집
Thatched-Roof House in Primorsk, Russia

3904
러시아 이주민 시장, 프리모르스크
Village Market in Primorsk

3905
러시아 이주민과 러시아 선생, 프리모르스크
Korean Migrants and Russian Teacher in Primorsk

4. 도시와 건축

Cities and Architecture

4101
서울 전경
Seoul

4102
서울 전경
Seoul

4103
경복궁 원경
Kyŏngbok Palace

4104
서울 전경
Seoul

4105
서울 성곽
Seoul City Walls

4106
서울의 마을
Neighborhood in
Seoul

4107
서울의 마을
Neighborhood in Seoul

4108
조선의 마을
Chosŏn Village

4109
서울 거리
Seoul Street

4110 마포나루 Map'o Ferry Dock

4111 (채색, colored) 마포나루터 Map'o Ferry Dock

4112 (채색, colored)
용산
Yongsan

(308)　　Kanjincho　　韓人町　(韓國風俗)

4114 명동성당 주변
Neighborhood near
Myŏngdong Cathedral

4115
명동성당
Myŏngdong Cathedral
▶ 4116
명동성당 주변
Neighborhood near Myŏngdong Cathedral

4117 (채색, colored)
광화문 육조거리
Kwanghwamun
Yukjo Street

4118
광화문 육조거리
Kwanghwamun
Yukjo Street

4119
광화문 육조거리
Kwanghwamun Yukjo Street

4120
숭례문
South Gate

4121
숭례문
South Gate

4122
동대문
East Gate

4123
흥인지문
East Gate

4124
돈의문
Tonŭi Gate

4125
돈의문
Tonŭi Gate

4126-7
골목길(원각사지10층석탑)
Alley (Wŏngak Temple Pagoda)

▶ 4128
환구단 - 황궁우
The New Imperial Altar

▼ 4129
서울 외곽 성문
Wall Gate

4130
서울 전경
Seoul

4131
서울 전경
Seoul

4132
서울의 모습
Seoul

4133
경복궁 원경
Kyŏngbok
Palace

4134 (채색, colored)
경복궁 원경
Kyŏngbok Palace

4135 (채색, colored)
경복궁 원경
Kyŏngbok Palace

4136 독립문
Independence Gate

4137 (채색, colored)
종로 거리
Chongno Street

4138
남대문통
South Gate Thoroughfare

4139 (채색, colored) 흥인지문 East Gate

4140 동대문 성벽 East Gate Walls

4141 동대문 근처 종로길 Chongno Street near East Gate

4142
광화문
Kwanghwamun

4143
광화문
Kwanghwamun

4144 (채색, colored)
숭례문
South Gate

THE SOUTH GATE. SEOUL, COREA   南大門の側面

4145
남대문 측면
South Gate

4146
영추문
Yŏngchu Gate

4147
인화문
Inhwa Gate

4148
광희문
Kwanghŭimun

4149
보신각
Posin'gak

4150
보신각
Posin'gak

4151
영은문
Yŏng'ŭn Gate

4152
영은문
Yŏng'ŭn Gate

4153-4
세검정
Segŏmjŏng

4155
종
Bell

4156
서대문 전경
West Gate

4157
서울 성곽 서쪽
Seoul Walls (West)

4201
인천항 전경
Inch'ŏn Port

4202
제물포 구락부
Chemulp'o Club
(위의 사진과 시점이
거의 비슷함)

4203
바다 전경
Ocean View

4204
조선의 항구(미확인)
Korean Port (Unidentified)

4205 (채색, colored) 제물포 Chemulp'o

4206 나룻배 Ferry Boat

4207 인천의 일몰 Sunset in Inch'ŏn

4208
인천 일본제일은행 지점 거리
Japanese Bank

4301
평양 나루터
P'yŏngyang Ferry Dock

4302
평양 대동강 전경
Taedong River
in P'yŏngyang

4303
대동강 영명사
Yŏngmyŏng Temple
on Taedong River

4304
평양 대동강 건너쪽
Other Side of Taedong
River

4305
평양 대동문
P'yŏngyang Taedong Gate

4306
평양 모란봉과 대동강
P'yŏngyang Moranbong

4307-8
평양 모란대
P'yŏngyang Morandae

4309
평양 모란대
P'yŏngyang
Morandae

4310 평양 모란대 주변
건너편은 일본 비행연대
Morandae Neighborhood
Japanese Airforce Regiment Seen Across

4311
평양 성곽
P'yŏngyang Walls

4313
평양 대동문
Taedong Gate

4314
평양 대동문
Taedong Gate

4315 현무문 Hyŏnmu Gate

4316 평양 성벽 P'yŏngyang Walls

4317 평양 을밀대 P'yŏngyang Ulmildae

4318-9
평양 을밀대
P'yŏngyang Ulmildae

4321 기자묘 앞 사당 Kija Shrine

4320 평양 연광정 P'yŏngyang Yŏngwangjŏng

4323 평양 전경 P'yŏngyang

(平壤坂照商店發行)

Wakizaku Shoten Heijio　　No 34　*Bridge of Yeisai*　平壤永濟橋

4324
평양 영제교
P'yŏngyang
Yŏngje Bridge

4322
평양 대동강 겨울
Taedong River in Winter

4401
강화산성 전경
Kanghwa Mountain Walls

4402
강화부 측면
Kanghwabu

4403
강화도 연무당
Kanghwado
Yŏnmudang

4406
강화진 해문 성벽
Walls in Kanghwajin

4404 강화부 남문 전경 South Gate, Kanghwabu

4405
강화부 남문내 수망병지도
Inside South Gate, Kanghwabu

4407
강화도 연무당
Kanghwado Yŏnmudang

4408
김포 통진나루
Kanghwa T'ongjin Dock

4501
부산진성
Pusanjin Walls

4503 조선의 마을 Chosŏn Village

4504
조선의 마을
Chosŏn Village

4505 낡은 기와집 Old Titled Roof Home

4506 정자 Pavilion

4507
하류 한인 가옥
Low Class Houses

4511
나막다리
Timber Bridge

4512
나루터
Ferry Dock

4513
나룻배
Ferry Boat

4514-6 강 River

4519 성곽 City Walls
◀ 4517 성문 Wall Gate

4518 구 외국 사신의 접견지 강화도 - 부산의 오류 Old Diplomats' Place in Kanghwa

4520
초가집 사람들
People in Thatched-Roof
House

4521
초가집 사람들
People in Thatched-Roof
House

4523
물레방앗간 마을
Village Watermill

4524
조선 배
Korean Boat

4601
경복궁 근정전
Kyŏngbok Palace
Kŭnjŏngjŏn

4602, 4614-16
경복궁 경회루
Kyŏngbok Palace
Kyŏnghoeru

4603
경복궁 향원정
Kyŏngbok Palace Hyangwŏnjŏng

4604-5
경복궁 팔우정, 협길당
Kyŏngbok Palace Hyangwŏnjŏng

4606-7
창덕궁 인정전
Ch'angdŏk Palace Injŏngjŏn

4608 (채색, colored)
창덕궁 희정당
Ch'angdŏk Palace
Hŭijŏngdang

4609, 4619-20
창덕궁 주합루
Ch'angdŏk Palace
Chuhamru

4611-2
창덕궁 후원다리
Ch'angdŏk Palace Back Garden Bridge

4613 경운궁 정관헌 Kyŏng'un Palace Chŏngkwanhŏn

4617
경복궁 영제교
Kyŏngbok Palace
Yŏngje Bridge

4618 (채색, colored)
창덕궁
Ch'angdŏk Palace

225

4621
창덕궁 후원 육각정
Ch'angdŏk Palace Back Garden

4622
동명관 성천객사
Tongmyŏnggwan

4701
원각사지십층석탑
Won'gak Temple Pagoda

4702
원각사지십층석탑
Won'gak Temple Pagoda
▶ 4703
원각사비와 아이들
Won'gak Monument

4705
금산사 미륵전
Kŭmsan Temple

4704 공주 계룡산 절승(기사) 대탑지경
Kongju Kyeryongsan

4708 금산사 부도와 석탑
Kŭmsan Temple

4706 금산사 미륵전 미륵불 Kŭmsan Temple

4707 금산사 대적광전 불상 Kŭmsan Temple

4709
전각 내부
Temple Inside

4711 석불 조각 Stone Buddhas
◀ 4710, 4715 관촉사(은진미륵) Kwanch'ok Temple

4713 원각사비 Won'gak Monument
◀ 4712 모란봉 기슭 석탑
Stone Pagoda in Moranbong

4714
옥천암 보도각 백불
White Buddha

4716
대웅보전
Taeungbojŏn

4801
탁지부 청사
Finance Building

4802
경성재판소(평리원)
Seoul Court

4803
경성재판소
Seoul Court

4804
한성사범학교부속보통학교
Teachers' College Elementary School

4805
한성외국어학교
Hansŏng Foreign Language School

4806
농업학교
Agriculture School

4807
서울병원
Seoul Hospital

4808
서울 YMCA
Seoul YMCA

4809-11
경성 이사청
Japanese Consulate

4812
한성전기회사
Hansŏng Electric Co.

4813 한성전기회사 보스트윅 사무실 Bostwick's Office
▶ 4814 인천 일본제일은행 지점 First Bank of Japan, Inch'ŏn

4815 미공사관 직원의 집 Officer's Home in the U.S. Legation   4816 미공사관 직원의 집 Officer's Home in the U.S. Legation

4817 미국인의 집 내부 American Home

4818
한성사범학교 측면
Hansŏng Teachers'
College

4819
경성감옥
Seoul Prison

4821 국립극장 원각사 National Theater, Wŏngaksa

4822 명동성당 Myŏngdong Cathedral

4823 예수교 숭실대학교 Sungsil College

5. 근대 교육과 기독교

Modern Education and Christianity

5101
언더우드학당
Underwood School

5102-3
언더우드학당
Underwood School

5104
광혜여원
Kwanghye Women's Hospital

5105 광혜여원
Kwanghye
Women's Hospital

5108 평양 맹아학교 학생들의 외출 Student Excursion, P'yŏngyang School for the Blind

5106 평양 맹아학교 P'yŏngyang School for the Blind

5107 평양 맹아학교 P'yŏngyang School for the Blind

5109 숭의여학교 Sungŭi Women's School

5111 숭의여학교
Sungŭi Women's
School

5112
숭의여학교
Sungŭi
Women's School

5113-4
숭의여학교
Sungŭi
Women's School

5110
재령 성경반 학생들
Bible Class in Chaeryŏng

5115
평양의 숭실학교
P'yŏngyang Sungsil School

5116
평양 맹인학교
P'yŏngyang School
for the Blind

5117
평양 장대현교회
건축
P'yŏngyang
Presbyterian Church

5118
인천일어학교
Inch'ŏn Japanese Language School

5201 이화학당 학생들
Ewha Woman's College
Students

5202 이화학당 학생들
Ewha Woman's College
Students

5203
성벽 위의 이화학당 학생들
Ewha Students on City Wall

5204 이화학당 입학생들 New Students at Ewha School

5205
이화학당과 선교사
American Missionaries

5206
이화학당의 여학생들
Ewha Students

5207 크리스마스 트리 Christmas Tree   5208 크리스마스 Christmas

5209 크리스마스 선물을 받은 아이들 Christmas Gifts

5210
이화여대
간호학과 학생들
Ewha Nursing Students

5211
이화여대
간호학과 학생들
Ewha Nursing Students

5212
이화학당
Ewha School

5213
이화학당
김활란 메이퀸 대관식
Coronation of May Queen,
Kim Whallan, Ewha School

5301
공업전습소
Industrial Training School

5302
화학실험실
Chemistry Lab

5303
철공 실습
Metal Work

5304
건축설계 실습
Architecture Class

5305
요업 실습
Pottery Class

5306
목공 실습
Wood Work

5307
방직 실습
Weaving Class

5308
인쇄 제본 실습
Printing Class

5401
선교사의 이동
Missionary Travelling

5403
테이트 부인
Mrs. Tate
▶ 5402
테이트 선교사 가족
Missionary Tate and Family

5404
선교사
Missionary

5405
종탑
Bell Tower

5406
다듬이질
Ironing Sticks

5407
절구질
Pounding Grains

21.

Catholic School.

5408
기독교 학생들
Christian Students

5409 아이들 Children

5410 평양 장대현교회 학생들 Students in P'yŏngyang Presbyterian Church

5411 복음을 듣는 할머니 Grandmother Listening to Bible

5412 성경을 들고 있는 조선인 Man Holding the Bible

5414-6 메리 아펜젤러의 공책 Mary Appenzeller's Notebook

◀ 5413 아펜젤러 부인 Mrs. Appenzeller

5418
윌리엄 제임스 홀의 묘비
Dr. Hall's Tombstone
◀ 5417
선교사 묘비
Missionary's Tombstone

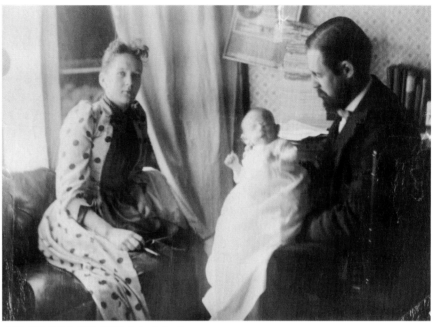

5420 윌리엄 왓츠 폴웰 가족 Dr. Folwell's Family

◀ 5419 순교자들 Martyrs

5421-2
알렌 선교사
Horace Allen
▶ 5424
선교사
Missionary

5423
아펜젤러 선교사 가족
Appenzeller and Family

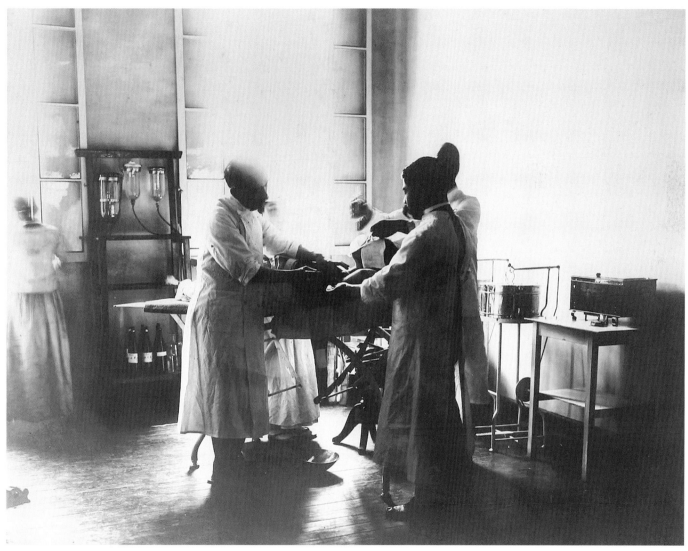

5501
수술실
Operating Room

5502
간호사
Nurse

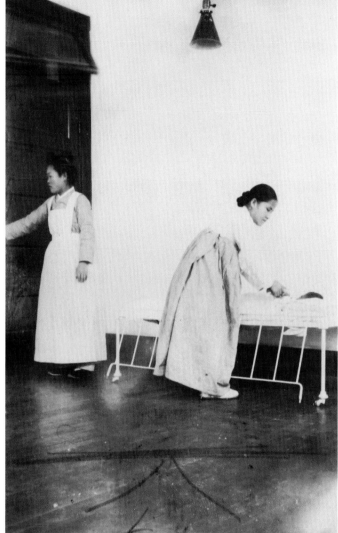

5503
간호사
Nurse

6. 기타

Other

6101 조선인상 Portrait of Chosŏn Man

6201 총독부 표창 Certificate of Merit

6202 식목일 Arbor Day

6301
윌리엄 맥케이
William McKay
▶ 6302
미확인
Unidentified

6303
미확인
Unidentified

그리피스 컬렉션에 소장되어 있는
한국 근대 사진자료의 학술적 가치에 대한 고찰#

양상현*·박소연**·유영미***

1. 머리말

1) 연구의 배경 및 목적

한국사 연구에 있어서 전통시대를 보여주는 시각적 자료의 빈곤은 연구자들에게 안타까운 한계가 되어 왔다. 동시대의 사건, 혹은 인물에 대한 영상과 사진자료가 넘쳐나고 있는 현재와는 달리 100년 이전의 한국의 모습을 시각적으로 재구성하는 것은 매우 어려운 일이 아닐 수 없다. 이러한 상황에서 부족하나마 19세기 말, 20세기 초 한국의 모습을 보여주는 사진자료들은 근대 자체에 대한 이해는 물론, 바로 그 시대에 연속되었던 조선의 모습을 시각적으로 상상하기 위한 소중한 창구가 된다. 근대의 사진자료는 1876년 개항을 전후한 시기에 기독교의 전파 및 상업 활동을 목적으로 한국에 들어온 서양인들에 의해 만들어졌거나, 일본이 식민지 지배를 준비하기 위해 한국의 현황을 조사하면서 찍은 사진들로부터 시작되었다.

본 연구는 『은둔의 나라 한국(*Corea: The Hermit Nation*)』(1882)의 저자로 널리 알려진 윌리엄 그리피스(William Elliot Griffis, 1843~1928)가 생전에 수집해 놓은 방대한 사료들[그리피스 컬렉션] 중 상당한 분량을 차지하고 있는 사진자료가 지니는 학술적 가치를 고찰하고자 진행되었다. 이 사진들 중 일부는 사진자료집, 근대 관련 책자 등을 통해 소개된 것들도 있으나 또한 상당수의 사진은 그동안 알려지지 않았던 것들로서 근대 한국의 모습을 재구성하는 데 있어 소중한 가치를 가지고 있다. 1959년 럿거스대학교의 벅스(Ardath W. Burks) 교수가 내한하여 고려대학교 아세아문제연구소에서 강연하면서, 그리피스 컬렉션의 존재와 그것이 지니는 학술적, 역사적 가치를 소개한 바 있었으나,[1] 그동안 그리피스와 관련하여 국내에서 진행된 대부분의

\# 본 연구는 순천향대학교 학술연구비 지원으로 수행하였음.

* 제1저자 및 공동교신저자. 순천향대학교 건축학과 교수

** 제2저자. 순천향대학교 건축학과 석사과정

*** 제3저자 및 공동교신저자. 럿거스대학교 아시아언어문화학과 교수

1) Ardath W. Burks and Jerome Cooperman, "Dr. William Elliot Griffis(1843~1928) and 'The Hermit Nation'," 「아세아연구」 3-1, 고려대학교아세아문제연구소, 1960, 169~171쪽.

연구는 저작의 성격 및 그의 한국에 대한 인식에 초점을 맞춘 것들로, 그리피스 컬렉션의 사료적 의의에 대한 고찰이나 이를 활용한 연구는 거의 이루어지지 못하였다.[2] 본 연구는 제대로 알려지지 못한 그리피스 컬렉션의 사진자료를 학계에 소개하고, 한국 근대사 연구에 있어 이들이 갖는 의의를 고찰함으로써 우리의 근대를 시각적으로 재구성하는 데 있어 유용한 근거를 제공하는 것을 목적으로 한다.

2) 연구의 대상 및 방법

(1) 연구의 대상

본 연구는 그리피스 컬렉션(Griffis Collection, 이하 영문 표기에서는 'GC'로 줄임)에 포함되어 있는 한국관련 사진자료를 대상으로 삼고 있는데, 이들은 다양한 구한말 및 근대 한국의 풍경과 풍속, 유적 및 인물을 보여주고 있어 이를 통해 왕실과 서민, 양반과 관리들의 생활 모습과 더불어 도시(서울, 평양, 부산 및 인천 등)와 건축의 구한말 현황을 흥미롭게 살필 수 있다. 사진의 크기와 형태도 그 내용만큼이나 다양한데, 사진은 물론, 엽서에서부터 명함판 사진, 앨범 및 그림에 이르기까지 다양한 형식으로 구성되어 있다. 상당수 사진의 뒷면이나 옆면 혹은 별지에는 필기체로 흘려 쓴 간단한 메모가 적혀 있어 그리피스가 파악한 사진의 내용을 전하고 있다. 그러나 자료 입수 과정의 한계로 인해 일본 자료를 한국 것으로 오인하는 등의 착오도 발견된다. 아쉽게도 대부분의 사진에는 출처나 그 사진가가 밝혀져 있지 않다.

(2) 연구의 방법

본 연구의 시작은 2008년 럿거스대학교 도서관의 도움으로 그리피스 컬렉션의 한국관련 사진자료를 열람하면서 비롯되었다. 당 도서관 측의 양해를 얻어, 대상으로 삼은 사진자료들의 전량을 실사 촬영하였고, 국내에 돌아와 이를 분석하는 과정을 거쳤다.

방대한 양의 사진자료를 학술적으로 활용하기 위해서는 그 내용에 따른 분류가 유효할 것으로 판단하여 사진이 담고 있는 사건, 혹은 대상물의 성격을 근거로 1. 관혼상제, 2. 전쟁, 3. 생활, 4. 궁궐과 왕실, 5. 도시·건축, 6. 종교, 7. 기타로 분류 등 총 7개의 항목을 구성하였다. 이 항목에 따라 대상 사진들을 분류하고, 각각의 주제별로 다시 사진의 내용을 정리하였다.

다음으로 그리피스 컬렉션의 각 사진이 갖는 사료적 가치를 판단하기 위하여 기존의 문헌을 통해 소개된 근대의 사진들과 비교하는 작업을 거쳤다. 국내에 출간되어 있는 구한말, 혹은 근대 한국의 모습을 담은 자료로서, 서문당에서 간행된 『사진으로 보는 조선시대』 시리즈 전6권(1986), 『민족의 사진첩』 시리즈 전3권(1994), 현 서울역사박물관의 전시도록 『서울의 옛 모습』(1998), 시사영어사의 『사진으로 본 옛 한국: 은자의 나라』 사진집(2002), 동아일보의 특별부록 사진집 『100년 전 한국』(2005), 청년사에서 간행한 『서양인이 만든

2) 이와 관련한 연구는 다음과 같다. 이태진, 「근대한국은 과연 은둔국이었던가」, 『한국사론』 42, 1999; 정성화, 「W. Griffis, 은자의 나라 한국: 그리피스의 한국관을 중심으로」, 『해외한국학평론』 1, 연세대학교 현대한국학연구소, 2000; 김수태, 「월리엄 그리피스의 한국 근대사 인식」, 『진단학보』 110, 2010; 안종철, 「월리엄 그리피스의 일본과 한국 인식: 1876~1910」, 『일본연구』 15, 2011.

근대 전기 한국 이미지』 시리즈 전3권(2009) 등의 자료가 있다.[3] 이 책들과 함께, 연구자가 찾을 수 있었던 근대를 다루고 있는 다수의 저작과 문헌 및 온라인 자료들을 망라하여 그리피스 컬렉션과 비교, 대조함으로써 당 사진자료가 지니는 학술적 의의를 파악하고자 하였다.[4] 각 사진들의 뒷면 혹은 앞면에 그리피스가 자신의 필적으로 기록해 놓은 메모는 사진의 내용 및 이에 대한 그리피스의 이해를 추적하는 데 중요한 자료다. 이를 위해 수많은 사진에 필기체로 부기된 영문자를 독해하는 과정을 거쳤다. 이 글들과 함께 사진의 내용을 조선시대 및 한국 근대의 역사상에 대응하여 그 역사적 의미를 짚었다. 이러한 과정을 통하여 각 사진 내용의 유형별로 국내에 소개된 적이 없는 것들 중, 더 중요하다고 판단한 사진들을 3절에서 상세히 고찰하였다.

2. 그리피스와 그리피스 컬렉션

1) 그리피스의 삶과 한국 인식

그리피스는 『미카도의 제국(The Mikado's Empire)』(1876)을 시작으로 『은둔의 나라 한국』(1882) 등 수많은 일본과 한국관련 서적들을 주제 및 서술방식의 구분 없이 지속적으로 출간하여 서구에서 동아시아에 대한 인식의 형성과 확산을 주도했던 대표적 저술가다.

그는 1843년 9월 17일 필라델피아에서 태어나 독실한 기독교 신자인 어머니의 영향을 받아 어린 시절부터 줄곧 기독교인으로 성장했다. 20살이 되던 해 남북전쟁에 참여하기도 하였으며, 전쟁이 끝난 후 1865년부터 1869년까지 럿거스대학교에 다니며 자연과학을 전공했다. 그는 자연과학 외에도 기하학·형이상학·도덕학·정치경제학·건축학·헌법·영문학 등을 공부했다. 졸업 후 럿거스신학교에서 신학을 공부하다 중단하고 선원이었던 아버지(John L. Griffis)의 사업 실패로 경제적 어려움에 처해 있는 가족을 부양하기 위해 뉴욕의 한 교회에서 일했다. 이때 일본 후쿠이(福井)현 에치젠(越前)의 영주였던 마츠다이라 슌가쿠(松平春)가 럿거스대학교 총장에게 자신의 지역에 세워진 고등교육기관에서 자연과학을 가르칠 교사의 추천을 의뢰했으며, 그리피스는 럿거스대학교 총장의 제안을 받아들여 일본으로 향하게 된다. 1871년 일본에 당도한 그리피스는 고등교육기관에서 서양문물을 교육하였으며, 정규수업 이후에도 자원봉사 형태로 미국 헌법이나 영국사 등을 공무원이나 병원 근무자들에게 가르쳤고, 개신교를 전파하는 일에도 힘썼다.[5]

1874년, 3년 6개월간의 일본 생활을 끝내고 미국으로 귀국한 그리피스는 일본에 관련된 글을 쓰기 시작한다. 이때 저술된 책이 『미카도의 제국』이며, 이로써 그는 미국 내의 일본 전문가로 이름을 알리게 된다. 일본

---

3) 『사진으로 보는 조선시대』 시리즈와 그 후속편으로 출간된 『민족의 사진첩』 시리즈는 사진과 그에 따른 해설을 통해 조선시대와 20세기 초의 시대상을 보여주는 책이며, 『서양인이 만든 근대 전기 한국 이미지』 시리즈는 서양인들이 남긴 한국에 대한 이미지 자료를 수집하여 한국사, 사진 등 각 분야의 연구자들이 분석한 사진 해설집이다. 『서울의 옛 모습』은 서울시립박물관이 기획하여 서울의 변화과정을 수록해 놓은 전시도록이며, 『100년 전 한국』은 대구 유컬렉션이 2003년 일본 도쿄에서 입수한 개인사진첩에 담긴 180여 장의 사진 전체를 복사 촬영하여 제작한 책이다. 『사진으로 본 옛 한국: 은자의 나라』는 한국이 일제의 침략과 지배, 한국전쟁의 참화를 딛고 근대화를 이룩해 가는 과정을 글과 사진으로 기록하고 있다.

4) 연구자가 최대한 구할 수 있었던 기존 서적 및 문헌자료들과 그리피스 컬렉션의 사진들을 비교하였으나 안목의 한계로 누락되거나 확인되지 못한 부분도 있을 것임을 밝힌다.

5) 김상민, 「개화·일제기 한국관련 서양 문헌에 나타난 한국 인식 양태 연구」, 명지대학교 박사학위논문, 2008, 41~42쪽.

에 관한 저술 시기 중에 인접한 한국에 관한 단편적 기사들을 수차례 기고했던 그리피스는 그간 연구했던 자료를 토대로 1882년에는 『은둔의 나라 한국』을 출간하기에 이른다. 이 책은 재판을 거듭하면서 대표적인 한국관련 저작으로서 그 위치를 공고히 했으나 안타깝게도 그리피스는 이전까지 한국을 방문한 적이 없었다.[6]

죽기 1년 전인 1927년, 그는 다시 후쿠이를 방문하게 되며, 이때 처음 한국과 만주를 한 달 동안 여행하였을 따름이다. 이때 그가 잠시 한국을 방문했던 것도 한국을 연구하지 않고서는 일본을 이해할 수 없다는 일본사 연구 방편 중 하나였다.[7] 그리피스는 1928년 85세를 일기로 플로리다에서 사망한다. 그의 대표적 저서인 『은둔의 나라 한국』은 한국을 방문하지 못했던 한계로 말미암아 이전의 저작들과 자신이 구할 수 있었던 자료들을 섭렵하여 저술에 임한 것으로, 과거의 잘못된 서술들이 대부분 그대로 반영될 수밖에 없었다.

이 책의 성공에 이어 『한국의 안과 밖(Corea, Without and Within. Presbyterian Board of Publication)』(1885), 『호랑이와 한국 이야기(The Unmannerly Tiger and other Korean Tales)』(Thomas Y. Crowell Company, 1911), 『아펜젤러 전기(A Modern Pioneer in Korea: The Life Story of Henry G. Appenzeller)』(Fleming H. Revell Co, 1912), 『한국 동화집(Korean Fairy Tales)』(Thomas Y. Crowell Company, 1922) 등의 저술을 차례로 출간하였다. 그리피스의 저작들은 개항 후 한국을 방문하는 서양인들에게 유용한 사전지식이 되기도 하였지만, 그 반면 한국에 대한 피상적인 이해나 왜곡된 선입견을 갖게 하는 계기로 작용할 수도 있었다. 일본에서의 경험을 기반으로 한 그의 책들은 정보의 오류와 일본 중심적 서술들이 산재하고 있다는 문제를 지니고 있으며, 이러한 그리피스의 시각이 갖는 한계에 대해서는 앞선 연구를 통해 지적된 바 있다.

역설적으로 그리피스는 자신의 경험이 지닌 한계로 말미암아 한국에 대하여 열정적인 자료수집가가 될 수 있었다. 그는 한국을 방문하지 못한 상황에서 저술하는 한계를 극복하기 위하여 최대한의 노력을 기울여 한국관련 자료를 수집하였다. 『은둔의 나라 한국』이 출간된 후 그의 책에 대하여 미국의 한 신문은 "그리피스는 한국을 방문한 적이 없으며, 스스로 이 책이 단순편집에 불과하다고 말하고 있다"고 지적하였으며,[8] 또 다른 평자는 "이 저술이 2차 자료에 의존하고 있어 1차 자료를 활용한 연구나 직접관찰자가 저술한 것보다 우월하다고 믿을 수 없다"고 비판하였다.[9] 이러한 언론의 평가를 읽고 스크랩해 두었을 만큼 그리피스는 자신의 저술이 지닌 한계를 인식하고 있었으며, 그 아쉬움은 주한외교사절이나 선교사들과 교류하며 한국에 관한 자료를 열정적으로 수집하게 되는 결과로 나타났다.[10] 그리피스 컬렉션에 수집되어 있는 방대한 한국관련 자료가 그리피스의 이 같은 태도를 여실히 보여주고 있다.

---

6) 1882년 조미수호조약이 체결될 때까지 미국인은 합법적으로 조선에 입국할 수 있는 상태가 아니었다.

7) 신복룡, 『신복룡 교수의 이방인이 본 조선 다시 읽기』, 풀빛, 2002, 67쪽.

8) New York Daily Tribune, 1882. Nov. 3. 그리피스 컬렉션, scrapbook 18, Folder 1. 심희기, "Usefulness of GC in Korean Studies: Is it useful still? If so, Why and How?," Rutgers Workshop on the Korean Material of Griffis Collection at Rutgers Univ, 2008, p. 33에서 재인용.

9) 작자 미상, "The Readable History of Corea, the Hermit Nation"이라는 제호의 서평. 그리피스 컬렉션, scrapbook 18, Folder 1. 심희기, 위의 글, 33쪽에서 재인용.

10) 한국에 관하여 가능한 많은 것을 알고자 했던 그리피스의 노력은 다방면으로 전개되어, 1883년 조미수호조약 비준차 한국에서 온 사절단의 일원이었던 민영익, 서광범, 변수 등 3명의 조선인을 만나 저녁을 먹으며 환담할 정도에 이르렀다. 정근식, 『그리피스의 '은둔의 나라 한국'의 텍스트 형성과정』, Workshop on the Korean Material of Griffis Collection at Rutgers Univ., 2008, 16쪽.

2) 그리피스 컬렉션의 구성

다양한 주제에 걸친 그리피스의 저작들만큼이나 그는 왕성한 자료수집가이기도 하였다. 그의 사후에 방대한 양의 동아시아 관련자료가 그가 수학했던 미국 뉴저지 주립 럿거스대학교 도서관(Rutgers University Library)에 기증되었으며, 이 자료들은 '그리피스 컬렉션(Griffis Collection)'으로 명명되어 보관되고 있다. 여기에는 그가 생전에 모은 잡지, 책자, 인쇄물, 사진, 스크랩북, 서신과 쪽지들이 망라되어 있는데, 대략 3/4 정도가 일본관련 자료이며 나머지가 한국과 중국에 관한 자료들이다. 그리피스 컬렉션은 1. 문헌자료 (manuscripts), 2. 희귀도서(rare books), 3. 미정리 자료(unprocessed materials) 등의 세 부분으로 구성되는데, 이 중 일부는 마이크로필름으로 제작되었으나, 한국관련 사진을 포함한 상당수의 자료는 재정적인 문제로 마무리되지 못하였다. 위의 세 분류 가운데 '1. 문헌자료'들을 럿거스대학교 도서관 측은 다시 5개의 그룹으로 나누고 있는데, 그 대부분을 차지하는 〈그룹 1〉은 그리피스의 일기와 편지, 원고 및 그가 수집한 문헌들로 대부분의 한국관련 자료는 여기에 속해 있다. 〈그룹 2〉는 그리피스의 누나인 마가렛이 모은 것들로 한국관련 자료는 없다. 〈그룹 3〉은 그리피스 가족들이 모은 자료, 〈그룹 4〉는 그리피스가 수집한 기록물이며, 마지막 〈그룹 5〉는 그리피스와 관련된 여타의 기록들로 약간의 한국관련 자료가 포함되어 있다.[11]

그리피스 컬렉션의 두 번째 분류인 '2. 희귀도서'에는 80여 권의 한국관련 서적 및 팜플렛이 포함되어 있다. 그리피스 자신의 한국관련 저서는 물론, 헐버트(Homer B. Hulbert)의 『대한제국멸망사(*The Passing of Korea*)』 (Doubleday, Page & Company, 1906)를 비롯하여 1880년대부터 1920년대에 발간된 희귀한 한국관련 저작들이 망라되어 있다.

한국관련 사진과 그림들은 위의 세 번째 분류인 '3. 미정리 자료'에 속한다. 그리피스가 수집한 600장에 달하는 사진과 그림들이 모두 10개의 보관함 상자에 나뉘어 있으며(case 01~10) 이외에 한 권의 명함판 사진집 (case 11)과 세 권의 앨범(case 12)이 더 포함되어 있다. 각 보관함에는 하나 이상의 종이 폴더가 들어 있고 그 안에 사진들이 보관되어 있다. 현재 럿거스 도서관 보관함의 분류 명칭은 'box XX'로 되어 있으나 그리피스 컬렉션의 다른 분류인 '1. 문헌자료'의 box 번호 체계와 혼란을 일으킬 우려가 있어 본 연구에서는 'case XX'로 바꾸어 일련번호를 부여하였다. 다음 〈표 1〉의 보관함 명칭은 그리피스 컬렉션의 현 기재사항에 본 연구자가 순번을 부가하여 정리한 것이다.[12] 아울러 본 연구에서는 분류 '1. 문헌자료'에 속하나 한국관련 사진이 포함되어 있는 box 12(대형 박스, manuscript collection)도 역시 중요한 사진자료로 판단되어 함께 정리, 소개하였다. 이를 모두 합하면 본 연구자가 확인한 그리피스 컬렉션에 포함된 한국관련 사진자료(그림 포함)의 분량은 모두 586장이다.[13]

---

11) Leah H. Gass and Fernanda Perrone, "Korean Materials in the William Elliot Griffis Collection," Rutgers University Library, 2008.

12) 현재 럿거스 도서관 그리피스 컬렉션 사진자료의 명칭체계는 매우 혼란스럽게 구성되어 있다. box의 번호와 폴더 이름이 중복되어 있어 그 정리가 필요하였다. 〈표 1〉의 보관함 명칭에서 괄호 안의 이름이 현지의 분류 리스트 상에 기재된 box 명칭이다.

13) 분류상 '3. 미정리 자료'의 전량과 '1. 문헌자료'에 속하는 박스들 중 사진자료가 포함되어 있을 가능성이 큰 것들은 확인과정을 거쳤다. 본 연구에서는 제외하였으나, 한국관련 지도와 책자에서 스크랩한 시각자료 등이 그리피스 컬렉션의 box 11(Maps, 한국 근대지도 20종), 112·113(목판본 조선 지도 및 일본에서 출간된 한국 근대 지도 포함), 114·117 등에 일부 보관되어 있다. 그러나 연구자가 확인하지 못한 보관함에도 다수의 한국관련 사진자료가 존재할 수 있다. 한편, 한국 자료로 분류되어 있으나, 일본관련 사료들은 집계에서 제외하였다.

〈표 1〉 럿거스대학교 도서관 그리피스 컬렉션 사진자료의 구성

보관함	폴더	내용	총 자료 수
Case01 (Korean Postcards KP1)	kp1-1_star_trademark	건축물	3
	kp1-2_rising_sun_ trademark	여성·아이들·종교 관가와 관리의 의상 서민의 살림 및 생업, 생활	13
	kp1-3_no_trademark	여성·건축물·전쟁 상인과 시장 서민의 살림 및 생업, 생활	16
Case02 (Korean Postcards KP2)	kp2-1_misc	여성·건축물·종교	5
	kp2-2_to_herbert	왕실·건축물·도시 모습 서민의 살림 및 생업, 생활	7
	kp2-3_jar	여성·건축물·교통수단 관가와 관리의 의상 양반의 생활과 의상 서민의 살림 및 생업, 생활	19
Case03 (Brady Photographs KP1)	kp1-1	–	13
Case04 (Engraver's Drawings and Photo Album)	kp1_album	왕실·건축물·인물사진	29
	kp1-1_small	일본 그림	–
	kp1-2_medium	일본 그림	–
	kp1-3_large	일본 그림	–
Case05 (Artifacts KP1)	kp1-1_art & architecture	건축물	4
	kp1-2_misc	기타	11
	kp1-3_clothing	관가와 관리의 의상	7
Case06 (Portraits KP1)	kp1-1_small	여성 서민의 살림 및 생업, 생활	11
	kp1-2_medium	왕실 서민의 살림 및 생업, 생활 양반의 생활과 의상	21
	kp1-3_medium	왕실·선교사	10
	kp1-4	선교사 서민의 살림 및 생업, 생활	5
Case07 (Group Portraits KP1)	kp1-1_small	아이들 서민의 살림 및 생업, 생활	28
	kp1-2_small	아이들 서민의 살림 및 생업, 생활	25

	kp2-1_medium	전쟁·아이들	7
Case08 (Group Portraits KP2)	kp2-2_medium	전쟁·아이들 서민의 살림 및 생업, 생활	5
	kp2_large	도시 모습 관가와 관리의 의상	12
Case09 (Landscapes and Tintypes KP1)	kp1-1_small	건축물 관가와 관리의 의상	42
	kp1-2_small	건축물·종교·교통수단 도시 모습	44
	kp1-3_small	건축물·도시 모습	42
Case 10 (Landscapes and Tintypes KP2)	kp2-1_medium	건축물·도시 모습	16
	kp2-2_medium	건축물·도시 모습	28
	kp2-3_medium	건축물·도시 모습	28
	kp2-4_medium	건축물·도시 모습	16
	kp2-5_large	종교·도시 모습	5
	kp2-6_large_empty	건축물·교통수단	8
	kp2-7_tinytypes	건축물·도시 모습	4
Case 11 (No list, Cartes de Visites)		기타	37
Case 12 (No list, 3 Color Albums) . purple album . yellow album . red album	album-1_p	종교 서민의 살림 및 생업, 생활	15
	album-2_y	건축물 양반의 생활과 의상 서민의 살림 및 생업, 생활	17
	album-3_r	선교사 서민의 살림 및 생업, 생활	11
box 12_대형 박스 (Manuscripts collection)	–	건축물·교육시설	22
총 사진 수			586

비고: 〈표 1〉과 3-2절의 〈표 2〉에서 '-' 표시는 일본관련 자료들로 본 연구대상에서 제외시켰으며, 총 사진자료 수에도 산입하지 않았다.

3. 사진자료 분석

1) 사진 내용 유형별 분석

현재 그리피스 컬렉션의 구성을 보면, 〈표 1〉에서와 같이 각각의 보관함(case 01~12)의 사진들이 내용상 중복되어 있다. 이 자료들이 학술적으로 유용하게 사용되기 위해서는 먼저 내용에 따른 체계적인 분류가 절실한 것으로 판단하여 사진에 담긴 역사적 사건이나 대상물의 성격 및 사진 앞, 뒤에 적어 놓은 그리피스의 기록을 참조하여 1. 관혼상제, 2. 전쟁, 3. 생활, 4. 궁궐과 왕실, 5. 도시·건축, 6. 종교, 7. 기타 등 총 7개의 항목으로 전체 사진자료를 재구성하였다. 이 분류를 따라 기존에 소개되지 않은 사진들 중 대표적인 것들을 중심으로 분석을 진행하였다. 이 장에서는 각 사진의 명칭은 분류체계와 내용을 앞에 기재하고 〈표 1〉의 그리피스 컬렉션 보관함의 명칭과 폴더명을 병기하여 색인에 도움을 주도록 구성하였다. 촬영 시기가 확인된 것들에는 연도를 함께 표기하였다.[14]

(1) 관혼상제

서구인들의 시각에서 보면 이국의 관혼상제는 낯선 인간의 삶이 그대로 투영되어 인류적 공통성과 차이점이 동시에 드러나는 흥미로운 주제였을 것이다. 관혼상제의 분류에 포함되는 사진은 총 10장으로, 혼례와 상·장례로 나누었다.

① 혼례

그리피스 컬렉션에 포함되어 있는 혼례관련 사진은 2장이다. 〈사진 1〉은 신부 집 안마당에서 진행 중인 한 결혼식을 담은 것으로, 그리피스는 사진 위 여백에 "전주의 한 결혼식. 신랑은 화려한 복장을 입었다"[15]라고 썼다. 신부 집 마당에 차일이 쳐 있으며 그 아래의 조촐한 대례상 앞에서 신랑은 등을 돌리고 있는데, 오른손을 들어 합환주를 마시고 있는 것으로 보인다. 맞은편의 신부는 얼굴이 가려져 보이지 않는다. 식을 진행하는 이들과 이들을 바라보는 하객들의 모습이 생생하다. 다른 한 장의 사진은 기존에 공개되었던 자료다. 〈사진 2〉는 그 뒷면에 그리피스가 흘려 쓴 메모로, "양반 계층의 결혼식, 신부가 혼례를 위한 특별한 머리장식을 쓰고 있다(young officer of the Gentry class v, showing on the bride the style of head gear for the marriage ceremony. Bride and groom)"라고 적었다.

〈사진 1〉 혼례식 1900년대
(case 12_album-3)

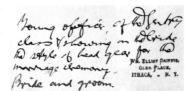

〈사진 2〉 사진 뒷면에 그리피스가 쓴 메모
(case 06_kp1-2)

② 상·장례

그리피스 컬렉션의 상·장례 사진은 총 8장으로, 새로이 소개되는 사진은 3장이다. 〈사진 3〉은 전통적인 시신의 매장 방법 중 하나인 초분의 모습으로 본 무덤에 안장하기 전에 임시로 만드는 묘지이다. 시신을 돌축대나 평상 위에 놓고 이엉으로 덮어두는 것으로, 살이 썩은 후 뼈만을 추려 다시 땅에 묻게 된다. 사진에 붙여둔 메모에서 그리피스는 "일본의 통치하에서 초분(straw grave)이 점차 사라지고 있다"라고 썼다. 이는 조선 말기까지 전국적으로 분포되어 있던 초분 묘제가 일제하에서 위생법이 제정되면서 쇠퇴하게 된 정황을 이해하고 기록한 것으로 보인다.

〈사진 3〉 초분(case 2_albm-1)

---

14) 지면의 한계로 수록 사진의 크기가 제한되어 그 설명이 확인되지 못하는 경우가 있을 것으로, 양해를 구한다.

15) "Heathen wedding at Chun-ju. Bridegroom is prominent figure," GC case12, albm-3.

(2) 전쟁

전쟁 혹은 군대의 모습을 담은 사진은 총 34장이며, 신미양요, 개항, 동학농민운동 및 의병, 러일전쟁 및 일본군, 기타 등 다섯 가지 주제로 나누어 살펴보겠다.

① 신미양요

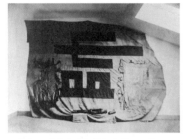
〈사진 4〉 어재연 장군기(수자기, 1871)
(case 05_kp1-2)

신미양요는 1871년 미군이 강화도에 침략한 사건으로 이와 관련된 사진은 모두 16장이며, 이 중 2장의 사진이 그동안 소개되지 않았던 것으로 보인다. 〈사진 4〉는 그리피스의 기록에 "1871년 6월 미 해군에 노획된 한국 지휘대장의 깃발"이라고 적혀 있어, 신미양요 당시 강화도 광성보를 지키다 전사한 어재연 장군의 '수자기(帥字旗)'로 확인된다. 이 사진 속에서 수자기는 미국 내의 한 건물 안에 전시 되어 있는 모습인데, 사진 안에는 다른 작은 깃발이 두 개 더 확인된다. 이외에도 신미양요와 관련된 것으로 광성보전투 후의 처참한 전장의 모습, 당시 전투에 참여했던 해군 및 미군의 포로가 된 조선인들의 사진 등이 있다.

② 개항

〈사진 5〉 일본군의 서울 진입
(case 09_kp1-3)

개항과 관련되어 분류된 사진은 모두 4장이며, 강화도조약을 맺은 곳인 강화도 연무당의 모습 및 강화도 조약 체결에 나선 조선인 관리의 사진 등으로 이미 많은 책에서 소개된 바 있다.

③ 동학농민운동 및 의병

동학농민운동 및 의병과 관련된 사진은 4장인데, 이는 기존에 알려진 전봉준 압송사진, 동학군의 참수 및 의병 처형 사진으로 여기에서는 따로 소개하지 않는다.[16]

④ 러일전쟁 및 일본군

〈사진 6〉 화승총과 총알 주머니, 화약병과
부싯돌함(case 05_kp1-2)

2장의 바랴크호 사진 및 일본군 캠프 모습 등 4장의 사진은 이미 알려진 것이며, 일본군의 서울 진입 장면은 새롭게 소개되는 것이다. 그리피스는 〈사진 5〉의 뒷면에 "처음 공개적으로 서울에 진주하는 일본군"이라고 썼는데, 1904년 2월에 강제된 한일의정서 조인을 염두에 둔 것으로 보인다. 사진 속에는 그해 4월, 서울로 진입하고 있는 일본군의 행렬이 보이고 있다. 길 양편으로 늘어서 이를 불안하게 지켜보고 있는 조선인들 속에서, 백립(白笠)을 쓴 남성들이 다수 보인다. 1904년 1월 사망한 효정왕후(孝定王后)의 국상과 관련한 복색으로 짐작된다. 사진 아래쪽에서 군중들과 건물 사이에 당시 운행되고 있던 전차의 철로를 확인할 수 있다.

⑤ 기타

〈사진 7〉 환도와 칼집(case 05_kp1-2)

위의 분류에 속하지 않는 5장의 사진들이다. 〈사진 6〉은 조선 군대의 화승총과 총알 주머니, 화약병과 부싯돌함(match box)의 모습으로, 그리피스는 1871년에 사용된 것으로 적어 두었다. 〈사진 7〉은 환도와 그 칼집의 모습이다. 신미양요 때 희생된 조선군인의 장비로 짐작된다.

---

16) 단 그리피스가 사진의 뒷면에 기록한 내용은 사료적 가치를 검토할 필요가 있다.

(3) 생활

당시의 일상 생활모습 및 경제활동을 담은 사진으로 농업·상업·공업, 운송·교통, 교육, 경찰·군인·재판·의료, 사람들, 기타로 구분하였으며 총 262장으로 이루어져있다.

① 농업·상업·공업

여기에 해당되는 사진은 총 46장이며, 이중 17장의 사진이 그동안 소개되지 않은 것으로 파악되었다. 〈사진 8〉은 소를 이용하여 쟁기질하는 장면으로 황소의 모습이 매우 우람하다. 〈사진 9〉는 소를 대신하여 농부가 쟁기를 끌고 있는데, 이를 '인(人)쟁기'라 한다. 소가 없거나, 혹은 소를 끌고 갈 수 없는 산비탈의 험한 밭을 갈 때 사용된 방식이다. 〈사진 10〉은 엽서사진이다. 갈퀴질을 하고 있는 아이들의 모습으로, 땔감의 마련이 쉽지 않았던 당시의 상황을 보여준다. 엽서에는 1909년 8월 13일자의 고베(KOBE) 소인이 찍혀 있다. 〈사진 11〉은 말의 징을 갈아 주고 있는 모습으로, 옆에 둘러선 조선인들은 사진을 찍고 있는 이를 신기하게 바라보고 있다. 〈사진 12〉는 농부가 용두레 위에 올라타 수로에서 논으로 물을 퍼 올리는 장면이며, 〈사진 13〉은 집을 짓는 현장에서 다섯 명이 함께 가래질을 하고 있는 모습이다. 그 외에 시장 및 당시 상인들의 모습을 찍은 사진들은 다른 책에 수록되어 있는 사진이 대부분이다.

② 운송·교통

지게에서부터 가마, 철도에 이르기까지 운송 및 교통수단에 해당되는 사진들로, 가축을 이용한 것부터 근대화의 상징인 전차의 출현까지 변화되는 과정을 볼 수 있다. 사진의 수는 41장으로 이중 새로이 소개되는 사진이 19장이다. 여기에 분류된 지게꾼들의 사진은 모두 12장으로 〈사진 14〉는 지게에 잔뜩 짐을 지고 있는 지게꾼의 모습인데, 곰방대를 들고 있는 것이 눈에 띈다.

〈사진 15〉 속의 지게꾼은 나뭇단을 가득 지고 마을을 응시하고 있다. 이외에도 물지게꾼의 모습이 다수 포함되어 있다. 〈사진 16〉은 앞, 뒤로 두 명씩 가마를 지고 가는 사인교의 모습으로, 전립을 쓴 무관이 가마에서 내려 함께 포즈를 취하고 있다. 〈사진 17〉은 나루터에서 사람을 실어 이제 막 출발하려고 하는 나룻배로 다양한 남녀노소 승객의 모습을 보여준다. 등을 돌리고 서 있는 이가 사공으로 짐작된다. 〈사진 18〉은 전차 정류장의 모습으로 근대 교통의 시작을 엿볼 수 있게 해준다. 사

〈사진 8〉 쟁기질(case 04_kp1)

〈사진 9〉 인쟁기(case 01_kp1-3)

〈사진 10〉 갈퀴질(case 02_kp2-2)

〈사진 11〉 말 징 박기(case 09_kp1-2)

〈사진 12〉 두레질(case 12_album-1)

〈사진 13〉 가래질(case 10_kp2-4)

〈사진 14〉 지게꾼
(case 12_album-1)

〈사진15〉 지게꾼
(case 09_kp1-3)

〈사진 16〉 가마(case 10_kp2-4)

〈사진 17〉 나룻배(case 12_album-2)

〈사진 18〉 전차 정류장(case 09_kp1-2)

〈사진 19〉 전차 종착역(case 09_kp1-2)

〈사진 20〉 경인철도 공사
(case 08_kp2_large)

〈사진 21〉 숭의여학교(1916)
(case 07_kp1-1)

〈사진 22〉 이화학당 학생들(1914)
(case 07_kp1-1)

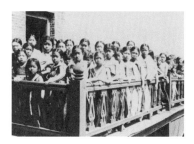

〈사진 23〉 광혜여원(case 07_kp1-1)

〈사진 24〉 평양맹아학교
(case 07_kp1-1)

〈사진 25〉 맹인과 청각장애 학생들의 소풍
(case 07_kp1-1)

진 속의 간판에는 '한성전기회사(漢城電氣會社)'라고 쓰여 있는데 그리피스의 메모('Chong no office')로 보아, 1899년 서대문에서 청량리 홍릉 사이에 개통된 전차 노선 중의 종로역으로 확인된다. 1904년 이 회사가 '한미전기회사(韓美電氣會社)'로 전환되었으니 본 사진은 1899년부터 1904년 사이에 찍힌 것이다. '기표 파는 곳'이라고 쓴 한글 간판이 인상적이다. 〈사진 19〉는 전차의 종착역(서대문역으로 추정)으로, 대기 중인 전차의 모습이 보인다. 〈사진 20〉은 그리피스의 메모로 보아 서울-제물포 간 경인철도 공사와 관련된 사진이다. 미국인과 조선인들의 모습만 보이고 있어 1897년 3월의 기공 이후 1898년 12월, 철도부설권이 미국인 모스(James R. Morse)로부터 일본으로 넘어가기 전에 벌어진 행사 상황으로 이해된다.[17] 그리피스는 주요 인물들에 번호를 붙여 놓았는데, 따로 기록은 없으나 가운데 키가 큰 안경 쓴 이가 알렌(Horace Newton Allen) 공사인 것으로 추정된다.

③ 교육

교육 분야의 사진들은 모두 38장으로, 당시 왕성하게 건립되던 근대 학교와 열의에 찬 학생들의 모습을 보여주고 있다. 〈사진 21〉에 그리피스는 "아침 기도 후 언덕을 내려오고 있는 성경반 학생"이라고 적었다. 같이 포함되어 있는 일련의 사진들을 기존의 자료와 대조하여 이곳이 1903년 미 선교사 모펫(Samuel Austin moffet)이 평양에서 개교한 숭의여학교라는 것을 확인하였다.

〈사진 22〉는 이화학당 학생들의 모습인데, 그리피스가 "First college class Ewhahakdang, 1914"로 적고 있어 이들이 1910년 처음으로 4년제 학제를 시작한 첫 학생들로서 1914년에 우리나라에서 여성 최초로 학사학위를 취득한 세 명의 학생인 신마실라·이화숙·김애식이라는 것을 알 수 있었다.[18] 〈사진 23〉은 "평양여성 병원의 방학"이라고 되어 있는 그리피스의 기록으로 보아 1894년 로제타 셔우드 홀(Rosetta Sherwood Hall) 선교사가 평양에 세운 '광혜여원(廣惠女院)'으로 생각된다. 광혜여원에서는 치료 및 여의사 육성이 함께 이루어졌다.[19] 이를 건립한 로제타 홀은 맹인들을 위한 사역도 병행하였으며, 〈사진 24〉는 그녀가 한국 최초의 초·중등 과정 특수학교로 1894년에 설립한 평양맹아학교에서 찍은 사진이다. 설립 당시에는 맹인 소녀를 대상으로 하는 평양여맹학교였으나 1909년 농아학교가 설립되면서 이름이 '평양맹아학교'로 바뀌었다. 사진 뒷면에 "맹인과 청각 장애우를 위한 극

---

17) 경인선의 개통식은 일본인들의 주도로 매우 성대하게 거행되어 본 사진의 상황과는 거리가 멀다.

18) 기존에 알려져 있는 이화학당 1회 졸업생의 사진과 대조하여 동일인인 것을 확인하였다.

19) 김정민, 「로제타 셔우드 홀의 선교사역에 대한 연구」, 감리교신학대학교 석사학위논문, 2009, 52쪽.

동 교육자의 제1회 모임"이라는 메모와, 1914년 여름방학 동안 집에 가지 않은 학생들과 함께 기념 촬영하였다는 기록이 보인다.[20] 〈사진 25〉는 이 학교 학생들의 모습으로서 그리피스는 "맹인과 청각장애 학생들의 소풍"이라고 기록했다. 한글로 적혀 있는 '기차우물'이라는 글은 사진 속의 유적을 가리키는 것으로 보인다.

그리피스 컬렉션의 'box 12'에는 19장으로 구성된 양질의 사진물(이하 무라카미 K. Murakami 시리즈)들이 있는데, 대한의원, 경성감옥, 건립 중인 YMCA 등 서울의 주요 건축물을 소개하고 있다. 그리피스의 메모와 해당 건물의 건립 시기 등을 고려하면, 1907~1908년경에 촬영된 것들로 보인다. 이 무라카미 시리즈에는 일련의 교육시설이 보이는데, 〈사진 26〉에 보이는 건물군이 바로 1895년에 설립된 공업전습소(1916년 '경성공업전문학교'로 개편)로서, 건축 시기는 1907년이다. 사진의 측면에 '공업전습소(工業傳習所)'라는 희미한 글씨가 확인된다. 이 시리즈에는 도자기·화학·철공·제도·방직 등과 관련한 사진들도 보이는데, 그 정황으로 보아 공업전습소의 교육 실습 장면으로서, 〈사진 27〉은 도자기를 빚는 요업 실습, 〈사진 28〉은 화학실험 장면으로 추정된다. 〈사진 29〉는 건축 설계실로, 한복을 입고 제도에 열중하고 있는 모습이 인상적이다. 벽에는 삼각자와 T자가 걸려 있다.

④ 경찰·군인·재판·의료
이 분류에 속하는 사진은 모두 21장으로, 경찰·군인 등과 관련한 사진들은 다른 책에서 소개되었던 것들이다. 대략 7장 정도의 자료가 그동안 알려지지 않은 것들로 파악되었다. 그중 〈사진 30〉은 근대식 법정의 모습으로 그리피스는 메모에서 '현대의 일본인 법정, 서울'이라고 기록했다. 일제하 법정의 모습을 알 수 있는 희귀한 자료다. 〈사진 31〉은 무라카미 시리즈에 포함되어 있는 것으로, 서양인 의사들에 의해 수술이 이루어지고 있는 장면이다. 당시에 사용된 의료기기의 모습을 확인할 수 있다.

⑤ 사람들
여기에 해당하는 자료들은 인물에 초점을 맞추어 촬영한 것들로, 조선

〈사진 26〉 공업전습소(box 12_대형 박스)

〈사진 27〉 도예 실습 장면(box 12_대형 박스)

〈사진 28〉 화학 실험 장면(box 12_대형 박스)

〈사진 29〉 건축설계 실습 장면
(box 12_대형 박스)

〈사진 30〉 법정(case 07_kp1-2)

〈사진 31〉 수술실(box 12_대형 박스)

〈사진 32〉 계란 든 여인
(case 06_kp1-1)

〈사진 33〉 조선의 가족
(case 07_kp1-2)

20) 1914년 평양 맹아학교에서는 8월 11일부터 15일까지 제1회 동양맹아교육회의가 개최되어 중국·일본·한국의 맹아교육 대표자 20명이 참석하였다.

〈사진 34〉 크리스마스(1915년)
(case 07_kp1-2)

〈사진 35〉 산자락 빨래터(case 09_kp1-2)

〈사진 36〉 경복궁 전경(case 10_kp2-1)

의 일반남성·여성·아이들·양반·서민·기생·관리 들의 모습과 표정, 옷매무새와 생활상이 그대로 담겨 있다. 총 105장의 사진들 중 64장의 사진이 새롭게 소개되는 것으로 파악되었다. 〈사진 32〉의 여인은 계란 꾸러미를 들고 언덕에 서 있는데, 그 뒤로 기와를 얹은 마을집들이 보이고 있다. 〈사진 33〉은 한 가족의 사진으로 그리피스는 "평양, 첫 번째 여성 청각장애 학생이 결혼 후 남편, 아들과 함께 찍었다"라고 기록해 두었다. 사진 속의 여인은 평양 맹아학교를 졸업하고 결혼하여 가정을 이룬 것으로 보인다. 여인은 가슴을 열고 아이가 사진에 보이도록 안고 있으며 아이는 머리에 뜨개질한 모자를 쓰고 있다. 사진 왼쪽 하단에는 남성이 벗어 둔 것으로 보이는 탕건이 놓여 있다. 〈사진 34〉에는 "1915년 크리스마스, 선물을 받은 유치원 아이들"이라고 기록되어 있다. 〈사진 34〉와 함께 찍힌 다른 사진의 기록으로 보아 이곳이 이화학당에서 1914년에 부설한 '이화유치원'인 것으로 확인되었다. 한복을 곱게 차려입은 어린이들은 저마다 가슴에 선물을 안고 있으며, 뒤편으로 서양인 선생님들이 서 있다. 사진 오른쪽에는 커다란 크리스마스트리가 보인다. 〈사진 35〉는 서울 근교의 산자락에 있는 빨래터의 사진으로 뒤편에 인왕산이 보이며 그 앞으로 희미하게 숭례문이 확인된다. 사진의 오른쪽, 산자락 뒤편으로 르네상스식 건물이 가려있는데, 외관상 남산 아래 왜성대에 지어진 일본공사관(후에 총독관저로 바뀜)으로 판단된다. 이로 보아 사진 속의 장소는 지금의 예장동 인근의 남산 자락일 것으로 짐작된다. 맑은 물이 흐르던 마을 인근의 개울가는 흔히 빨래터가 되었으며, 빨래하는 여인들의 모습은 서구 사진가들의 눈길을 끌기에 충분하여 이러한 장면을 찍은 많은 사진이 전해지고 있다. 소개된 사진 외에도 당시 조선인들의 생활상을 생생하게 전하는 다수의 사진들이 학술적 검토를 기다리고 있다.

⑥ 기타

도자기, 생활소품, 각종 모자와 쓰개, 신발 등의 생활소품을 찍은 11장의 사진이 여기에 분류되었다. 인삼 사진도 함께 있어, 당시 인삼에 대한 서구인들의 관심을 보여주기도 한다. 한국의 성곽 사진이 인쇄되어 있는 책갈피도 있는데, 이러한 물건이 관광상품으로 통용되었던 것으로 짐작된다.

(4) 궁궐과 왕실

조선 왕실의 공간적 무대인 궁궐과 그 속의 인물들에 서구인들의 관심이 집중되었을 것은 자명하다. 여기에 속하는 사진은 모두 42장이며, 좀더 세분하여 궁과 왕릉·묘, 왕실 인물 및 국장(國葬)으로 분류하였다.

① 궁

궁과 관련된 사진은 총 26장이며 이중 새로 소개되는 사진이 대략 15장으로, 경복궁과 경복궁 원경 사진, 창덕궁과 창덕궁 원경 사진 등이다. 〈사진 36〉은 멀리서 바라본 경복궁의 모습이다. 사진 중앙부의 오른쪽에서부터 광화문·흥례문·근정문·근정전이 차례로 보인다. 광화문 좌·우측 모서리에는 서십자각과 동십자각이 궁장과 연결되어 있는 모습을 볼 수 있다. 이 사진은 미국 대리공사였던 포크(George Clayton Foulk) 중위가 1884~1885년 사이에 촬영한 것으로 확인되었으며,[21] 인왕산 자락이 내려오는 사직동 인근에서 찍은 것으로

21) 이 사진의 다른 사본이 미국 위스콘신대학교 밀워키 도서관(University of Wisconsin-Milwaukee Libraries)의 웹사이트에 관련 기록과 함

보인다. 〈사진 37〉은 창덕궁 주합루의 모습으로, 어수문 너머 주합루에 대형의 발이 드리워져 있으며, 부용지에는 이름 그대로 연잎이 무성하게 들어차 있어 한여름 창덕궁 북원의 아름다운 모습을 보여주고 있다. 이 외에도 기존에 소개된 자료와 조금씩 시각을 달리하여 찍은 경복궁 일원의 전경, 근정전, 경회루, 향원정, 인정전 등의 사진이 있다.

〈사진 37〉 창덕궁 주합루(case 08_kp2)

② 왕릉·묘

여기에 해당되는 사진은 총 5장으로, 기존에 소개된 바 있는 흥선대원군 묘소, 문인석 등을 조금 달리 찍은 사진들이다. 중복되는 내용이 많아 따로 소개하지 않았다.

③ 왕실 인물

고종, 흥선대원군 및 명성황후로 알려진 사진 등 왕실관련 사진 7장이 보관되어 있는데, 이 사진들은 여러 자료를 통해 공개된 바 있어 따로 소개하지 않는다.

〈사진 38〉 명성황후의 첫 무덤터
(case 09_kp1-3)

④ 국장

본 컬렉션에 포함되어 있는 명성황후의 국장과 관련된 네 장의 사진은 중요한 사료적 가치를 지니고 있다고 판단된다. 〈사진 38〉은 명성황후의 첫 번째 무덤터였던 곳으로 추정된다. 그리피스는 이 사진의 뒷면에 '왕비가 묻힌 장소'라고 기록해 두었다. 1895년 10월 명성황후가 시해된 후 그해 12월에 동구릉(東九陵)의 숭릉(崇陵) 오른쪽 언덕에 장지를 정해 산릉 공사가 시작되었다. 그러나 1896년 3월경까지 공사를 진행하다 중지하였고,[22] 1897년 11월 21일 국장을 치르며 청량리의 홍릉으로 이전된다. 사진 속의 장소는 현장의 상태 및 인물들의 모습으로 보아 1896년 3월부터 국장 이전까지, 능역 공사가 중단된 상태의 동구릉 무덤터인 것으로 확인된다.[23] 다른 세 장의 사진은 일련의 연결된 장면으로 명성황후 국장 당일의 현장을 보여주고 있다. 〈사진 39〉는 경운궁 대안문(大安門)을 나서고 있는 명성황후 장례 행렬의 모습이다. 이 사진의 뒷면에 그리피스는 "새 능으로 가는 민 황후의 운구"라고 적었다.[24] 유사한 내용의 사진이 소개된 적이 있으나 이렇게 가까이에서 촬영된 사진은 아직까지 알려지지 않았다. 명성황후 국장도감의궤에 수록된 〈발인반차도(發靷班次圖)〉와 비교하여 보면, 사진 속의 가마는 명성황후의 재궁(梓宮)을 모신 '대여(大轝)'가 아니라 좁은 길을 지날 때 관을 모시는 '견여(肩轝)'로 확인된다.[25] 〈사진 40〉도 이날의 장례 행렬로서 중앙의 가마는 명성황후의

〈사진 39〉 명성황후 국장 1(case 07_kp1-2)

〈사진 40〉 명성황후 국장 2(case 04_kp1)

　　께 공개되어 있다(http://collections.lib.uwm.edu).

22) 한영우, 『명성황후, 제국을 일으키다』, 효형출판사, 2001, 68쪽.

23) 이 사진 속의 장소를 그린 삽화가 I.B.비숍, 신복룡 역, 『조선과 그 이웃 나라들: Korea and Her Neighbours』, 집문당, 2000, 265쪽에 수록되어 있다. 사진의 설명에 '민비의 시신을 소각한 자리'라고 되어 있으나, 사진의 정황으로 보아 비숍의 착오로 보인다. 단 장례를 치르지 않았으므로 이 자리에 시신이 묻혀 있는 것은 아니다.

24) 원문은 다음과 같다. 'Transfer of the Remains of Queen Min, to the new Mausoleum'. 여기에서 'new'라고 쓴 것으로 보아 당시 황후 무덤이 옮겨진 내용을 그리피스가 정확히 인식하고 있었던 것을 알 수 있다.

25) 「明成皇后發靷班次圖」, 『明成皇后 國葬都監儀軌』 권2. 한영우, 「명성황후, 제국을 일으키다」, 180~257쪽에 수록. 이화여대박물관 소장의 〈발인반차도〉도 내용은 동일하다.

〈사진 41〉 명성황후 국장 3(case 04_kp1)

〈사진 42〉 세르게이의 명성황후 국장 사진

〈사진 43〉 서울 전경(1884~1885)
(case 10_kp2-1)

신백(神帛)을 모신 '신련(神輦)'이다. 〈발인반차도〉에는 신련의 좌우에 행장(行障)이 보이고 있으나, 사진 속에서는 찾을 수 없다. 의궤가 제작된 후에 거행된 국장 행사의 세부적인 사항은 그와 다소 차이가 있었던 것으로 보인다. 주위의 건물들과 배경으로 보아, 장례 행렬은 종로 거리를 지나고 있는 것으로 추정된다.

〈사진 41〉은 행렬 중간을 따르던 '곡궁인(哭宮人)'들의 모습으로, 너울을 쓰고 고개를 숙인 채 말을 타고 행진하고 있다. 〈발인반차도〉에는 4열로 16명의 곡궁인이 대열을 이룬 것으로 그려져 있으나 사진에는 길 양측으로 열 명씩 2열을 이루고 있는데, 곡궁인 한 명당 4인이 말의 양측 앞, 뒤를 호위하여 이끌고 있다. 사진 위쪽에 보이는 장막은 〈발인반차도〉에서도 확인되는데, 군인들이 장대를 들어 장막을 펼쳐 대열을 가리며 이동하고 있다. 예법대로라면 곡궁인들이 내는 곡소리가 장막 건너의 군중들에게 비장하게 울려 퍼지고 있을 것이다. 길 양편으로는 군중이 빽빽이 늘어서 국장 행렬을 지켜보고 있는데, 백립이나 삿갓을 쓴 남자들과 소복에 장옷을 입은 여성들의 모습은 당시의 조선인이 느낀 비통함을 그대로 전하고 있다. 배경의 건물과 산세로 추정하면, 행렬은 지금 막 운종가를 지나고 있는 것으로 보인다. 이 사진들의 순서를 장례 행렬의 진행으로 보면 신련, 견여, 곡궁인의 차례이며 그 뒤에 대여가 행진한 것으로 되어 있다.

〈사진 42〉는 같은 날 러시아 기자 세르게이 시로먀트니코프(Sergey Syromyatnikov)가 찍은 것이다.[26] 〈사진 41〉과 거의 같은 장소에서 뒤이어 촬영된 것으로, 국장 행렬이 지나고 난 직후의 상황이다. 위의 〈사진 41〉과 유사한 복색의 사람들이 사진 왼쪽에서 오른쪽으로 향하여 국장 행렬을 뒤따르거나 혹은 자리를 뜨고 있는 것으로 짐작된다.

(5) 도시·건축

도시와 건축의 모습을 보여주는 사진들은 총 173장으로 도시·마을·강과 항구, 거리, 다리, 조선건축, 근대건축으로 나누어 고찰하였다.

① 도시·마을·강과 항구

도시와 마을의 전경에 해당되는 자료는 총 55장인데, 그동안 알려지지 않았던 사진이 44장으로, 당시 서울 및 평양의 모습, 교통의 요지였던 나루터, 전통 및 근대 마을의 사진 등이 포함되어 있다.

〈사진 43〉은 남산에서 찍은 서울의 전경으로, 북악산 아래로 경복궁의 모습이 보이는데, 근정전과 경회루가 우뚝하다. 광화문 앞쪽으로는 육조거리가 선명하게 확인된다. 사진 중앙으로 보이는 길은 숭례문에서 보신각 쪽으로 이어지는 큰길이다. 두 길 사이에 보이는 건물군은 남별궁인 것으로 추정되는데, 1897년 원구단이 이 장소에 세워지기 전 모습이다. 근대화가 시작되기 전 한양의 전경을 그대로 보여주는 귀중한 자료로 판단된다. 사진 상태도 비교적 양호하여 규모가 큰 건물의 경우에는 대강의 전모를 파악할 수 있어 당시의 거리망과 도로체계를 살필 수 있는 3차원의 시각자료이기도 하다. 밀워키 도서관에 보관되어 있는 자료와 비교하여 보면 이 사진 또한 위의 〈사진 36〉 등과 함께 1884~1885년 사이에 포크 중위가 찍은 것으로 확인된다. 현재 남산타워 전망대에서 보이는 북악산 방향의 전경과 대조하면 사진을 찍은 장소가 남산 정상인 것으

---

26) 2008년 내한한 러시아 표트르 대제 박물관 측에 의해 공개되었다. 경향신문 2008년 12월 3일자.

로 추정할 수 있다. 사진의 앵글은 서쪽으로 인왕산 중턱에서부터 동쪽으로는 안국동 일대에 그치고 있어 아쉽게도 창덕궁 및 종묘의 모습은 나타나지 않고 있다.

〈사진 44〉는 오른쪽 하단의 기록 및 기존의 사진과 대조하여 마포나루의 모습으로 추정하였다. 그간 알려진 사진이 대부분 언덕에서 포구 쪽을 내려다본 것이었는데 이 사진은 강 쪽에서 나루와 마을을 올려다보고 있어 좋은 비교 자료가 된다. 사진은 흑백 원본에 채색을 입힌 것이다.

〈사진 45〉는 1899년 2월, 한성전기회사에 의해 우리나라에 세워진 첫 발전소인 동대문 화력발전소의 건설 중인 모습이다. 75kw의 발전 규모로, 이 해 5월부터 개통한 전차에 동력을 공급하였다. 사진 오른쪽에 가려진 건물은 전차의 정박장이다. 이 발전소의 굴뚝은 〈사진 51〉이나 여러 동대문 사진에서 확인할 수 있다.

〈사진 45〉 화력발전소
(case 09_kp1-2)

〈사진 44〉 나루터(case 10_kp2-2)

〈사진 46〉 평양의 거리(1916)
(case 09_kp1-1)

② 거리

거리에 해당되는 사진은 총 14장으로 〈사진 46〉은 평양 거리의 모습이 담긴 사진이다. 그리피스는 "1916년 아침기도 후 돌아오는 성경반 여성들로 가득한 거리"라고 기록해 놓았다. 이 기록과 촬영 시기를 볼 때, 〈사진 21〉과 함께 찍힌 것으로 이해되며, '성경반 여성들'은 평양 숭의여학교를 지칭하는 것으로 판단된다. 이 외에도 종로거리, 광화문 육조거리(채색사진)와 남대문거리 등의 사진이 있다.

③ 다리

6장의 다리 사진 중 새로운 자료로 파악된 것들은 5장이다. 〈사진 47〉의 뒤에 그리피스는 "임페리얼 하이웨이의 800피트 다리"라고 적었다. 이 기록 및 다리의 제작 상태와 능행의 경로로 보아 고종이 청량리의 명성황후 능에 행차하기 위해 만든 안암천(성북천) 혹은 정릉천 위의 다리로 추정된다. 눈 쌓인 겨울에 나귀로 땔감을 운반하고 있는 사람들이 다리를 지나고 있다.

〈사진 47〉 겨울의 다리(case 09_kp1-2)

④ 조선건축

구래의 전통 건축물과 관련된 사진은 총 68장으로 이중 45장 정도가 새로운 사진들이지만 비슷한 모습을 보여주는 사진이 많아 내용에 있어서는 기존의 사진들과 중복되기도 한다. 〈사진 48〉은 돈의문(敦義門)의 모습으로 사진 오른쪽에 철로가 있어, 1899년 전차가 개통된 이후에 촬영된 것으로 확인된다. 길의 왼편으로는 하수로의 모습도 보인다. 〈사진 49〉는 미국공사관이다. 그리피스 컬렉션에서는 미국공사관 모습이 담긴 사진을 여러 장 볼 수 있는데 이곳을 거쳐 간 이들에 의해 그리피스에게 자료가 건네졌을 것으로 생각된다. 미국공사관에서 재임기간이 가장 오래되었던 알렌은 당시 미국공사관의 규모와 건물의 형태를『조선견문기』에서 다음과 같이 서술하고 있다. "다른 열강들은 각기 조선에서 자기들의 대표자를 수용하기 위해 미국의 공사관보다 좋은 건물을 가지고 있었다. 우리들은 한때 조선 고관의 집이었던 이상한 모양의 아름다운 방갈

〈사진 48〉 돈의문(case 07_kp1-2)

〈사진 49〉 미국공사관(case 08_kp2_large)

〈사진 50〉 미국공사관(case 09_kp1-1)

〈사진 51〉 흥인지문(case 09_kp1-2)

〈사진 52〉 대동문(case 12_album-2)

〈사진 53〉 초가집(case 10_kp2-6)

〈사진 54〉 방앗간(case 12_album-1)

〈사진 55〉 명동성당(case 10_kp2-4)

로를 계속해서 사용하고 있었다. 이 건물은 대부분의 공사관들과 새 궁전이 위치하고 있는 지역에 자리 잡고 있었다. 건물은 넓은 부지와 나무가 우거진 정원이 있었다."[27] 그리피스는 메모에 '한옥을 쉽게 변형하여 사용한 선교사의 집'이라고 적었다. 그 기술대로 1883년 미국공사관의 설립 이전에 존재하던 대규모의 한옥을 개조하여 공사관으로 사용한 것이다. 〈사진 50〉은 미국공사관의 전경을 보여준다. 사진에는 담장으로 둘러쳐진 대규모의 한옥 건물군이 보이고 있으며 뒤편으로 깃발이 게양되어 있다. 〈사진 49〉 및 다른 자료들에서 미국공사관으로 소개되고 있는 건물은 깃발 왼편에 보이는, 팔작에 맞배지붕이 이어지는 형식의 건물이다.

〈사진 51〉은 한성 흥인지문(興仁之門)의 모습으로 성곽 밖에서 찍은 사진이다. 길바닥에 철로가 보이는데, 그리피스의 메모에 "American electric R. R."이라고 적혀 있으니 1904년에 '한미전기회사'로 소유권이 이전된 이후의 현황이다.[28] 철로는 왼편으로 휘어져 옹성 안쪽으로 들어가 동대문을 통과하여 종로로 연결되고 있다. 오른쪽으로 통나무 기둥으로 된 전신주가 보이며 전선이 철로를 따라 이어지고 있다. 성곽 아래와 사진 왼쪽에 보이는 가게들의 모습도 흥미롭다.

〈사진 52〉는 평양 대동문(大同門)의 모습이다. 평양성 내성의 동문인 대동문 안쪽으로 신시가지가 형성되어 있는데, 다수의 근대식 건물들과 더불어 2층의 한식 건물들도 눈에 띈다. 사진 앞쪽으로 네 명의 물장수들이 보인다. 대동강에서 물을 길어 바삐 걸음을 옮기며 평양 시내로 들어오고 있는 모습이 생생하다.

〈사진 53〉은 양지바른 곳에 지어진 一자형 초가집이다. 앞의 텃밭에서는 가을걷이가 끝난 것으로 보이며, 빨래들이 걸려 있는 빨랫줄과 시래기 등을 말리고 있는 모습, 걸어둔 옥수수다발이나 호박덩이들도 눈에 띈다. 사진 오른쪽의 남자는 일손을 멈추고, 곰방대를 들고 사진사를 바라보고 있으며, 왼쪽으로는 그 아내가 광주리를 안고 있다. 마당 가운데에는 두 아이가 따뜻한 가을 햇살을 쬐고 있는 중이다. 부부의 알뜰한 살림살이가 전해지는 사진이다. 〈사진 54〉는 물레방앗간의 모습이다. 방앗간의 구조상 지붕은 일반 주거보다 뾰족하게 솟아 있으며, 힘차게 물레방아가 돌고 있다. 앞쪽의 개울가에서는 아낙 넷이 빨래에 열중하고 있는데 광주리에 빨래가 가득하다. 그 앞으로 조랑말이 물을 마시고 있는데, 아마도 사진 찍은 이가 타고 왔을 것으로 짐작된다.

이외에도 전통 마을이나 성곽 및 평양의 을밀대, 현무문, 연광정(練光亭) 등 조선건축물들의 사진이 다수 포함되어 있다.

⑤ 근대건축

이 분류에 해당하는 자료는 총 30장이며, 기존에 알려지지 않은 사진이 19장인 것으로 파악되었다. 〈사진 55〉는 겨울에 촬영된 명동성당의 원경으로, 그리피스는 메모에 '1898년 서울'이라고 적었다. 그 해 5월에 명동성당이 준공된 지 몇 달 지나지 않은 시점이다. 본당의 왼편으로 1890년에 세워진 주교관이 확인된다. 남산 인근에서 촬영된 것으로 추정된다. 〈사진 56〉은 무라카미 시리즈에 포함되어 있는 경성재판소의 모습이다.

---

27) H. N. 알렌, 신복룡 옮김, 『한말 외국인 기록 4 – 조선견문기: *Things Korean*』, 집문당, 1999, 210쪽. 여기에서 '새 궁전'은 경운궁을 일컫는다.

28) 〈사진 18〉에 그리피스는 'The Seoul electric car'라고 부기하여, 한성전기회사와 한미전기회사의 명칭을 구분하여 쓰고 있다.

1908년 통감부는 조선시대 의금부 터였던 종로구 공평동 부지에 르네상스 양식을 본딴 경성재판소(평리원)를 건립하여 8월 1일 문을 연다. 사진은 아직 공사가 마무리되지 않아 부지 정리를 남겨둔 개소 직전의 상황을 보여주고 있다. 이 건물은 1929년부터는 종로경찰서로 사용되었으며, 해방 후 1957년 신신백화점이 세워지면서 철거되었다.[29]

〈사진 56〉 경성재판소(box 12_대형 박스)

(6) 종교

종교에 관한 사진은 48장이며 민간신앙, 불교 및 기독교로 구분하였다.

① 민간신앙

마을 입구에서 흔히 만나게 되는, 무섭지만 익살맞은 해학적 모습의 장승은 서양인들의 시선을 끌어 사진에 자주 등장한다. 그중에서도 〈사진 57〉 속의 장승은 기존의 것들과는 다른 독특한 외형이다. 살아 있는 나무의 한쪽 부분 껍질을 깎아내어 장승의 모습을 새기고 '천하대장군(天下大將軍)'이라는 글자를 파 넣은 것이다. 나뭇가지들은 장승 나무의 좌우에서 힘차게 뻗어나가고 있다. 다른 사례를 찾기 힘든 희귀한 '살아 있는 장승'이다. 그리피스의 메모도 "마을 입구의 장승" 정도로 간략하여 이 장승이 서 있던 지역을 알 수 없음이 안타깝다. 이 사진과 함께 많이 알려진 성황당 사진 등 모두 네 장이 포함되어 있다.

〈사진 57〉 장승
(case 09_kp1-3)

② 불교

불교와 관련된 자료는 총 19장이며, 이중 기존 자료와 중복되지 않은 14장의 승려, 불상 및 사찰의 사진이 포함되어 있다. 〈사진 58〉은 금산사 미륵전의 모습으로, 사진 좌우에 보이는 건물들은 현재는 모두 사라지고 없다. 석등의 위치도 현재보다 더 미륵전 가까이에 있었던 것으로 보인다. 〈사진 59〉는 금산사 대적광전의 내부로 1986년 화재로 소실되기 전 대적광전의 옛 모습을 확인할 수 있는 자료가 되고 있다. 이들과 함께 승려의 모습이나 금산사 금강계단, 관촉사미륵불, 갑사 철당간 등의 사진자료가 포함되어 있다.

〈사진 58〉 금산사 미륵전(case 12_album-1)

〈사진 59〉 금산사 대적광전
(case 12_album-1)

③ 기독교

기독교와 관련된 사진 총 25장 중 19장의 사진이 새로이 소개되는 것들이다. 선교사 및 선교사들의 묘지, 교인 및 교회 건물 사진 등으로 구성되어 있다.

〈사진 60〉은 평양 장로교회(장대현교회로 추정)의 젊은 신도들 50여 명의 기념사진이다. 신분을 나타내는 관을 쓰거나, 상투를 틀지 않은 어린 모습들도 많다. 가슴에 성경으로 추정되는 책자를 품고 있는 이들도 보인다. 맨 앞줄의 서양 어린이는 선교사의 자녀일 것으로 생각된다.[30] 〈사진 61〉에 그리피스가 부기한 메모에

〈사진 60〉 평양장로교회 신도들
(case 07_kp1-1)

---

29) 국가기록원, 일제시기 건축도면 아카이브, '평리원 및 한성재판소'(http://theme.archives.go.kr).

30) 장대현 교회를 세운 모펫(Samuel Austin Moffet) 선교사는 다섯 아들을 두었으며 이중 둘은 한국에서 선교사업에 종사하였다. 사진 속의 아이가 그중 하나일 가능성도 존재한다.

〈사진 61〉 종탑 설치
(case 12_album-3)

〈사진 62〉 서재필
(case 06_kp1-3)

〈사진 63〉 집박악사
(case 11_cd-visiter)

〈사진 64〉 우표
(case 05_kp1-2)

는 "기념 종을 걸고 있는 장면으로, 윌리엄이 탑 안에 들어가 있다"라고 적혀 있다. 1890년대에 평양에서 의료선교 활동을 벌인 캐나다 선교사 윌리엄 제임스 홀(William James Hall, 앞서 소개한 로제타 홀의 남편)이 직접 종을 매다는 작업을 하고 있는 것으로 보인다. 사진 앞쪽의 소는 종을 운반하거나 들어올리는 작업에 쓰였을 것이다.

(7) 기타

그림, 우편, 인물 사진 등 총 17장으로 구성되어 있으며, 김옥균·서재필·박영효 등 개화기 인물들의 사진이 포함되어 있다. 〈사진 62〉는 서재필의 젊은 시절 모습으로, 근대식 명함(visiting card)의 용도로 일본에서 제작된 것으로 보인다. 그리피스는 사진의 뒷면에 '미국에서 공부하였으며, 독립협회의 의장(president)'이라고 적어 놓았다.

〈사진 63〉은 조선시대의 그림인데, 인물은 국악기 박(拍)을 들고 있으며 모자의 깃털장식으로 보아 연주에 나선 '집박악사(執拍樂師)'인 것으로 생각된다. 손의 동작은 이제 막 박을 치려는 모양이고 눈을 부릅뜬 채 입을 벌려 다른 악공들에게 음악의 시작을 알리려는 것으로 보인다. 붓의 필치가 세밀하고 인물의 동작과 옷주름 선이 유연하여 상당한 필력을 갖춘 조선 후기 화가의 그림인 것으로 추정된다.[31] 전문연구자의 고찰이 필요하다.

우표처럼 보이는 〈사진 64〉는 미국에서 담배에 함께 넣어 팔던 카드(cigarette card)로, 'Allen & Ginters Cigarettes'라는 명칭이 하단에 보인다. 이 회사는 버지니아주 리치몬드에 있던 담배회사로 1875년 맨 처음 이 같은 '담배 카드'를 고안했다. 이 사진 속의 카드는 1887년에 인쇄된 것으로, 이 회사에서 중국·일본 등을 포함하여 50개 국가의 국기로 구성한 'Flags of All Nations' 시리즈 중 하나이다. 태극기의 변화과정을 추적할 수 있는 사료로서 의미가 있다. 카드의 하단에 있는 기선은 일장기를 달고 있어 미국에서도 조선에 대한 일본의 진출을 의식하고 있었음을 시사한다.

2) 소결

다음 〈표 2〉는 앞서 구분한 7개의 주제 항목에 따라 그리피스 컬렉션의 사진을 분류하고 세부적으로 다시 항목을 나누어 그 내용과 해당 자료의 숫자를 정리한 것이다. 주제별로 사진을 분류해 둠으로써 향후 각 분야의 상세한 연구를 위한 기초적 자료를 제공하고자 하였다. 이와 같이 분류된 사진자료의 총수는 586장으로, 이중 기존의 책자나 온라인 등을 통해 공개된 자료로 확인한 것은 235장이며, 나머지 351장에 이르는 사진들이 지금까지 연구된 바로는 그리피스 컬렉션이 유일하게 소장하고 있는 사료라고 추정된다.[32]

---

31) 그림 속의 박은 열 개가 넘는 조각으로 그려져 있다. 일반적인 박의 조각 수가 여섯 개인 것과 차이가 있으나 화가의 눈썰미는 이를 무시한 것으로 보인다.

32) 자료의 발굴 및 비교·검토에 따라 그 숫자에 가감이 있을 수 있다.

〈표 2〉 그리피스 컬렉션 사진자료의
유형별 분류

항목 (자료 총수/ 미공개 자료 수)	세부항목	사진내용	자료 총수	미공개 자료수*
1. 관혼상제 (10/4)	(1) 혼례	혼례복/혼례 장면	2	1
	(2) 상·장례	상복/상여/초분	8	3
2. 전쟁 (34/8)	(1) 신미양요	광성보 전투 이후/초지진에 입성한 미군/ 어재연 장군기/조선배/조선인 포로/ 문정관/해군 선장	16	2
	(2) 개항	강화도 연무당/ 강화도 조약체결에 나선 조선인 관리	4	0
	(3) 동학농민운동	전봉준 압송/동학농민 참수/의병처형	4	0
	(4) 러일전쟁 및 일본군	바랴크호/일본군의 행진/ 이토 히로부미/청일전쟁 일본군 캠프	5	1
	(5) 기타	상장/깃발/무기/미확인	5	5
3. 생활 (262/146)	(1) 농업·상업· 공업	가래질/장인/행상/시장/농부/논농사/ 밭농사	46	17
	(2) 운송·교통	지게꾼/말/가마/달구지/나룻배/철도/ 철도개통식/전차/전차대기소	41	19
	(3) 교육	농업학교/한성보통학교/숭의여학교/ 이화학당/이화여대/언더우드학당/ 공업전습소/외국어학교/경성일본어학교/ 평양맹아학교/광혜여원/평양숭실학교/ 학동/학당	38	28
	(4) 경찰·군인· 재판·의료	군인의 행진/군악대/별기군/군복/법정/ 포도대장/형벌/간호사/서울병원/ 수술실/식목일	21	7
	(5) 사람들	관리/기생/여성/아이들/남성/양반/인물	105	64
	(6) 기타	꽃/도자기/모자/신발/책갈피/인삼	11	11
4. 궁궐과 왕실 (42/23)	(1) 궁	경복궁/창덕궁	26	15
	(2) 왕릉·묘	문인석/왕릉/흥선대원군 묘소	5	4
	(3) 왕실인물	고종/궁녀/흥선대원군	7	0
	(4) 國葬	명성황후무덤/명성황후국장	4	4
5. 도시·건축 (173/119)	(1) 도시·마을· 강과 항구	서울전경/명동성당주변/서울성곽/ 일본인마을/용산/동대문화력발전소전경/ 화력발전소/근대식마을/언덕길/강화부 측면/강화도연무당/강화부남문전경/강/ 강화도/나루터/인천항/평양대동강/ 도시파노라마/서대문전경/평양전경	55	44
	(2) 거리	서울거리/광화문육조거리/평양거리/ 새 능으로가는길/인천일본제일은행지점 거리/독립문/영은문/종로거리/남대문통	14	6
	(3) 다리	다리 나무다리/나막다리/평양영제교	6	5

5. 도시·건축 (173/119)	(4) 조선건축	숭례문/돈의문/흥인지문/환구단/골목길/미국공사관/사당/가옥/물레방앗간/초가집/정자/대동문/모란대/을밀대/연광정/평양성곽/성문/현무문/세검정/인화문/광화문/평양장대현교회/광희문	68	45
	(5) 근대건축	경성이사청/경성재판소/농업학교농장/명동성당/법원청사/정부내각건물/인천일본제일은행지점/러시아공사관/전기공사/건물내부/미확인	30	19
6. 종교 (48/34)	(1) 민간신앙	장승/성황당	4	1
	(2) 불교	승려/계룡산갑사철당간/관촉사미륵불/원각사지십층석탑/금산사/흥은동백불/불상/석탑	19	14
	(3) 기독교	기독교/기독교인/선교사/종탑설치/선교사 묘와 묘비/교회신도들/조선인신도/서울YMCA	25	19
7. 기타 (17/17)	(1) 그림	집박악사	1	1
	(2) 우편	우편봉투/담배카드/편지지	3	3
	(3) 인물	윌리엄멕케이/서재필/김옥균/박영효	13	13
합 계			586	351

비고: *는 기존에 출간된 사진집 및 문헌을 통하여 소개되지 않은 자료.

4. 맺음말

이상의 고찰을 통하여 럿거스대학교 도서관에 소장되어 있는 그리피스 컬렉션의 한국 근대 사진자료가 지니고 있는 학술적 가치에 대해 알아보았다. 그리피스가 생전에 열정을 다해 수집한 한국관련 자료들은 문헌자료, 희귀도서 및 미정리 자료로 나뉘어 있는데, 대부분의 한국 사진자료는 미정리 자료로 구분되어 10여 개의 보관함에 담겨 소장되고 있다. 본 연구는 그리피스 컬렉션 한국 근대 사진자료의 전량에 대해 내용을 분류하고, 기존의 책자 및 문헌 등을 통해 공개되었는지의 여부를 검토하였으며, 그리피스가 사진에 부기해 놓은 기록들을 분석하는 과정으로 진행되었다. 이를 바탕으로 각 주제별로 중요한 학술적 의의를 지니는 사진자료를 뽑아 보다 상세한 고찰을 진행하였다. 그리피스 컬렉션 한국관련 사진자료의 유형은 그 다루고 있는 내용으로 보아 크게 일곱 가지로 분류된다. 본 연구는 1. 조선시대의 중요한 가정의례로서 '관혼상제', 2. 열강의 각축과 조선 침략을 보여주는 '전쟁', 3. 당시 한국인의 경제활동 및 삶의 모습과 제도 등을 다룬 '생활', 4. 구한말 격랑의 중심에 있었던 '궁궐과 왕실', 5. 당시의 조선인의 삶이 펼쳐지던 공간인 '도시·건축', 6. 당대 조선인의 믿음과 신앙을 보여주는 '종교', 7. 그 외 그림·우편·인물 등의 자료가 담긴 '기타' 등 일곱 개의 항목으로 그리피스 컬렉션 한국관련 사진자료를 재구성하였다. 이렇게 분류된 사진자료의 수는 모두 586장으로, 이중 351장 정도의 사진이 국내에 새롭게 소개되는 사료라고 추정된다.

본 연구는 상기 일곱 개의 분류를 따라 미공개 자료를 중심으로 주요한 근대사의 장면들을 고찰하였으며, 그중에서도 명성황후의 국장 모습, 한성의 구한말 전경, 최초로 공개된 경성공업전습소 사진과 실습 장면, 우리나라 최초의 여학사 세 명의 학창시절 모습과 그 외에도 조선인의 생활상을 보여주는 많은 사진들은 한국 근대사를 재구성하는 데 있어 그 학술적, 역사적 가치가 뛰어난 사료라고 할 수 있다.

그동안 국내의 학계에서 그리피스는 서구인들에게 한국을 소개한 공로와 함께 일본의 시각으로 한국을 인식하였다는 비판을 받아왔으나 그가 평생 모아 온 한국관련 자료에 대한 평가는 이루어지지 못하였다. 본 연구를 통하여 그리피스 컬렉션이 가지는 학술적 의의를 고찰한바, 한국을 방문하지 못한 상황에서도 한국에 대한 객관적 저술을 하고자 최대한 한국관련 사료를 수집한 그의 방대한 노력은 재조명되어야 할 것으로 보인다. 아울러 사진마다 꼼꼼하게 적어둔 메모에서 자칫 잃어버릴 수도 있었던 한국근대사의 단편들이 보존되고 있음은 새삼 감사한 일이 아닐 수 없다.

한국 근대사 연구에 있어 그리피스 컬렉션은 일차 사료의 빈틈을 메울 수 있는 소중한 가치를 지니고 있음에도 불구하고 그동안 제대로 연구되지 못하였다. 그중의 한 부분인 사진자료에도 결락되어 있던 근대사의 주요 장면들이 오롯이 드러나고 있다. 한편으로 서구인 방문자의 시각으로 찍은 사진들에서 조선인의 모습이 대상화되고 있다는 것은 근대 사진자료가 지니는 한계로 지적되어야 할 것이다. 향후 각 분야의 연구자들이 그리피스 컬렉션 자료에 접근하여 '잠자고 있는' 사료들을 풍부히 드러내 줄 수 있기를 기대한다. 다행한 것은 럿거스대학교 도서관 측이 자료의 공개에 적극적이라는 점이다. 자료의 열람과 촬영을 승인해 준 럿거스대학교 도서관과 동아시아학과 관계자들께 감사를 표하며 글을 마친다.

참고문헌

강명숙, 『서양인이 만든 근대 전기 한국 이미지 III: 침탈 그리고 전쟁』, 청년사, 2009.

경기도박물관, 『먼 나라 꼬레: 이폴리트 프랑뎅(Hippolyte Frandin)의 기억 속으로』, 경인문화사, 2003.

김상민, 「개화·일제기 한국관련 서양 문헌에 나타난 한국 인식 양태 연구」, 명지대학교 박사학위논문, 2008.

김수태, 「윌리엄 그리피스의 한국 근대사 인식」, 『진단학보』 110, 2010.

김정민, 「로제타 셔우드 홀의 선교사역에 대한 연구」, 감리교신학대학교 석사학위논문, 2009.

김학준, 『서양인들이 관찰한 후기 조선』, 서강대학교 출판부, 2010.

박도, 『개화기와 대한제국: 1876~1910』, 눈빛, 2012.

박현순, 『서양인이 만든 근대 전기 한국 이미지 II: 코리안의 일상』, 청년사, 2009.

서울특별시립박물관 편집부, 『서울의 옛 모습: 개항 이후 1960년대까지』, 서울특별시립박물관, 1998.

손경석, 『사진으로 보는 近代韓國 下』, 서문당, 1986.

신동아편집부, 『100년 전 한국: 특별 부록 사진집』, 신동아, 2005.

신복룡, 『신복룡 교수의 이방인이 본 조선 다시 읽기』, 풀빛, 2002.

안종철, 「윌리엄 그리피스의 일본과 한국인식: 1876~1910」, 『일본연구』 15, 2011.

이태진, 「근대한국은 과연 은둔국이었던가」, 『한국사론』 42, 1999.

이규헌, 『사진으로 보는 獨立運動 上·下』, 서문당, 1987.

이규헌, 『사진으로 보는 近代韓國 上』, 서문당, 1986.

정성화·로버트 네프, 『서양인의 조선 살이』, 푸른역사, 2008.

정근식, 「그리피스의 '은둔의 나라 한국'의 텍스트 형성과정」, Workshop on the Korean Material of Griffis Collection at Rutgers University, 2008.

정성화, 「W. Griffis. 은자의 나라 한국: 그리피스의 한국관을 중심으로」, 『해외한국학평론』 1, 연세대학교 현대한국학연구소, 2000.

조풍연, 『사진으로 보는 朝鮮時代 I·II』, 서문당, 1986~1987.

최석로, 『사진으로 본 조선시대 민족의 사진첩 I·II·III』, 서문당, 1994.

한영우, 『명성황후, 제국을 일으키다』, 효형출판사, 2001.

홍순민 외, 『서양인이 만든 근대 전기 한국 이미지 I: 서울의 풍광』, 청년사, 2009.

J.B. 버나두, 『은자의 나라 (사진으로 본 옛 한국)』, 시사영어사, 2002.

W.E. 그리피스, 신복룡 옮김, 『한말 외국인 기록 3 – 은자의 나라 한국: Corea The Hermit Nation』, 집문당, 1999.

H.N. 알렌, 신복룡 옮김, 『한말 외국인 기록 4 – 조선견문기: Things Korean』, 집문당, 1999.

W.F. 샌즈, 신복룡 옮김, 『한말 외국인 기록 18 – 조선비망록: Undiplomatic Memories』, 집문당, 1999.

Ardath W. Burks and Jerome Cooperman, 「Dr. William Elliot Griffis (1843~1928) and 'The Hermit Nation'」, 『아세아연구』 3-1, 고려대학교 아세아문제연구소, 1960.

Leah H. Gass, Rev. Ed. Fernanda Perrone, 「Korean Materials in the William Elliot Griffis Collection」, Rutgers University Library, 2008.

심희기, Usefulness of GC in Korean Studies: Is it useful still? If so, Why and How?, Rutgers Workshop on the Korean Material of Griffis Collection at Rutgers University, 2008.

미국 위스콘신대 밀워키 도서관 웹사이트(http://collections.lib.uwm.edu)

국가기록원 일제시기 건축도면 아카이브 (http://theme.archives.go.kr)

Abstract

The Significance of Korean Photographs
in the William Elliot Griffis Collection at Rutgers University

Sang-hyun Yang · So-yeon Park · Young-mee Yu

In any historical research, visual materials are of great evidential value as they enable one to reconstruct the past and to build connections to the present. Due to a dearth of visual materials, visually reconstructing the Korea of one century ago is particularly challenging. We believe introducing photographic material from the William Elliott Griffis Collection is of great importance, especially when almost all previous studies deal with Griffis' publications without the benefit of visual material.

William Elliot Griffis (1843~1928) graduated from Rutgers University in 1869 and went to Japan to participate in the Japanese government's Westernization project for three years (1871~1874) by teaching natural sciences and helping to organize education in Echizen (later named Fukui). Upon returning to the U.S., he became one of the few Western authorities on American-Japanese relations, East Asian history and culture, and Korea through his numerous publications, including *The Mikado's Empire* (1876), *Japanese Fairy World* (1880), *Asiatic History: China, Corea, and Japan* (1881), *Corea: The Hermit Nation* (1882), *Corea, Without and Within* (1885), *The Religions of Japan* (1895), *Japanese Nation in Evolutions: Steps in the Progress of a Great People* (1907), *China's Study in Myth, Legend, Art, and Annals* (1910), *The Unmannerly Tiger and Other Korean Tales* (1911), *A Modern Pioneer in Korea: the Life Story of Henry G. Appenzeller* (1912), *Korean Fairy Tales* (1922), etc. Although Griffis did not travel to Korea until 1927, he collected material on all subjects that concerned East Asia, including articles, photographs, and artifacts relating to Korea from 1874 until his death in 1928.

The library at Rutgers, the State University of New Jersey, holds the William Elliot Griffis Collection. This collection contains papers received as family gifts after his death in 1928. The collection is described as "over 120 cubic feet in size, including journals, manuscripts, printed materials, photographs, family papers, and scrapbooks, correspondence and ephemera" (Rutgers University Libraries Information brochure). Portions of the William Elliot Griffis Collection were published as *Japan through Western Eyes: Manuscript Records of Traders, Travellers, Missionaries and Diplomats, 1853~1941*. The Korean materials within the collection, however, have been neither cataloged in detail nor have their significance to Korean Studies been fully explored. The Korean material in the collection provides a unique opportunity for Korean Studies researchers as it contains invaluable photographs, articles, and personal letters in the section designated as "Unprocessed Materials." This section is comprised of four boxes of Korean photographs, many of which are part of series published for sale and whose photographers are unidentified, as well as Korean pamphlets.

For this study, we examined all 586 photographs in the collection that portray Korean landscapes, customary rites, historical relics, lifestyles and city scenes, and buildings dating from the end of the 19th century to the beginning of the 20th century. We classified the photographs into seven categories: (1) four ceremonial occasions, (2) wars, (3) life styles, (4) the royal families and palaces, (5) cities and buildings, (6) religion, and (7) others. Simple notes handwritten by Griffis on the back of photographs helped us in identifying the contents and in imagining the stories behind some of the photographs. In order to identify photographs that have never been made public, we manually combed through available publications. After the initial screening process, we determined that 351 photographs have considerable historical value, among which the following are quite significant: Queen Min's funeral, construction of the Gyeongui Railway, views of a technical school and a practice room, a photograph of the first three graduates of Ewha Woman's University, and panoramic views of Seoul and the capital's significant buildings. The significance of our paper lies in introducing Griffis' photographs and in identifying photographs that have never been disclosed to the public. We hope this paper, with its extensive coverage of Griffis' Korean photographs, will facilitate in-depth historical research in the future.

그리피스 컬렉션에 포함된 근대 인천과 한성 사진 연구[1]

이경민*·양상현**·문병국***

1. 서론

1-1. 연구 목적

19세기 말 이후 한국 근대 도시와 건축의 모습을 이해하는 데 있어 사진자료는 현재 존재하지 않거나 변형된 과거의 정황을 생생하게 전달한다. 한국의 도시는 지난 백여 년간 엄청난 변화를 겪어와 건축과 도시의 과거를 시각적으로 재구성하는 것이 쉽지 않은바, 알려지지 않았던 옛 사진의 발견은 학술적 관심의 대상이 된다. 본 연구는 미국 뉴저지주 럿거스대학교에 소장되어 있는 그리피스 컬렉션의 한국관련 사진 중 근대 인천과 한성의 도시, 건축의 모습을 담은 자료를 소개하고 그 속에 담긴 역사적 정보를 해석함으로써 개항기 한국의 근대 초기 모습을 시각적으로 추정할 수 있는 유용한 사료를 제공하고자 한다.

1-2. 연구 대상 및 방법

본 사진자료를 수집한 윌리엄 그리피스(William Elliot Griffis, 1843-1928)는 1882년, 「은둔의 나라 한국(*Corea: the Hermit Nation*)」을 발표하여 우리나라를 서구에 소개한 미국의 대표적 동양학자이자 저술가로서, 한국과 관련된 다양한 형태의 자료를 광범위하게 모아 연구했다. 그리피스가 죽고 난 뒤 가족들은 자료를 그의 모교인 럿거스대학교의 도서관에 기증하였으며, 이는 '그리피스 컬렉션(Griffis Collection)'으로 명명되어 보관되어 있다.[2] 여기에는 그가 생전에 모은 잡지, 책자, 인쇄물, 사진, 편지, 스크랩북, 서신과 쪽지들이 있는데 일

---

* 순천향대학교 건축학과 석사과정

** 순천향대학교 건축학과 교수 (Corresponding Author: sonamu@sch.ac.kr)

*** 순천향대학교 건축학과 교수

1) 이 연구는 2015년도 순천향대학교의 학술연구비 지원으로 수행하였음.

2) 그리피스 컬렉션은 현재 뉴저지 주립대학인 럿거스대학교의 도서관 (Rutgers University Library)에 기증되어 있으며, 이는 '그리피스 컬렉션(Griffis Collection)'으로 명명되어 보관되고 있다. 본 연구의 시작은 2008년 럿거스 도서관의 도움으로 그리피스 컬렉션의 한국관련 사진자료를 열람하면서 시작되었다. 당 도서관 측의 양해를 얻어, 대상으로 삼은 사진자료들의 전량을 실사 촬영하였고, 국내에 돌아와 이를 분석하는 과정을 거쳤다.

본에 관한 자료가 다수를 차지하며, 대략 1/4 정도가 한국과 중국에 관한 자료들이다.

그가 수집한 자료 중 일부는 사진들로서, 이 가운데 일부는 이미 알려진 사진과 동일하나 300여 장이 넘는 사진들은 그동안 국내에 공개된 적이 없는 사료들로서 상당한 학술적 가치를 지니고 있다. 최근 그리피스 컬렉션의 한국관련 사진자료에 대한 연구[3]가 진행되어 그 역사적, 학술적 의의가 드러난 바 있다.

선행 연구에서 소개된 그리피스 컬렉션의 사진들은 풍경, 풍속, 유적 및 인물 등 다양한 생활상에 걸쳐 있지만, 본 연구는 이중 인천과 한성의 도시와 근대 건축의 모습을 보여주는 사진에 대해 집중적으로 고찰하고자 한다.

연구의 진행을 위하여 먼저 그리피스 컬렉션 중 근대 인천과 한성의 도시 모습 및 근대 건축물들을 찍은 미공개 사진들을 골라 분류하고, 해당 건축물에 관한 도면 및 문서자료 등을 함께 비교, 분석하였다. 또한 사진 속에 포함되어 있는 다양한 시각적 정보들을 해석함으로써 이를 통해 근대 한국의 도시와 건축의 모습을 근사하게 유추하고자 하였다.

2. 그리피스 컬렉션의 근대 도시·건축자료 현황

그리피스 컬렉션의 한국관련 사진들 중 근대 인천 및 한성의 도시, 건축에 관련된 미공개 사진은 총 23장이다. 이들은 인천 제물포 개항장, 경성이사청 등의 공공시설, 한성전기회사 등의 민간시설, 그 외 교육시설의 모습들로서, 그 분류는 아래 표와 같다. 본 논문에서는 흐릿한 채색 사진이나 기존에 존재하는 사진과 거의 동일한 사진 등 4장을 제외한 19장의 사진을 소개, 고찰하였다. 본고에서 사진의 이름에 부가되어 있는 괄호 속의 표기는 럿거스대학교 그리피스 컬렉션의 소장 위치를 지칭하는 기호다.

Tab.1 Categorized Photographs of Griffis Collection

Category	Subject	Number of Photographs
Cities	Incheon	4
	Myeongdong Cathedral	3
2. Public Buildings	Russian Legation	1
	Seoul City Hall	3
	The Seoul Court House	2
	Imperial Resting House	1
	Cabinet Building	1
3. Educational Facilites	A Seoul Public School	1
	The Foreign Language School	1
	The Agricultural School	1

---

3) 양상현·박소연·유영미, 「그리피스 컬렉션에 소장되어 있는 한국 근대 사진자료의 학술적 가치에 대한 고찰」, 한국근현대사연구, 제71집, 2014년 11월; 박소연, 「그리피스 컬렉션에 포함된 한국 근대 도시·건축 사진자료에 관한 연구」, 순천향대학교 석사논문, 2015년 2월.

4. Private Buildings	The Seoul Electrical Company	2
	The First Bank of Japan	1
	The Seoul Hospital	1
	The Y.M.C.A	1
Total		23

3. 사진자료 분석

3장에서는 위의 〈Tab.1〉에서 정리된 네 가지의 분류에 따라 대상 사진들을 분석할 것이다. 촬영 대상의 유사성에 따라 분류된 사진들을 각 절로 묶어 고찰하는 것이 근대 초기 한국의 모습을 시각적으로 유추하는 데 있어 보다 유용한 틀이 될 것이다.

3-1. 근대 인천과 한성의 도시 사진

근대 도시의 풍광을 다룬 사진들은 인천 제물포를 찍은 것들과 한성 시내에 위치한 명동성당의 모습을 담은 사진 등 총 7장이 있으며, 여기에서는 내용이 흐릿하거나 단순한 풍광으로서 학술적 가치가 낮다고 판단한 두 장을 제외한 다섯 장의 사진을 고찰하였다.

Fig.1 View of Incheon Harbor (c09_kp1-3)

〈Fig.1〉은 인천항 전경으로 사진의 화각으로 보아 월미도 정상에서 찍은 것으로 추정된다. 1875년의 한일수호조약과 뒤이어 체결된 제물포조약으로 1883년 1월에 인천항이 개항되었다. 이 사진 하단에는 '인천항 전경(仁川港全景)'이라는 설명이 달려 있으며, 대형 선박들이 항구를 드나들고 있는 모습이 생생하다. 사진의 해상도 또한 선명하여 확대하면 당시의 근대 건축물을 확인할 수 있다.

Tab.2 Modern buildings of Incheon Harbor[4]

The Incheon Harbor	Modern buildings	
	①	②
	①	Dae-Bul Hotel
	②	Japanese Legation
	③	Se-Chang Company
	③	

〈Tab.2〉의 ①은 1888년에 설립된 대불호텔의 모습이다. 우리나라 최초의 근대식 호텔로, 인천을 통해 한국

---

4) 박소연, 「그리피스 컬렉션에 포함된 한국 근대 도시·건축 사진자료에 관한 연구」, 순천향대학교 석사논문, 2015년 2월.

Fig.2 Panoramic View of Incheon Harbor (c10_kp2-5)

Fig.3 The Chemulpo Harbor (c10_kp2-3)

Fig.4 The Myeongdong Cathedral (c10_kp2-4)

Fig.5 Picture of surroundings of Myeongdong Cathedral (c09_kp1-2)

으로 들어오는 외국인들을 맞이했던 대불호텔이 항구 가까이 위치해 있는 것을 확인할 수 있다. ②부분을 확대하면 일본 깃발이 꽂혀 있는 모습까지 식별되는데, 이곳이 1833년 개항과 함께 2층의 목조 건축물로 건립된 일본영사관이다. 오늘의 인천 중구청 자리에 해당한다. 사진 오른쪽, ③의 위치에 보이는 건물은 1884년에 설립된 세창양행 사옥이다. 세창양행은 독일의 무역회사인 마이어 상사의 제물포 지점이다. 이 건물들의 존재로 보아 사진은 1888년 이후에 촬영된 것으로 보이나 정확한 연대는 확인되지 않았다. 근대 문물이 밀려들어오던 개항장 인천의 현장을 근대식 건축물의 모습과 함께 보여주는 생생한 자료다.

아래의 〈Fig.2〉는 인천항의 파노라마 사진으로, 왼쪽의 섬들은 월미도와 소월미도이며, 오른쪽으로는 개항의 중심이 되었던 제물포의 모습이 보인다. 개항과 함께 빠르게 근대식 건축물이 건립되어 개항장을 채워나갔던 정황을 보여주는 사진자료다. 다른 사진자료들과 달리 파노라마식 촬영 방식이 당시 항구의 모습을 좀 더 생생하게 보여주고 있으며, 근대 인천의 모습을 부각하는 것과 같은 효과를 주고 있다.

〈Fig.3〉은 제물포항에서 월미도 방향으로 찍은 사진으로, 조선의 재래식 나룻배와 서구의 근대식 기선이 함께 어우러져 있다. 개항기의 과도적 상황에 놓여 있던 인천항의 단면이 인상 깊게 드러난 사진이라고 할 수 있다.

〈Fig.4〉는 우리나라 천주교를 대표하는 명동성당의 모습을 원경으로 담아낸 사진으로 근대 한성의 도시 가옥을 함께 확인할 수 있는 자료다. 명동성당 본당은 당시 국내 유일의 순수한 고딕 양식의 연와조 건물로, 1892년(고종 29)에 착공하여 1898년에 준공하였다.

사진의 화각으로 보아 남산 줄기가 충무로 쪽으로 뻗어 내려온 '진고개' 언덕에서 명동성당을 바라보고 찍은 사진으로 추정된다. 그리피스는 사진의 뒷면에 '1898년 서울의 모습'이라고 메모해 두었는데,[5] 그렇다면 이 사진은 준공된 바로 그 해 겨울의 명동성당을 보여주고 있는 것이다. 성당의 앞쪽으로 현재 충무로2가에 해당하는 지역의 모습이 보이는데, 조선에 외래 문물이 밀려옴에 따라 재래의 도시 한옥들과 근대식 건축물이 혼재되어 있는 당시 한성 시가지의 변화된 모습을 확인할 수 있다. 명동성당 본당의 왼편으로는 주교관의 모습도 보이는데, 이 건물은 아래 사진 〈Fig.5〉에도 나타난다.

〈Fig.5〉의 위쪽으로 보이는 건물이 명동성당의 주교관으로 1888년 7월 착공하여 1890년 준공된 건물이며, 우리나라에 남아 있는 가장 오래된 서양식 건축물이다. 1979년 새 주교관이 건립되면서 개수를 거쳐 현재 사도회관으로 사용되고 있으나 원형은 많이 훼손된 상태이다.

3-2. 공공기관

구 러시아공사관, 경성이사청, 평리원 등 총 8장의 공공 시설물 사진이 여기에 속한다. 이들 중 기존에 알려진 사진과 거의 동일한 것들을 제외한 6장의 사진을 살펴보겠다.

〈Fig.6〉은 구 러시아공사관의 남서측 모습으로 언덕 아래에서 위를 바라보고 찍은 사진이다. 러시아공사관은 조·러 수호조약이 체결된 1885년에 착공해 1890년(고종 27)에 완공한 르네상스식 건물로 러시아인 사바

---

5) Seoul the Korean capital in 1898 showing methodist college and french cathedral, Griffis Collection

찐(Afanasy Seredin-Sabatin 1860-1921)이 설계했다. 사진 앞쪽으로 위병들로 보이는 러시아 인들이 입구에 서 있는 모습을 확인할 수 있다.

Fig.6 The Russian Legation (c10_kp2-4)

Tab.3 Comparison of picture of legation and site plan

The Legation	Site plan[6]

〈Tab.3〉은 사진에서 보이는 건물들과 배치도 자료에 나타난 건물들을 비교한 것이다. ①의 건물은 공사관 본관으로 정동 언덕의 꼭대기에서 매우 이국적이면서도 위압적인 외관을 형성하고 있었음을 알 수 있다. 한국전쟁으로 주요부분이 파괴되었으며 현재 탑 부분만 복원되어 현존한다. 본관의 남동쪽에 있는 ②번 건물은, 일자형 한옥으로 공사관비서가 사용했었으며, ③의 위치에 있는 담장 또한 배치도 상에서 확인할 수 있다.

〈Fig.7〉은 현재의 충무로1가 자리에 세워졌던 경성이사청의 모습이다. 1896년 일본공사관으로 건립된 후 1906년 통감부가 설치되면서 경성이사청(1906-1910)이 되었으며 부제가 실시되면서 그대로 경성부청(1910-1926)으로 쓰였다. 위 사진에 보이는 경성이사청은 벽돌로 건립된 2층의 르네상스식 건물로, 중앙 현관을 아치로 구성하고 있다.

Fig.7 The Seoul City Hall (c09_kp1-2)

Tab.4 Detail drawings of City Hall

Front gate plan[7]	Site plan[8]
	⑥ 문위

〈Tab.4〉는 경성 이사청의 담장 공사도와 배치도(1915년)로서, 배치도에 표기된 관리실 역할의 '문위(門衛)'

---

6) 김정신, 「구한말 서울 정동의 러시아공사관에 대한 복원적 연구」, 건축역사연구, 19권, 6호, 2010, 9쪽.

7) 경성이사청 이문 신설 공사도 / 6, 국가기록원, 1909 추정.

8) 경성부청 청사증축 기타 공사 배치도 / 16, 국가기록원, 1915.

Fig.8 The Court House(Supreme Court & Seoul Appeal Court) (box12_대형 박스)

를 사진 오른쪽 담장 상단에서 확인할 수 있다. 기존에 알려져 있는 경성부청의 사진들과는 달리 입구 기둥 위의 조명장치나, 오른쪽 담장 앞의 게시판이 놓여 있지 않은 것으로 보아 이들보다 앞선 시기의 외관을 보여주는 자료이다.

〈Fig.8〉은 일제강점기가 시작되던 시기, 최고의 사법기관이었던 평리원(공소원. 경성재판소의 전신)의 사진이다. 원본의 사진틀 테두리에서 '평리원(平理院)'이라는 한자가 확인된다.

평리원은 1906년 통감부가 설치되면서 조선시대 의금부 터였던 공평동 부지에 이전, 신축할 것을 결정하여 1908년 8월 1일에 공소원으로 개편, 개청된다. 아직 부지 정리가 덜 끝나 있는 사진 속의 상황으로 보아 1907년에서 1908년에 이르는, 개청 직전의 시기에 촬영한 것으로 추정된다. 건물은 중앙의 돔을 축으로 엄격한 좌우 대칭형의 입면을 가지고 있어 사법기관으로서 권위적인 외관을 추구하였음을 드러낸다.

Tab.5 Elevation of Court House

Front elevation[9]	Details[10]

〈Tab.5〉는 1906-07년도에 작성된 것으로 추정되는 평리원의 정면도 및 정면 상세도이다. 사진은 위 도면에 의해 건축공사가 거의 완료된 상태의 현장의 모습을 그대로 보여주고 있는데, 일부 석재의 장식 정도를 제외하고는 도면과 차이 없이 시공된 모습을 두 자료의 비교를 통해 확인할 수 있다.

〈Fig.9〉는 앞의 사진과 동일한 건물로서, 사진 속의 정황이나 '경성재판소(京城裁判所)'라고 기록된 사진 하단부의 표기 및 문주에 걸려 있는 '고등법원(高等法院)' 표기로 보아 통감부령으로 명칭이 변경된 1909년에서 1912년 사이의 모습으로 추정된다. 앞 사진으로부터 수 년 정도 지난 뒤의 상황으로, 건물 외벽 곳곳에 난방을 위한 연통이 부가된 것을 확인할 수 있다.

〈Tab.6〉은 재판소의 담장과 입구 및 법원의 공고를 내어 붙이는 게시장의 신설 도면으로, 〈Fig.9〉의 사진 속에서 담장의 모습과 그 밖의 게시장의 모습으로 확인된다.

Fig.9 The Seoul Court House (c02_kp2-3)

---

9) 평리원급한성재판소정면도, 국가기록원, 1906-07 추정.

10) 평리원급한성재판소중앙정면지도, 국가기록원, 1906-07 추정.

11) 평리원신설표문지도, 국가기록원, 1906-07 추정.

12) 평리원계시장지도, 국가기록원, 1906-07 추정.

Tab.6 Detail drawings of the Seoul Court House

Front gate[11]	Bulletin board[12]

〈Fig.10〉은 지금까지 알려지지 않은 미상의 건물을 보여주고 있다. 유사한 사진이나, 건물의 명칭은 물론 건물의 존재를 알려주는 사료조차 알려져 있지 않아 본 사진과 그리피스의 메모에 기대어 당시 건립되었던 이 건물의 위치, 용도 및 성격을 유추하고자 한다. 이 사진의 뒷면에는 '임페리얼 하이웨이 상에 있는, 황제 가 머무는 건물[13]'이라고 쓴 그리피스의 기록이 남아 있다. '임페리얼 하이웨이'는 명성황후의 묘를 청량리에 서 금곡(현재의 홍유릉)으로 옮기기 위해 고종이 한성전기회사에 위탁하여 1900년 9월에 착공, 1901년 초에 건설한 폭 15.24m, 거리 약 20.9km에 이르는 신도로[14]이다. 이로써 유추하면 이 건물은 황제가 홍-(유)릉을 행 차하는 경우 머물 수 있도록 당 도로 상의 금곡 인근의 위치에 건립된 '행궁(行宮)'에 해당하는 건물로 추정할 수 있다. 좀더 나아가 당 건물의 건축가를 찾아보는 것도 가능하다.

Fig.10 Imperial Resting House (c09_kp1-3)

Tab.7 Similarity between the Geong Gwan Hun and the Imperial Resting House

Geong Gwan Hun[15]	Imperial Resting House

〈Tab.7〉은 덕수궁의 정관헌과 당 사진 속 홍릉 행궁으로 추정되는 건물의 사진들을 비교한 것이다. 두 건 물 모두 서구적인 양식과 전통적인 기법이 혼합되어 사용되었으며 건물의 규모나 장식의 품격으로 보아 황 제와 관련된 건축물이라는 것도 드러나고 있다. 정관헌이 정면 7칸, 측면 5칸의 규모임에 비하여 행궁으로 추정하는 건물은 정면 9칸, 측면 3칸으로 크기가 다르지만 지붕의 스타일과 입면에서 나타나는 얇은 열주 및 난간의 처리 등에서 매우 흡사한 양식을 보여주어, 덕수궁의 정관헌과 구 러시아공사관을 설계한 사바찐의 작품이라고 추정할 수 있다. 정관헌의 설립이 1900년이며, 사바찐이 1904년까지 한국에서 활동하였으므로 이 건물의 건립과 시기적으로도 일치한다. 기능에 있어서도 정관헌이 황제의 연회나 유식에 사용된 것으로

---

13) Imperial Resting House on Imperial Highway, Griffis Collection

14) 국가기록원, 「일제문서해제 -토목편」2010, p.239

15) 출처: http://younghwan12.tistory.com/846

행궁의 역할과 유사하며, 당시 고종의 그에 대한 신임이 두터웠던 것을 고려하면 사바찐이 이 건물을 설계했을 가능성이 매우 높은 것으로 판단된다. 추가로 발굴되는 사료를 통해 이 건물의 존재와 정확한 위치 및 연혁 등에 대한 연구가 진행되기를 기대한다.

〈Fig.11〉은 탁지부 청사로 알려진 정부 내각 건물로, 1907년 4월 기공하여 12월에 완공되었다. 해방 이후까지 법원으로 사용하다가 1970년에 철거되었다.

평리원이나 이사청 등 다른 공공기관과 유사한 좌우 대칭의 평면과 권위적인 면모를 강조하는 입면을 가지고 있으며, 아치로 강조된 입구와 그 위에 얹어진 돔이 눈에 띈다. 건물 앞의 허술한 조경이나 정리되지 않은 진입로의 상황으로 보아 건물의 완공 직후인 1907년 말에서 1908년 초에 찍은 사진으로 추정된다.

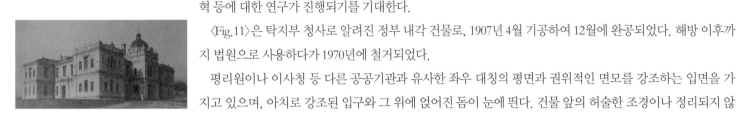

Fig.11 The Cabinet Building (box12_대형박스)

3-3. 교육기관

이 절에서는 한성사범부속보통학교, 한성외국어학교 그리고 수원농림학교로 추정되는 사진 등 총 3장의 자료를 고찰하겠다.

〈Fig.12〉는 한성사범학교부속보통학교의 모습으로, 1895년 서울에 설립되었던 관립 교원양성학교에 딸려 있던 초등교육 시설이었다. 규칙적으로 창호가 배열되어 있는 모듈의 배치로 보아 층당 3개의 교실이 있었던 것으로 보이며, 건물 왼쪽 날개 부분의 1층에 두 쪽짜리 입구가 눈에 띈다. 외벽은 목조 판벽으로 마감되었고 각 교실마다 연통 구멍이 있으며, 1층 창호 상단에 눈썹지붕을 설치하고 있는 것도 우천시를 고려한 배려로 보인다. 보통학교의 우측 뒤로 보이는 다른 2층 건물이 한성사범학교 교사인 것으로 추정된다.

Fig.12 A Seoul Public School (box12_대형박스)

〈Fig.13〉은 한성외국어학교의 사진이다. 1906년 학제 개혁에 따라 기존의 외국어 학교들을 전부 통합하여 한성외국어학교가 설립되었다. 운현궁 건너편에 위치해 있었으며, 1911년 폐지되어 그 자리에 경성여고보가 들어서게 된다.

단층의 근대식 건물에 박공지붕을 씌운 현관이 중앙에 자리하고 있으며 외벽은 목재판벽으로 마감되었다. 사진을 찍고 있는 인물들의 다양한 복색으로 보아 외국어학교라는 특징이 드러나고 있어 흥미롭다.

Fig.13 The Foreign Language School (box12_대형박스)

〈Fig.14〉의 외곽 상단에는 '농장에 딸린 농업학교(The Agricultural School attached to the farm)'라고 기록되어 있는데, 시기적 정황으로 보아 1907년 이전 건립된 수원농림학교(서울대학교 농과대학의 전신)에 일치한다.

〈Tab.8〉의 수원농림학교 본관 평면도와 비교해 보면 건물의 규모, 평면 형태 및 돌출 현관의 배치 등이 모두 동일하여 이 건물이 그 본관임을 확인할 수 있었다. 단층의 목조 건물로, 수직의 창호가 규칙적으로 배열되어 있는 교육시설의 일반적인 모습을 보여준다. 그동안 형태를 알 수 없었던 수원농림학교의 초기 모습을 시각적으로 알려주어 의미 있는 사진자료로 평가된다.

Fig.14 The Agricultural School attached to the farm (box12_대형박스)

---

16) 농림학교 본관 기타 평면도, 국가기록원, 1906-17 추정.

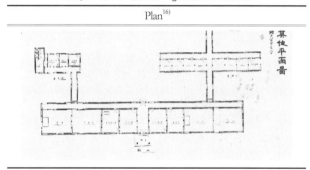

Tab.8 Plan of Suwon Agricultural School

Plan[16]

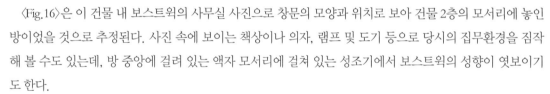

3-4. 민간 건축물

여기에서는 한성전기회사, 인천 제일은행, 서울병원, 서울 YMCA 등 민간 건축물들의 사진 5장을 다루겠다.

〈Fig.15〉는 1898년 전차·전등·전화 사업을 위해 설립된 한성전기회사의 사옥으로 현재의 종로2가 8-4에 위치해 있었으며 미국인 H. 콜브란과 H.R. 보스윅이 운영하였다. 1902년 1월 5일에 건물이 불타 그 해 7월에 다시 개건하였다는 기록이 남아 있다.[17] 사진 속의 건물에서는 돌출된 아치형의 현관과 그 상부로 중앙의 시계탑을 볼 수 있는데, 당시 시계가 희귀하였음을 감안하면 매우 주목 받는 건물이로서 회사의 상업적 지향을 표방한 외관이었다는 것을 짐작할 수 있다. 사진의 시계탑에 시계가 설치되지 않은 것으로 보아 1902년 화재 이후 재건된 직후 촬영한 사진으로 추정된다.

〈Fig.16〉은 이 건물 내 보스트윅의 사무실 사진으로 창문의 모양과 위치로 보아 건물 2층의 모서리에 놓인 방이었을 것으로 추정된다. 사진 속에 보이는 책상이나 의자, 램프 및 도기 등으로 당시의 집무환경을 짐작해 볼 수도 있는데, 방 중앙에 걸려 있는 액자 모서리에 걸쳐 있는 성조기에서 보스트윅의 성향이 엿보이기도 한다.

〈Fig.17〉은 현재 인천광역시 중구 중앙동 1가에 남아있는 인천 일본제일은행 건물로서 탁지부 소속 일본인 건축가 니이노미(新家孝正)가 설계하였다. 1897년(광무 1) 8월에 착공하여, 2년간의 공사기간을 거쳐 1899년 7월에 준공되었다.

이 건물은 현관부의 아치나 건물 중앙부에 돔에서 르네상스풍이 느껴지며, 견고한 석재 사용으로 은행 건물다운 중후함을 추구하고 있다. 미국인 존(Jones, G. H.) 박사는 1900년 당시의 제물포를 소개한 기고문에서, "한국에서도 가장 훌륭하고 견고한 석조(화강석) 사옥을 가졌으며, 또 막대한 거래(은행업무)를 하고 있는 제일은행(일본 동경에 본점이 있음)이 제물포에 있다"고 소개하기도 하였다.[18]

〈Fig.18〉은 당시의 대한의원으로, 현재 서울대학교병원 부설 병원연구소로 사용되고 있는 건물이다. 1907년 3월에 착공, 이듬해 5월에 준공되었으며, 축조 당시에는 규모가 더 컸으나 현재는 본관 건물만이 남아 있다. 한창 공사가 진행 중인 상태로 보아 사진은 1908년 초의 모습일 것으로 추정된다. 건물 전면부에 설치되어 있는 가설 구조물과 건물 앞에 널린 각종 자재들에서 당시 공사 현장의 분위기를 생생하게 느낄 수 있으며

Fig.15 The Seoul Electric Company (c09_kp1-3)

Fig.16 Bstowick, H.R.'s Office (c09_kp1-3)

Fig.17 The First Bank of Japan in Incheon (c09_kp1-2)

---

17) 이중화, 「경성기략(京城記略)」, 1918

18) Johnes, G.H., 「Korea Review」, 1901. 1.

Fig.18 The Seoul Hospital (box12_대형 박스)

Fig.19 The Y.M.C.A. (box12_대형 박스)

한 인부가 카메라를 쳐다보고 있는 모습 역시 인상적이다.

〈Fig.19〉는 기독교청년회(Y.M.C.A)의 건립 당시 모습이다. 당 건물은 1908년에 준공되었으므로 사진의 촬영시기는 준공 이전의 시기로 추정된다. 사진에서 보이는 건물은 6·25전쟁으로 소실되었다.

사진 속에서 공사 현장의 주변으로 가림막을 치고 있는 것을 볼 수 있으며, 분주히 걸어 다니는 행인들과 인력거, 마차들에서 당시 종로의 생기를 읽을 수 있다.

4. 건축물 현황 분석

4장에서는 앞에서 다룬 19장의 사진들의 추정 촬영일자, 당시와 현재의 건물 사용용도의 변화 및 존재 여부 등을 조사하고 과거 도시의 모습을 현재에 투영, 비교해 볼 것이다. 현재 완전히 철거되지 않고 일부 이상 남아 있는 건물들로는 총 5개가 있으며, 사진들은 대부분 1890년 후반에서 1910년 초반까지 다양한 기간에 걸쳐 촬영한 것으로 추정된다. 대부분은 철거하고 다른 건물을 신축하였거나 한국 전쟁 때 파괴되었으며 또한 건물을 사용하던 기관이 해체됨에 따라 철거된 경우도 있다.

먼저, 인천항 전경을 촬영한 〈Fig.1〉은 1888년도에 지어진 대불호텔을 사진에서 확인할 수 있는 점으로 미루어 보아 1888년 이후에 촬영된 사진임을 추측할 수 있다. 같은 방식으로 명동성당 일대와 주교관을 촬영한 〈Fig.4〉〈Fig.5〉 또한 1898년에 준공된 주교관을 사진에서 확인함으로써 촬영일자를 추측해 볼 수 있다. 명동성당과 주교관은 지금까지 남아 있는 몇 안 되는 건축물 중 하나로서 주교관은 현재 천주교 서울대교구청으로 사용하고 있다. 구러시아공사관의 모습을 담고 있는 〈Fig.6〉은 사진 뒤편에 적혀 있는 메모[19]에서 확인할 수 있듯이 1905년 6월 3일 촬영하였으며, 공사관 본관과 부속 건물들은 한국전쟁 당시에 파괴되고 지금은 탑부분만 남아 있다. 현재는 그 주위로 공원이 조성되어 있으며 맞은편에 뉴질랜드공사관이 위치해 있다. 경성이사청을 촬영한 〈Fig.7〉은 설립 이후 경성부청이라고 이름을 바꾸기 전까지의 시기인 1906-1910년 사이에 촬영했을 것으로 추정된다. 1930년에 건물을 허물고 미스코시 백화점을 건설하였고, 현재는 신세계 백화점으로 사용하고 있다. 재판소의 모습을 확인할 수 있는 〈Fig.8〉과 〈Fig.9〉는 사진에서 보이는 건물의 상태나 주변의 모습으로 미루어 보아 각각 1907-1908년, 1909-1912년에 촬영하였을 것으로 보인다. 건물은 1957년에 신신백화점을 건설하며 사라졌고, 지금은 그곳에 제일은행 본점이 자리하고 있다. 임페리얼 하이웨이 상에 위치했을 것으로 추정되는 행궁의 모습을 담은 〈Fig.10〉은 고속도로 건설사업을 시작한 1900년 이후에 촬영하였을 것으로 추측한다. 현재에 확인 가능한 건물의 잔재나 문서자료의 부족으로 지금은 존재하지 않는 것으로 추정할 수밖에 없다. 한성전기회사의 모습을 담고 있는 〈Fig.15〉는 1902년 화재 이후에 촬영했을 것으로 추정되며 당시 위치가 현재 종로2가 8-4번지임과 회사가 1909년까지 존재하였음을 고려해 보았을 때 1907년에서 1909년까지 경성재판소와 약 200m의 거리를 두고 나란히 종로에 위치했음을 추론할 수 있다. 인천 일본제일은행을 촬영한 〈Fig.17〉은 1899년 이후 촬영된 것으로 추정되며 건물은 현재 인천개항박물관으

19) Today June 3rd, 1905. There is a great celebration going on south mountain by the japanese in honor of Togo's ___. There will be no more russian legation as far as I can see for Korea. The six temple bells that used to ring their Greek service are silent and doubt less will ___ so. Banzai Japan!

로 사용하고 있다. 〈Fig.18〉에서 확인할 수 있는 대한의원은 현재 대한의원 본관으로 계속 사용하고 있다.
밑의 〈Tab.9〉에서 위와 같은 내용을 확인할 수 있다.

Tab. 9 Analysis of Present Conditions

Title of Photos	Date of Shoot	Original Usage of Building	Currant Usage of Building	The Basis of Presumption	etc
View of Incheon Harbor	1888년 이후	– (해당 사항 없음)	–	1888년도에 지어진 대불호텔 확인	
Panoramic View of Incheon Harbor	? (추정 불가)	–	–		
The Chemulpo Harbor	?	–	–		
The Myeongdong Cathedral	1898년	성당			
Picture of surroundings of Myeongdong Cathedral	1898년	주교관	천주교 서울 대교구청		
The Russian Legation	1890-1904	영사관	탑 부분 제외 파괴됨		한국전쟁 때 파괴됨
The Seoul City Hall	1906-1910	시청	× (존재 안함)	1930년에 허물고 미쯔코시 백화점 건설	
The Court House	1907-1908	법원	×	1957년에 신신백화점 건설	
The Seoul Court House	1909-1912	법원	×	1957년에 신신백화점 건설	
Imperial Resting House	1900년 이후	행궁으로 추정	×	건물이 존재했음을 증명하는 자료가 발견되지 않아 전적으로 그리피스의 메모와 임페리얼 하이웨이에 관한 문서에서 내용을 유추함	
The Cabinet Building	1907-1908	정부청사	×		
A Seoul Public School	1895 이후	학교	×		1960년에 폐쇄
The Foreign Language School	1906 이후	학교	×	1911년 서울여고보 건설	
The Agricultural School attached to the farm	1907년 1월	학교	×		1946년 서울대학교에 통합됨
The Seoul Electric Company	1902	사무실	×		1909년에 폐쇄
Bstowick, H.R's Office	1902	사무실	×		1909년에 폐쇄
The First Bank of Japan in Incheon	1899 이후	은행	인천개항 박물관		
The Seoul Hospital	1908년 초	병원	대한의원 본관		

The Y.M.C.A.	1908년 이전	문화시설	×		한국전쟁 때 파괴됨

역사적 보전 가치가 뛰어나거나 지금까지 같은 기관에서 사용하는 건축물들은 외장이나 구조물의 보수를 통해 여전히 이용하거나 당시의 상황을 보여주는 박물관 등으로 사용하고 있다.

Tab. 10 Comparison of Myeongdong Cathedral's State −1

Original	Modified[20]

명동성당은 완공 이후 구조보수는 이루어지지 않았고, 1974년과 1984년의 대규모 보수공사와 2002년의 부식된 벽돌을 대대적으로 교체하는 공사 및 2010년의 그 일대를 개편하는 '명동성당 종합계획' 등을 거치며 현재의 모습으로 바뀌었다.

주교관 또한 각종 구조보수공사와 2010년 '명동성당 종합계획'의 일부로 대수선을 거치며 현재의 모습을 갖추게 되었다.

Tab. 11 Comparison of Myeongdong Cathedral's State −2

Original	Modified[21]

---

20) 명동성당 홈페이지(mdsd.or.kr).

21) 천주교 서울대교구 홍보국 (cc.catholic.or.kr).

Tab.12 Comparison of Russian Legation's State

Original	Modified[22]

구 러시아공사관은 한국전쟁 당시에 건물의 대부분이 멸실되었고, 탑 부분만 남아 있으며 현재 그 주위에 정동공원이 조성되어 있다.

Tab.13 Comparison of The First Bank of Japan's State

Original	Modified[22]
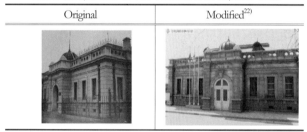	

인천 일본제일은행은 2000년 지붕 마감, 창호, 외부 벽체, 금고 내부 벽, 2층 사무실 바닥과 천장 등의 대대적 보수를 거쳐 박물관으로 사용하고 있다.

Tab.14 Comparison of The Seoul Hospital's State

Original	Modified[22]

대한의원 본관은 1979년의 탑시계 보수와 1981년과 2001년의 두 번의 보수공사를 거쳐 현재의 모습을 갖추게 되었다.

위와 같은 내용을 〈Tab.10〉에서 현재 남아 있는 건물들이 당시와 현재에 어떠한 차이를 보이는지, 어떠한 변화를 거쳐 지금까지 보존되어 있는지를 나타내었다.

---

22) 한국민족문화대백과사전 (encykorea.aks.ac.kr).

사진 속 건물들의 성격이 대부분 정부기관이나 공공기관, 또는 중요한 문화공간이었기에 인천에 위치한 은행을 제외하고는 대부분 종로나 명동 등 서울 시내에 위치하고 있었으며 현재의 도시에서도 중요한 노드 [23](Node, 혹은 결절점) 에 자리했기 때문에 그 위치에 백화점이나 은행 등의 건물이 세워지거나 성당이나 박물관 등 중요한 도시의 역사적 요소 혹은 랜드마크로 역할하고 있는 것을 확인해 볼 수 있다.

Tab.15 Analysis of Remaining Buildings

Title of Photos	Original Usage of Building	Currant Usage of Building	Modifications in Buildings	etc
The Myeongdong Cathedral	성당	성당	- 1898년 완공 이후 구조보수 전무 - 1974년과 1984년에 대규모 보수공사 - 2002년 9월부터 부식된 벽돌 30만~40만 장 교체 - 2010년에 성당 일대를 대대적으로 개편하는 '명동성당 종합계획'을 발표, 2011년 9월에 착공하여 2014년 9월에 준공	
Picture of surroundings of Myeongdong Cathedral	주교관	천주교 서울 대교구청	2010년 명동성당 종합계획의 일부로 대수선	
The Russian Legation	영사관	–	한국전쟁 때 파괴되고 탑 부분만 남음	
The First Bank of Japan in Incheon	은행	인천개항 박물관	- 2000년 지붕마감, 창호, 외부벽체, 금고 내부 벽, 2층 사무실 바닥과 천장 등 대대적 보수[24]	
The Seoul Hospital	병원	대한의원 본관	1979-1980년 사이 탑시계 보수 1981년 보수공사 2001년 구대한의원본관보수공사	

5. 결론

이상 본고에서 살펴본 그리피스 컬렉션에 포함된 19장의 근대 인천 및 한성의 도시·건축 사진들을 통하여 개항 당시 인천 제물포항의 상황과, 각종 공공건물, 근대 교육기관 및 민간시설들의 모습을 살펴볼 수 있었다. 본 사진들은 대부분 기존에 알려진 사진들보다 시기적으로 앞서 1890년대에서 1910년대 초에 촬영된 자료들로서 구한말에서 일제강점기의 시작 시기에 이르는 근대 초기의 도시 모습을 시각적으로 재구성할 수 있게 한다는 점에서 더욱 그 사료적 가치가 주목된다.

각 유형별로 보아 인천항의 사진들은 개항 초기 제물포의 역동적인 모습을 보여주고 있으며, 공공시설의 사진들에서는 1900년대 초 일제강점 초기에 식민지배 시설이 이 땅에 뿌리내리기 시작하던 정황이 확인되

---

23) 케빈 린치의 도시 이미지 (Image of the City)의 5가지 요소 -도로(Path), 경계(Edge), 지역(District), 결절점(Node), 랜드마크 (Landmark)- 에 나오는 결절점을 뜻한다.

24) 이안, 근대건축물의기로 - 복원과 보수 - 구 일본제일은행인천지점, 월간건축문화사 No. 236, 2001. 1.

었다. 특히 홍릉 행궁으로 추정되는 건물은 지금까지 문헌으로도 알려지지 않았던 것으로 그 존재와 용도 및 사바찐의 설계임을 추론한 것에 뒤이어 추후 상세한 연구로 뒷받침되기를 기대한다.

교육기관의 사진들은 공통적으로 왕대공 형식의 박공지붕과 목재 판벽으로 마감된 입면을 보여주었으며, 건립된 지 얼마 지나지 않은 신설 건물의 외관이 그대로 드러났다. 또한 수원농림학교의 1907년 이전 건립 당시의 모습을 시각적으로 확인한 것도 지적할 만하다. 마지막 유형인 민간건축물들에서는 대한의원과 YMCA 건물의 건립 현장을 사진자료를 통하여 확인할 수 있었다.

본 연구를 통해서 그동안 국내에 소개되지 않았던 그리피스 컬렉션에 포함되어 있는 근대 인천, 한성의 도시 건축 사진자료들을 상세히 고찰할 수 있었다. 사라져 버렸거나 변형된 근대 도시건축의 모습을 시각적으로 재현하는 데 있어 어려움을 겪을 수밖에 없는 상황에서 구한말에서 근대 초기에 걸친 한국의 모습을 생생하게 보여주고 있다는 점에서 본 사진자료들이 지닌 학술적 가치를 평가할 수 있다고 판단된다.

참고문헌

Joo, Sang Hun, 「Characteristics of Building the Modern Facilities administrated by the Japanese General in Korea」, Dept. of Architecture, the graduate school of Seoul National University, 2010

Park, So Yeon, 「A Study on Korean Photos of Cities and Architectures in Griffis Collection」, Dept. Architecture, the graduate school of Soon Chun Hyang University, 2015

Yang, Sang Hyun, 「The Significance of Korean Photos in the William Elliot Griffis Collection at Rutgers University」, Journal of Korean modern and contemporary history, Vol.71, 2014

「일제시기 건축도면 콘텐츠」, National Archives of Korea (http://theme.archives.go.kr/next/place/viewMain.do)

「조선총독부 기록물」, National Archives of Korea (http://theme.archives.go.kr/next/government/viewMain.do)

Abstract

A Study on Photographs of Modern Incheon and Hansung in the 'Griffis Collection'

Kyeong-min Lee · Sang-hyeon Yang · Byeong-kuk Gook

The 'Griffis Collection' is a collection of photographs taken in Japan and Korea and collected by William Elliot Griffis. Griffis originally was studying about Japan when he developed an interest in Korea. He began to collect a variety of visual material related to Korea. This research was later donated to the Rutgers University Library.

This paper analyzes photographs that illustrate modern Incheon and Hansung in order to discover how Korea's modern cities were formed and built. In total, there are four categorized chapters of photographs; cities, public buildings, educational facilities, and private buildings. This paper will specifically cover nineteen photographs found in the 'Griffis Collection' that have historic value that provides significant insight into the development of modern Korean architecture.

그리피스 컬렉션 사진에 대한 기독교사적 고찰[1]

조경덕[2]·정혜경[3]·양상현[4]

본 논문은 윌리엄 그리피스(William Elliot Griffis, 1843~1928)가 수집한 사료들 중, 기독교와 관련된 사진들을 한국 기독교의 사적(史的) 맥락에서 고찰한 글이다. 그리피스는 『은둔의 나라, 한국(Corea, The Hermit Nation)』(1882)의 저자로서 잘 알려졌다. 그는 당시 서양인의 한국 입문서로 역할을 한 이 책 외에도 다수의 한국관련 글을 집필했는데 이를 위해서 한국에 대한 자료를 열정적이고 꼼꼼하게 수집하였다. 그가 수집한 자료들은 미국 뉴저지 주립 럿거스대학교의 도서관(Rutgers University Library)에 기증되었고, 그리피스 컬렉션(Griffis Collection)으로 명명되어 보관되어 있다.

본 논문에서 다루는 그리피스 컬렉션의 한국 기독교 학교 및 선교 활동, 신자의 모습을 찍은 사진들은 대부분 학계에 처음 보고되는 것들이다. 따라서 100년 전 한국 기독교의 역사를 재구하는 데 중요한 시각 자료의 역할을 할 수 있으리라 본다. 해당 사진들을, 황해도 재령을 배경으로 한 사진과 전라북도 전주를 배경으로 한 사진, 의료선교사업과 관련한 사진으로 나누어 살펴보았다. 황해도 재령 배경의 사진과 전라북도 전주 배경의 사진은 각각 미국 북장로교와 남장로교의 선교와 관련된 것으로서 당시 미국 장로교의 한국 선교 연구에 도움이 되는 자료가 되리라 생각한다. 특히 황해도 재령 배경의 사진은 1916년 무렵 여성 성경 공부반이 얼마나 활발하게 운영되고 있었는지 보여주고 있다. 의료선교와 관련된 사진들은 주로 로제타 홀이 평양에 세운 병원들의 모습을 포착한 것이다. 이 사진들은 의료선교 연구뿐만 아니라 한국 의료사를 돌아볼 수 있는 자료라고 생각한다.

I. 들어가며

이 논문은 윌리엄 그리피스(William Elliot Griffis, 1843-1928)가 수집한 사료들 중, 기독교와 관련된 사진들을

---

1) 본 연구는 순천향대학교 학술 연구비 지원으로 수행하였음.
2) 제1저자. 순천향대학교 강사
3) 제2저자. 순천향대학교 국어국문학과 교수
4) 제3저자 및 교신저자. 순천향대학교 건축학과 교수

한국 기독교의 사적(史的) 맥락에서 고찰한 글이다. 검토할 사진들은 대부분 우리나라 학계에 처음 보고되는 것들이다. 그만큼 한국 기독교 역사 연구에서 참조할 수 있는 주요한 시각 자료의 역할을 하리라 생각한다. 그리고 이 글은 이미 발표된 「그리피스 컬렉션에 소장되어 있는 한국 근대 사진자료의 학술적 가치에 대한 고찰」(양상현 외, 2014)의 후속 논문에 해당한다.

그리피스는 『은둔의 나라, 한국』의 저자로서 잘 알려졌다. 그는 당시 서양인의 한국 입문서로 역할을 한 이 책 외에도 다수의 한국관련 글을 집필했는데 이를 위해서 한국에 대한 자료를 열정적이고 꼼꼼하게 수집하였다. 그가 수집한 자료들은 후에 미국 뉴저지 주립 럿거스대학교의 도서관(Rutgers University Library)에 기증되었으며, 이 자료들은 그리피스 컬렉션으로 명명되어 보관되어 있다. 여기에는 그리피스가 생전에 모은 잡지, 책자, 인쇄물, 사진, 스크랩북, 서신과 쪽지 들이 망라되어 있다. 대략 3/4 정도가 일본관련 자료이며 나머지가 한국과 중국에 관한 자료들이다.

본 논문에서는 580여 장에 이르는 그리피스 컬렉션의 한국관련 사진자료들 중 기독교 학교 및 선교활동, 신자의 모습을 찍은 사진들을 연구의 대상으로 삼았다. 한국 기독교사의 맥락에서 이 사진들에 등장하는 배경과 인물들을 고증하여 기독교사 연구를 위한 기본적인 시각자료를 제시하고자 하는 것이 본 논문의 목적이다.

II. 그리피스 컬렉션 사진을 보는 관점

본격적으로 그리피스 컬렉션의 기독교 관련 사진들을 살펴보기 전에 여기에 소장된 한국관련 사진들을 어떤 관점에서 바라보아야 하는지 검토해 보도록 하자. 그러기 위해서는 그리피스 컬렉션의 사진들이 어떤 경로로 그리피스의 수중에 들어갈 수 있었는지 추정해 보는 것이 우선이 되어야 할 것 같다. 그리피스는 일본 후쿠이(福井)현 고등교육기관에서 자연과학을 가르치기 위해 1871년, 일본으로 건너갔다. 그리고 3년 6개월간의 일본 생활을 마치고 1874년에 미국으로 돌아갔다. 그 후, 죽기 1년 전인 1927년, 다시 일본을 방문하고 만주와 한국 등지를 한 달 동안 여행했다고 한다.(양상현 외, 2014:13-14) 이렇게 볼 때 그리피스의 한국관련자료 수집은 그가 일본에 온 1871년 즈음부터 시작하여 그가 사망하는 1928년까지 이루어졌을 것이다.

이러한 시간대를 상정하면 그리피스 컬렉션의 한국사진의 출처는 대략적으로 다음과 같은 추측이 가능하다. 첫 번째, 일본인 사진가들이 찍은 사진이다. 일본인 사진가는 청일전쟁 무렵부터 한국에 진출하여 근대 한국의 풍속, 풍경사진들을 생산해냈기 때문이다. 두 번째, 서양인 여행가들이 찍은 사진이다. 여행가로서 이들은 이방으로서 한국의 독특함을 사진에 담아내려 했다.[5](이경민, 2010:7) 마지막으로 서양 선교사들이 찍은 사진이다. 서양 선교사들은 자신들을 파송한 선교 본부에 선교 상황을 보고하기 위해 선교사업과 관련한 사진을 찍었다. 이렇게 본다면 당시 한국과 관련한 사진은 대부분 이방인 사진가들이 찍은 셈이다. 그만

---

5) 이경민에 따르면, 우리나라의 본격적인 사진 수용은 개항 이후 개화파들의 도움으로 조선으로 건너와 일본인 거류지에 자리를 잡은 일본인 사진사와 청일전쟁을 전후하여 종군했다가 조선에 남아 사진관을 개설한 일본인 사진사들에 의해 이루어졌다. 또 다른 축은 19세기 후반 조선을 방문한 서양인들에 의해서다. 제국의 확장과 함께 외교, 선교, 상업, 학술연구, 이국취미, 언론보도, 군사 등 다양한 목적과 이유에서 이 땅을 찾은 서양인들은 보고서와 여행기 그리고 문학 작품과 연구 논문 등 조선에 대한 많은 기록을 남겼다.

큼 이들 사진에는 이방인의 시선이 담겨 있는데 여기에는 한국의 전형을 포착하려는 욕망과 그것을 문명의 위계 가운데 배치하려는 의도가 있다.

한국을 방문한 이방인들의 사진 기록이 본격적으로 생산되는 시기는 1880~90년대 이후부터였다. 이 무렵에는 사진 촬영과 제작, 유통에 기술적 제약이 있었을 뿐만 아니라 이방인 사진가들이 접근할 수 있는 대상이나 경험의 폭에도 한계가 있어 한국에 대한 이미지는 단편적으로 혹은 몇 가지 정형화된 시각에 따라 소개되었다.[6](박평종, 2009:256;박현순 외, 2009:245) 이러한 경향의 사진 생산은 일본 사진산업에 의해 활발하게 한동안 이루어졌다. 예컨대 1901년에 설립된 조선 최대 사진엽서 인쇄제작사였던 히노데 상행(日之出商行)이 만든 한국의 풍속과 풍경을 담은 다양한 주제의 엽서 시리즈와 합병 이후 정기적으로 발행된 『조선풍속풍경사진첩』의 사진이 그것들이다.(이경민, 2006:262)

> 상투머리에 手巾을 질끈동이고 곰방담배 대물고 장작짐 지고 가는 지게軍, 젓가슴 내여 노코 행주치마를 휘휘 저으며 광주리 이고 가는 婦人, 冠 쓴 老人, 더벙머리 總角, 어린애 업은 少女 等 모든 너저분한 寫眞만 만히 내여 걸엇다. 볼사록 속만 傷한다. 골이 벌컥 나서 그대로 중얼거리며 나왓다. 書館에 들릴 勇氣도 업다 우리의 꼴이 그 모양인 바에 남을 나무랄 것이 업다 그러나 日本 사람 中에는 엇지 그보다 더 쇠죄주한 꼴이 업슴을 期必하랴. 그들 中에는 그보다 더-醜率한 것이 만음을 내 눈으로 보앗다. 米國 사람 中에도 잇고 英國 사람 中에도 잇다. 貧者 賤子 치고는 그 꼴이 그럴 밧게 업다. 그러나 그 꼴악산이를 公公然하게 萬人의 眼前에 寫眞박혀 내여건 것은 업다. 이것이 日本 사람의 낫븐 心思이다. 저의들의 그 꼴은 決코 안이 내여 대이며 우리들의 것만 내여 廣告하려함은 무슨 안이쪼운 心思인지.(一記者, 1922:77~78)

익명의 한 기자가 1922년의 어느 날, 하루 종일 서울 시내를 산책하며 인상 깊게 본 것을 기록한 글의 한 대목이다. 필자는 진고개를 지나다가 어느 사진관에 들어갔는데 그에 진열되어 있는 사진들을 보고 개탄을 한다. 아마도 그가 본 것은 '히노데 상행' 같은 곳에서 발행한 한국의 풍경과 풍속에 관한 사진들인 듯하다. 상투를 하거나 관을 쓰고 곰방대를 문 사람들, 지게꾼, 젖을 드러낸 여성들의 모습을 찍은 사진 등, 당시 한국인과 한국의 풍경을 정형화된 시각으로 포착한 것들이다. 필자에 따르면 그 사진들은 "日本 사람의 낫븐 心思"가 반영되었다. 조선의 좋은 모습이 많음에도 불구하고 꼭 "너저분한" 사진들만 당시 조선의 모습을 반영한다는 듯이 전시해 놓았다고 생각하기 때문이다. 주목해 보아야 할 것은 미국이나 일본에도 '조선풍속사진'에서 보는 것처럼 '너저분한' 모습이 있다고 지적하는 대목이다. 즉, 기자는 진열된 사진들에서 힘이 약한 민족을 향한 이방인의 시선을 인식하고 그것을 불쾌하게 여기고 있는 것이다.

이렇게 100년 전 한국을 담은 사진들에는 한국을 문명의 위계 차원에서 포착한 이방인의 시선이 담겨 있다. 그리고 그러한 특징은 그리피스 컬렉션의 사진들에서도 고스란히 드러나 있다. 그런 점에서 이방인의 시각에서 한국과 한국 사람을 대상화한 그리피스 컬렉션의 사진은 역사적 자료로서 '한계'를 드러내고 있다고 말할 수 있다. 그러나 사진들에 내재된 이방인의 시선은 자료로서는 '한계'일 수도 있지만 한편으로 구한말 한국인이 경험해야 했던 역사적 상처들을 더듬어 볼 수 있는 계기를 마련해 준다. 무엇보다도 그 사진들에는

---

6) 우선 사진 촬영에 기술적 제약이 있어 당시 대부분의 사진은 사진관 안이나 집 근처에서 연출되어 촬영된 것이 많았다. 그리고 가마를 탄 여성의 모습, 기생, 젖을 드러낸 가난한 여성들의 모습이 한국을 알리는 사진으로 많이 생산되었다.

100년 전 한국의 모습이 제시되어 있으며 그 시간성은 사진들에 감상의 가치를 부여하고 있다. 사진의 예술적 수준은 시간에 의해 결정되기도 한다. 사진을 찍은 뒤 곧장 보느냐 얼마간 세월이 흐른 다음 보느냐에 따라 우리는 그 사진을 미적으로 다르게 경험하는 것이다. 그 사진들은 100년 전에 촬영되었다는 데 가치가 있다.(Susan Sontag, 2009:44)

그리피스 컬렉션의 사진들 중, 한국의 기독교와 관련된 사진들은 대개 서양 선교사들이 찍은 사진으로 짐작된다. 역시 일본인 사진가와 서양인 여행가의 사진들처럼 이방인의 시선이 개입되어 있지만 더불어 이들 사진에는 앞서 말한 것처럼 선교 상황 보고라는 특정한 목적이 담겨 있다. 선교사들이 어떤 지역 그리고 어떤 문화에서 사역을 담당하고 있는지 그리고 그곳이 어떻게 '기독교화' '문명화' 되어 가고 있는지를 보여주고 있는 것이다. 따라서 그리피스 컬렉션의 한국 기독교 관련 사진을 검토하기 위해서는 이 사진들이 지금으로부터 100년 전의 한국을 포착한 것이라는 점 외에 서양인의 이방인 선교 사역의 시선으로 촬영되었다는 점이 기본전제가 되어야 할 것이다. 이 점을 염두에 두고, 본 논문에서는 그리피스 컬렉션의 한국 기독교관련 사진들을 검토하고자 한다.

Ⅲ. 그리피스 컬렉션의 한국 기독교관련 사진

그리피스 컬렉션의 상당수 사진에는 그 뒷면에 필기체로 흘려 쓴 메모가 있다. 이 메모에는 해당 사진에 대한 정보가 담겨 있어 사진을 이해하는 데 큰 도움을 준다. 그런데 이 정보를 활용하는 데 있어 점검해야 할 문제가 있다. 즉, 이 메모를 쓴 사람은 누구인가이다. 우선 사진을 수집한 그리피스가 썼다고 추정할 수 있다. 그리피스가 한국을 여행했다는 기록이 있지만, 이것은 확실히 확인된 것은 아니다. 따라서 사진의 메모를 그리피스가 썼다고 가정한다면 그가 사진을 수집할 때, 사진가에게 사진에 대한 설명을 듣고 그것을 사진 뒷면에 직접 적어 넣었다고 볼 수 있다. 두 번째로는 그리피스 이전, 중간에 사진을 수집한 수집가가 첫 번째와 비슷한 방식으로 정보를 적어 넣었을 경우를 상정할 수 있다. 마지막으로는 사진을 찍은 사람이 사진에 관한 정보를 직접 적어 넣은 경우다. 이 경우는 사진가에게 사진 찍는 것을 의뢰한 사람이 사진에 관한 정보를 적어 넣는 경우도 포함한다. 아마도 그리피스 컬렉션 사진의 메모들의 작성 방식은 위 세 가지 방식 중 하나일 것이다. 만약 그리피스의 필체를 안다면 메모의 주체를 분간하는 데 고려해야 하는 경우의 수가 하나 줄어들게 될 것이지만 현재 그것은 여의치 않다. 따라서 위 세 가지 가능성을 모두 염두에 두고 그 메모가 담고 있는 정보에 접근해야 할 것이다.

이전 연구에서 그리피스 컬렉션의 한국관련 사진자료를, 사진이 담고 있는 사건, 혹은 대상물의 성격을 근거로 1. 관혼상제, 2. 전쟁, 3. 생활, 4. 궁궐과 왕실, 5. 도시·건축, 6. 종교, 7. 기타로 분류하였다.(양상현 외, 2014: 9-10) 이 글에서 주로 다룰 기독교관련 사진은 '6. 종교' 항목과 '3. 생활' 항목에서 추려낸 것이다. '종교' 항목에는 당연히 기독교관련 사진들이 포함되었거니와 '생활' 항목에는 '교육'과 '의료' 등 하위항목이 있는데 여기에 기독교 선교사들이 세운 학교와 병원관련 사진이 분류되어 있다. 그리피스 컬렉션에서 기독교관련 사진은 '종교' 항목에 25장, '생활' 항목에 30장 등 대략 50여 장(43)이 있다. 이들 사진은 기독교 학교와 관련된 사진, 선교사와 선교 현장을 담은 사진, 의료선교와 관련된 사진 등으로 분류할 수 있다. 그중에서 국

사진 1. Bible Class women crowding in for a "sightsee" of the only brick house in town. Chairyung, Korea 1916. (시내에서 하나뿐인 벽돌집을 구경하기 위해 성경반 여학생들이 모여 있다.)

사진 2. 황해도 재령교회(case 07_kp1-1). (뒷면에 적힌 글 없음)

사진 3. Bible calss women coming down the hill after morning prayers at the church. Chairyung, Korea. 1916. (성경 공부반 학생들이 교회에서 아침 기도를 마치고 언덕 아래로 내려오고 있다.)

사진 4. A portion of the General Women's Bible class in Chairyung, Korea. spring of 1916. (총회장이 담당하는 성경 공부반 학생들. 한국 재령. 1916년 봄.)

내에 공개되지 않은 사진은 15장이다.[7] 그리 많은 수의 사진이라고 볼 수는 없지만 100년 전 선교 현장과 의료 사역의 모습을 포착하고 있는 사진들은 기독교사 연구에 필요한 시각자료 역할을 할 수 있으리라 생각한다.

대상 사진들은 황해도 재령을 배경으로 한 사진, 전라북도 전주를 배경으로 한 사진, 의료선교사업과 관련된 사진 등 세 가지 범주로 분류할 수 있었다. 한국의 기독교 선교는 지역을 나누어 교파별로 선교 지부를 설치했다는 특징이 있다. 평안도와 황해도는 미국 북장로교, 전라도는 미국 남장로교가 주로 선교 사업을 벌였다.(한국기독교역사연구소, 2008:214-215) 즉 대상 사진의 황해도 재령을 배경으로 한 사진은 미국 북장로교의 선교 모습을 보여주고 있고 전라북도 전주를 배경으로 한 사진은 미국 남장로교의 선교 모습을 보여주고 있는 것이다. 또한 의료선교가 한국 기독교 선교의 주요한 역할을 했다는 점을 감안하여 의료선교도 하나의 범주로 분류해 넣었다.

1. 황해도 재령을 배경으로 한 사진

위 사진들은 성경 공부반(Bible Class)에 온 신자들과 학생들을 찍은 사진과, 그 사진에 있는 메모 내용이다. 사진에 적혀 있는 메모에 따르면, 위 사진들은 모두 1916년 'Chairyung'에서 찍은 사진이다. 'Chairyung'은 그 발음으로 미루어 보건대 황해도 재령(載寧)을 일컫는 것으로 보인다.[8] 즉 위 사진들은 황해도 재령에서 선교사들이 운영하는 성경 공부반이 얼마나 활발하게 운영되고 있는지 보여주고 있는 사진이라고 할 수 있다. 성경 공부반은 한국의 기독교가 부흥할 수 있었던 이유를 설명할 때 중요한 비중을 차지하는 요소이다. 사진 속 성경 공부에 참여하는 인물들은 수적으로 많을 뿐만 아니라 그 포착된 모습이 매우 활기차게 보인다. 그런 점에서 위 사진들은 1916년 무렵 황해도 재령의 기독교 교세를 보여주는 자료라고 할 수 있다.

교육으로는 공립보통학교 5개소에 생도 1,500여 명 사립학교 5개소에 생도 1,200여 명, 公立尋常小學이 2개소에 생도 234명이요 기타 유치원이 2개 소, 서당이 119개 소인데 就中 장로교회 경영인 읍내의 私立明新學校는 창립 20여 년에 다수한 청년을 양성하얏고 現今은 高等科 普通科가 병설되야 남녀학생 150여 명인 바 목사 林澤權 씨와 교장 金洛泳 씨가 주관하며 특히 吳宗信 여사의 수천 원 기부로 校況이 더욱 떨치는 중에 잇다. 그리고 목사 金璡承 씨 주관인 載寧유치원은 설비와 건물로 보아 載寧의 자랑거리라 하겟다.

종교로는 前項에 말한 바 基督敎가 최다하니 교회당이 24개 소에 信徒가 4,000여 명인 바 戊午 이후로 米人韓緯廉君 芮彬諸 씨의 노력과 또는 濟衆院設置가 그 발전의 직접 원인이라 하며 天道敎는 信徒가 150여 人에 불과하고 佛敎는 朝鮮人이 95명 日本人 800여 명이고 侍天敎는 信徒가 500여 명이라 하며 近日은 普天敎가 침입되야 일반 有志

---

7) 이전 연구에서 그리피스 컬렉션의 사진이 갖는 사료적 가치를 판단하기 위하여 국내에 소개된 사진과 비교하는 작업을 하였다. 대조한 사진집은 다음과 같다. 서문당에서 간행된 『사진으로 보는 조선시대』 시리즈 전 6권(1986), 『민족의 사진첩』 시리즈 전 3권, 서울특별시립박물관 전시도록 『서울의 옛 모습』(1998), 시사영어사의 『사진으로 본 옛 한국: 은자의 나라』 사진첩(2002), 동아일보의 특별 부록 사진집 『100년 전 한국』(2005), 청년사에서 간행한 『서양인이 만든 근대 전기 한국 이미지』 시리즈 전 3권(2009) 등.

8) 당시 황해도 재령 선교사였던 William B. Hunt의 아들, Bruce F. Hunt는 선교 상황에 관해 인터뷰 기사를 남겼는데 여기에 황해도 재령의 표기에 대한 대목이 있어 소개한다. HUNT: That was called Chairyung [the 'r' is almost silent]. The Koreans called it Chairyung. The... Americans sometimes, cause of the difficulty, they just say 'Chai Ryung,' but the Korean pronunciation is "Chairyung." http://www2.wheaton.edu/bgc/archives/trans/104t01.htm

의 걱정거리가 되야 잇다.(車相瓚·朴達成, 1925:63-64)

인용문은 『개벽』 25년 6월호에 실린 황해도 재령에 관한 기사이다. 사진이 찍힌 연대와는 약 10여 년의 차이가 있으나 1916년 황해도 재령의 교회 상황을 짐작해 볼 수 있다. 이 글의 필자는 "黃海道에서는 載寧을 基督敎 天下라고 한다."며 재령의 교세가 그만큼 크다는 것을 설명하고 있다. 인용문에서 보면 장로교회에서 경영하는 읍내의 '私立明新學校'가 창립된 지 20여 년이 되었다고 하고, 교회당이 24개 소에 신도가 4,000여 명이라고 한다. 또한 "米人韓緯廉君 芮彬諸"의 노력과 제중원의 설치가 교회 부흥의 원인이라고 지적하고 있다.

사진 5. 황해도 재령 교회(case 07_kp1-1). The main street of Chairyung Korea, filled with Bible Class women on their way back from with Bible Class women on their way back from morning prayers at the church. 1916. Note the ford auto that piles to and from the R.R. (1916년 한국 재령. 아침 기도 후 돌아오는 성경 공부반 여성들로 가득한 거리. 철도역까지 왕복하는 포드 자동차가 눈에 띈다.)

여기서 '한위렴(韓緯廉)'은 윌리엄 헌트 선교사(William B. Hunt, 1869-1953)의 한국식 이름이다. 당시 서양 선교사들은 자신들의 이름과 가까운 한국 발음을 따 이렇게 한국식 이름을 마련하였다. 한위렴 선교사는 1897년에 프린스턴 신학교를 졸업하자마자 미국 북장로교의 한국 파송 선교사로 임명받았고, 1906년부터 본격적으로 황해도 재령에서 선교를 하였다. 재령에 세워진 최초의 교회는 1893년에 설립된 신환포 교회였으며 그후 1895년에는 재령읍 교회가 세워졌다. 재령읍 교회는 한위렴 목사가 부임한 1906년에 십자가형 예배당을 건축하였으며, 1922년에 서부교회가 분립할 때 재령 동부교회로 교회 이름을 바꾸었다. 그리고 이 재령 동부교회는 재령 지역 다른 교회들의 설립과 발전에 핵심적인 역할을 하였다.(박응규, 2004:34-46)

또한 황해도 재령의 사진들에서 주목해서 보아야 할 것은 사진 속 여성들이 하나같이 착용하고 있는 머릿수건이다. 특히 〈사진 5〉[9]의 머릿수건의 모습이 돋보인다. 이 머릿수건은 근대 개성 이북의 부인들이 즐겨 쓰던 것이다.(김영숙·김명숙, 1998:63) 특히 평양 여성들의 머릿수건은 한국 전통의 아름다움을 보여주는 매개로 이태준의 「패강랭」(1938)에서 중요한 소재로 등장한 바 있다.[10] 이 사진에서 주목하여 볼 점은 카메라의 위치가 길과 피사체보다 좀더 높은 곳에 있어 위에서 굽어보고 있다는 것이다. 사진가는 여인들의 머릿수건을 주목했을 뿐만 아니라 성경 공부반이 이루는 교세를 담아 내려고 했던 것 같다. 이러한 카메라의 시선은 많은 머릿수건이 이루는 이미지를 두드러지게 표상하며 길의 소실점까지 사진에 담음으로써 여성 신자들이 교회로부터 일제히 쏟아져 나오는 역동적인 모습을 보여주고 있다.

사진 6. 황해도 재령 교회 (case 07_kp1-1)

한편 이 사진들, 즉, '1916년 재령'을 찍은 사진의 뒷면에는 하나같이 'Mrs. Kerr'라는 글씨가 적혀 있다. 사진의 출처를 좀더 구체적으로 확인할 수 있는 정보이다. 당시 황해도 재령에는 한위렴 선교사 외에 군예빈(Edwin W. Koons) 선교사, 공위량(William Kerr) 선교사, 의료선교사였던 황호리(Harry C. Whiting) 선교사가 있었다.(박응규, 2004:34-46) 이것으로 보아, 공위량 선교사, 미국 이름으로 윌리엄 커 선교사의 부인이 위 사진들과 관련이 있다고 할 수 있을 것이다.

사진 7. 재령 교회 사진 뒷면에 있는 서명

『내한 선교사 총람』에 의하면, 공위량 선교사는 1908년 10월 8일, 북장로교 선교사로 내한했고 황해도 재

---

9) 사진 이름 옆의 기호는 그리피스 컬렉션의 분류체계를 따랐다. 분류체계의 상세 사항은 (양상현 외, 2014: 13-16)에 소개되어 있다.

10) 「패강랭」에서 주인공, 소설가 현은 38년 현재의 시점에서 평양 여인들이 더 이상 머릿수건을 쓰고 다니지 않는다는 것을 아쉬워한다. 중일전쟁 이후, 일제는 경제적 긴축 차원에서 평양 여인들의 머릿수건 착용을 금지한 것이다. 작품 전개에 있어 평양 여인의 머릿수건이 주된 소재로 차용된 셈인데 위 황해도 재령 사진들은 과거 평양 여인의 머릿수건 착용 모습을 잘 보여주고 있다.(이태준, 1938)

령 선교부에 주재하며 선교 활동을 하였다. 그리고 1917년 이후부터는 서울로 옮겨 일본인을 상대로 선교 활동을 했으며 제2차 세계대전 후에는 일본에 거주하며 한국인의 지위 향상과 권익 옹호에 노력했다고 한다.(김승태·박혜진, 1994:299) 한편, 성경관의 문제로 1918년에 황해 노회로부터 축출되었다고 되었다는 기록도 있다.(박응규, 2004:172) 아무튼, 공위량 선교사는 1917년 혹은 1918년에 황해도 재령을 떠났다는 것으로서 위 사진들이 찍힌 연대인 1916년 무렵에는 재령에서 선교 활동을 했던 것으로 보인다.

앞선 논문에서는 위 사진들의 배경을 1903년 미 선교사 모펫(Samuel Austin Moffett)이 평양에서 개교한 숭의 여학교로 보았다. 배경이 되는 건물이 숭의여학교의 교사(校舍)와 비슷해 보였기 때문이다.(양상현 외, 2014) 그러나 사진들의 뒷면에 적혀 있는 'Chairyung'이라는 표기와 황해도 재령에 거주했던 한부렴 선교사 인터뷰에 나오는 재령의 지명 표기가 같은 것, 그리고 사진들 뒷면에 적혀 있는 재령 선교사, 공위량 부인의 서명, 'Mrs. Kerr'로 보건대 위 사진들의 배경은 황해도 재령교회로 고쳐 잡는다.

〈사진 6〉 역시, 앞의 사진들과 같이 1916년의 재령을 배경으로 하는 사진이다. 사진 속 집 이름이 "seen haven"이라고 적혀 있다. 아마도 한국 사람이 지은 이름인 것 같다. 천국처럼 시설이 좋은 집이라는 의미도 될 수 있고, 그 집에서 배우는 성경 말씀 때문에 그 집이 천국과 같다는 의미도 될 수 있다. 현관에 서양인 여성 선교사가 갓난아이를 안고 있는데 이 여인은 〈사진 1〉의 여성과 동일인물인 듯하다. 〈사진 1〉의 여성도 갓난아이를 안고 있으며 배경이 되는 건물의 모양도 비슷해 보이기 때문이다. 한편 이 사진들에 등장하는 인물은 모두 여성이라는 점을 주목해야 한다. 서양 여성 선교사가 지도하는 여성 중심의 성경 공부반에 대한 사진들로서 한국기독교회사에서 여성들과 성경 공부반의 역할을 보여주는 자료인 것이다. 이들 사진은 아마도 성경 공부반을 담당했던 'Mrs. Kerr' 선교사가 선교사업 보고를 위해 촬영한 사진들일 것이다. 커 선교사가 사진기를 소유하였는지는 확인되지는 않았지만, 사진을 찍는 상황을 커 선교사가 통제하고 주관했던 것으로 보인다.

> 화이팅 하우스(whiting house)가 건립된 후 첫 일 년 동안 그녀(송씨 부인)는 화이팅 부인을 돕기 위해 매일 시장에 갔다. 화이팅 부인은 구경꾼들을 만나며 그들에게 전도를 하였다. 그리고 그들에게 전도 문서들을 나누어 주었다. 몇 년 동안, 화이팅 부인은 그녀의 집에서 여성들을 위해 목요 공부반을 운영하였다. 그녀는 또한 가정통신 강좌도 열었다. 1915년에는 1,300여 명의 여성들이 창세기와 그리스도의 삶을 배우기 위해 등록하였다. 헌트 부인의 수업에서는 수백 명의 한국 여성들이 한글 읽는 것을 배웠다. 그녀는 또한 집에 찾아오는 소녀들에게 성경을 암송하게 하고 교리문답을 가르쳤다. 헌트 부인과 커 부인은 음악을 가르쳤다.(Rhodes, 1934:235)

인용문은 당시 황해도 재령의 여성 선교사들의 활동사항을 보여주는 대목이다. 여성 선교사들은 시장에 나가 물건을 사러 나온 여성들을 상대로 전도를 하고, 집에서 성경 공부반을 운영하기도 하였다. 그리고 교리문답과 음악도 가르쳤다. 인용문에서 음악을 가르쳤다는 '커 부인'이 바로 사진 메모에 등장하는 'Mrs. Kerr'다. 한국교회 성장의 비밀은 성경공부 훈련제도에 있다고 할 만큼, 성경 공부반은 한국교회 부흥의 공신이었다. 1909년 평양, 선천, 재령의 사역지에서 600차례 성경 공부반이 열렸고, 등록한 자의 수만 해도 41,000명이었다고 할 만큼 성경 공부반의 활약은 컸다.(Rhodes, 1934:254) 그런 점에서 위 사진들은 당시 황해도 재령의 성경 공부반이 얼마나 부흥했는지를 보여주는 귀중한 시각자료라고 할 수 있다. 재령은 평양에 비해 상

대적으로 사진자료가 얼마 남아 있지 않는 지역이기에 더 그렇다.[11)

2. 전라도 전주를 배경으로 한 사진들

지금까지는 황해도 재령을 배경으로 한 사진들을 살펴보았다면, 다음에 살펴볼 사진들은 전라도 전주 등지를 배경으로 한 사진들이다. 황해도와 평안도에는 미국 북장로회가 주로 선교를 하였지만, 전라도 지역은 미국 남장로회가 선교를 맡았다.(류대영, 2012:12) 그중에서 전라북도 지역을 대표하는 선교사는 테이트(Lewis Boyd Tate; 1862-1929), 우리식 이름으로는 최의덕 선교사다. 그의 부인 마르다(Martha B. Ingold Tate), 그의 여동생 매티(Mattie S. Tate)도 테이트와 함께 전주 지역에서 선교 활동을 하였다. 〈사진 8〉은 마르다와 매티를 찍은 사진이다.

사진 8. 테이트 선교사 가족
(c12_albm-3_N)

이 사진에는 "Miss Tate seated Mrs. Tate standing"이라는 메모가 적혀 있다. 앉아 있는 여성이 테이트의 여동생 매티이고, 서 있는 여성이 테이트 선교사의 부인인 마르다라는 얘기다. 매티는 1864년생이며 오빠 테이트와 함께 1892년 6월에 한국 선교사로 임명 받았다. 남매는 1894년, 전주에 선교지부를 건설했으나 동학농민전쟁 때 철수하고 1896년 1월, 다시 전주에 돌아와 정착하였다. 1897년 7월 17일, 30여 명이 모여 예배를 드렸는데 이것이 호남 지역 최초의 한국인 교회인 전주 서문교회의 시작이다.

마르다는 1867년생으로서 1897년 9월에 의료선교사로 내한했다. 그가 전주지부로 배치 받았을 때는 이미 테이트 남매가 그곳에 자리를 잡고 있었을 때다. 테이트 선교사는 의료선교사, 마르다가 살 집과 진료소 건물을 지어 주었다. 그렇게 전주에서 함께 선교사업을 하던 테이트와 마르다는 1905년 9월, 결혼하여 가정을 꾸렸다.(류대영, 2012:28-29)

아래의 〈사진 9〉에는 "Mrs. Tate ready to start in Korean chair to visit a sick woman, Chun-ju"(번역. 테이트 부인이 가마에 앉아 여 환자를 돌보기 위해 출발하려 하고 있다. 전주)라고 적혀 있다. 부인 오른편에 있는 여성은 선교사의 여정을 수행하는 사람인 듯하고, 뒤에 서 있는 남성은 가마꾼인 것 같다. 여성과 남성은 카메라를 쳐다보고 있는데 테이트 부인은 카메라 방향과는 비껴서 먼 산을 바라보고 있다. 테이트 부인 자신의 모습을 남기기 위해 찍는 사진이 아니라 그녀가 선교사업을 하고 있는 중이라는 사실 자체를 남겨 놓는 사진임을 보여준다. 한편 당시 가마는 여성들이 주로 이용한 운송수단이었지만 서양 여선교사는 이를 꽤나 힘들어했던 것으로 보인다. 애너벨 메이저 니스벳(Anabel Major Nisbet;1869-1920) 선교사는 매티 테이트 선교사가 서울에서 전주까지 가마를 타고 왔다고 말하면서 가마에 대해 다음과 같이 소개하고 있다.

사진 9. 테이트 부인 (c12_albm-3_N)

1894년 봄 사람들의 호기심과 적대감이 어느 정도 가라앉은 것처럼 보이자 매티 테이트 양은 테이트 씨와 함께 전주로 내려왔다. 서울에서 전주까지 그녀는 가마를 타고 여행했다. 이 가마는 그 크기가 사변이 3피트, 높이가 4피트 정도 되었고 네 개의 작은 지주 위에 덮개를 씌운 형태로 밑 부분에 두 개의 긴 막대기가 가로 질러 있다. 승객은 상자같이 생긴 의자의 바닥에 앉는다. 가마에는 커튼이 달려 있어 승객을 보이지 않게 가려주며 외부의 신선한 공기를 차단시킨다. 네 명의 가마꾼들은 어깨에 한 쌍의 걸대를 메는데, 몸 한쪽으로 늘어져 있는 고리에는 가로막대의

11) 『옛 사진으로 읽는 새로운 역사』(이덕주, 2007)에는 1938년에 찍은 재령 여자성경학교 사진이 수록되어 있다. 위 사진과 더불어 재령의 성경 학교 역사를 재구해볼 만한 가치가 있다.

사진 10. 선교사의 이동 (c09_kp1-3_N)

사진 11. 선교사 (c12_albm-3_N)

사진 12. 절구질 (case12_albm-3_N)

사진 13. 절구질 (c06_kp1-2_O)

끝이 끼워진다. …(중략)… 테이트 양이 가마에서 나올 때 잠시 동안 걷지 못할 정도로 쥐가 난 것은 전혀 놀랄 만한 일이 아니었다.(Anabel, 2011:21-22)

한국 여성의 체형을 고려해 만든 가마에 상대적으로 체구가 큰 여성 선교사들이 탔으니 다리에 쥐가 날 만도 하다. 그리고 그 안의 환경도 공기가 통하지 않아 꽤 답답했던 것 같다. 그래서였는지 보통 남성들의 운송 수단이라고 여겨졌던 조랑말을 여성 선교사가 이용하곤 했다. 〈사진 10〉은 여성 선교사가 조랑말을 타고 이동하는 장면을 담았다. 사진 뒷면에는 "on the way to Pomasa"(번역. 범어사 가는 길)라고 적혀 있다. 즉, 부산의 범어사(梵魚寺)로 가는 여정을 포착한 것이다. 조랑말을 탄 여성 선교사 앞에는 빈 가마가 있는데 그 가마의 주인은 또 다른 서양인 선교사로 보인다. 아마도 이 사진을 찍기 위해 자리를 비웠을 것이다.

〈사진 11〉에는 "Miss buckland of chun-ju two Korean teachers."(번역. 전주의 버클랜드 여사와 두 명의 한국인 선생님.)라는 메모가 적혀 있다. 버클랜드(Buckland Sadie Mepham, ?-1936)는 남장로교의 여성 선교사로서 1907년에 군산 지방 선교부에 파송되었다. 그리고 1911년 전주 기전여학교 교장 랭킨(Nellie B. Rankin)이 사망했을 때 교장 대리를 맡았다.(김승태·박혜진, 1994:151; 이덕주, 2007:56; 오승재 외, 2003:61) 버클랜드 양 옆으로 조선인 여성이 둘 서 있다. 메모에 'Korean teachers'로 소개된 것으로 보아 버클랜드와 함께 학생들을 가르쳤던 선생님인 듯하다. 버클랜드의 왼 편에 있는 선생님은 다음의 사진에서도 등장한다.

〈사진 12〉에서 절구 공이를 들고 있는 여성은 〈사진 11〉에서 버클랜드 선교사의 왼편에 있는 여성과 동일 인물이다. 이 사진에는 "Two Korean young women pounding rice and thus segregating grain from hull. Back of them is _____'s wife"(번역. 두 젊은 여인이 절구질을 하여 쌀 껍질을 분리하고 있다. 그들의 뒤에 있는 이는 _____의 부인이다.)라고 적혀 있다. 절구 공이를 들고 있는 여성은 학교 선생님이기도 하거니와 옷이 일하는 차림은 아니다. 한국에는 이런 절구라는 기구가 있고, 이 기구는 이렇게 사용한다는 모습을 보여주기 위해 찍은 사진인 것이다. 그런 점에서 예의 '조선풍속사진'이라고 할 수 있지만 그것과는 사진의 인물 배치나 인물의 표정에서 차이가 있다.

예컨대 〈사진 13〉이 예의 전형적인 '조선풍속사진'의 양식이라고 할 수 있다. 한 여성이 카메라를 쳐다보며 절구 공이를 들고 있다. "조선에는 절구란 것이 있고 이 절구 공이로 곡식을 찧어 먹습니다."라는 메시지를 전달하고 있다는 점에서 〈사진 12〉와 비슷하다. 그런데 옷차림을 포함한 전체적인 모습으로 보아 인물과 절구 간에는 개연성이 있다. 〈사진 12〉와 다른 점이다. 〈사진 12〉에서는 절구 공이를 들고 있는 여성이 여유 있게 웃는 표정이 인상적이다. 그 '여유'는 이 여성이 사진을 찍는 주체인 서양인과 어느 정도 관계(rapport)를 형성하고 있음을 보여준다. 또한 절구질하는 여성들 뒤에는 한 서양 부인이 카메라를 보며 서 있다. 앞서 사진에 있었던 버클랜드 선교사는 아닌 듯하다. 사진 안 선교사의 존재는 이 사진을 〈사진 13〉과 같은 '조선풍속사진'과는 차별적인 지위를 부여한다. 선교 사업의 현황을 알리는 정보로서의 성격이 특권화된 사진인 것이다.

이 사진과 비슷한 구도로 조선의 풍속을 찍은 사진이 〈사진 14〉이다. 이 사진에는 "chairyung. women pounding clothes for cleansing."(재령 다듬이질하는 여인)이라고 적혀 있다. 배경이 재령이니 다듬이질하는 여성들 옆에 서 있는 서양 부인은 앞서 거론한 황해도 재령 지역의 선교사 부인 중 한 명일 것이다. 이 사진 역시 조선의 풍속으로서 다듬이질을 보여주기 위한 사진이다. 다듬이질하는 두 여성은 조선의 다듬이질이란 어떤 것인지 보여주기 위해 그 모습을 충실히 재현하고 있다. 그리고 그 뒤쪽에는 어린 아이 구경꾼들과 서양 부인이 서 있다. 어린 아이들은 카메라를 쳐다보고 서양 부인은 다듬이질을 보고 있다. 각자 익숙한 것보다는 낯선 것을 쳐다보고 있는 것이다.

사진 14. 다듬이질 (case07_kp1-1_N)

이때 〈사진 14〉의 '조선 풍속'을 보여주는 인물과 서양 부인의 관계와 〈사진 12〉의 그것을 비교하면 후자의 관계가 덜 수직적이라고 할 수 있다. 그 차이는 '풍속'을 연출하는 인물들의 신분에서 비롯된다. 〈사진 14〉에서 다듬이질을 하는 인물들은 문명의 세례를 입지 못한 일반 농민이지만 〈사진 12〉에서 절구질을 하는 인물은 미션 스쿨의 교사이며, 사진 속 선교사와 관계(rapport)를 맺고 있기 때문이다. 한 사진의 화면 안에 '풍속'을 연출하는 조선인 인물과 서양인 선교사가 자리 잡고 있으니 자연스레 '문명의 위계'는 드러날 수밖에 없다. 절구질과 다듬이질이라는 조선의 '풍속'은 서양인의 시각에서 관찰되어야 할 것이며, 종래에는 문명화되어야 할 것으로 대상화되고 있는 것이다. 〈사진 12〉와 〈사진14〉의 서양 선교사들은 '풍속'의 대상과 어느 정도 거리를 두고 떨어져 있는데 그것은 '문명의 위계'에 따른 거리를 상징적으로 보여준다고 할 수 있다.

한편 이러한 절구질과 다듬이질은 서양인이 조선의 '풍속'을 확인할 수 있는 주된 소재였던 것 같다. 서양인들이 찍은 사진 중에 이러한 '풍속'을 찍은 사진이 많이 존재할 뿐만 아니라 이들 '풍속'은 서양인 여행기에도 자주 등장하는 소재이기 때문이다.

> 가) 가뜩이나 좁은 마당이 방과 장독들로 둘러싸여 더욱 좁아 보였다. 여인 둘이 1미터 남짓한 절굿공이를 들고 통나무 절구에 든 벼를 찧고 있다. 절구의 모양새며 절구질하는 방식이 아프리카 흑인들의 그것과 너무 닮아 신기했다.(Norbert, 2012:423)
> 나) 코리아 부인들이 가장 중요하게 여기고 시간을 많이 할애하는 것은 남편의 우아한 옷을 세탁하는 일이다. 다루기 힘든 망사 같은 옷감은 양반의 패션에서 영향을 받았는데, 쉽게 다림질되지 않는다. 대신에 한 쌍의 나무막대로 두드려 펴는데, 그 과정에서 옷은 매우 훌륭한 고유의 광채를 내게 된다. 나무막대로 옷을 두드릴 때 나는 고유의 음악은 서울의 특징적인 소리 중 하나이다. 하루 종일 도시의 모든 곳에서, 수백 명의 부인들이 나무로 된 다림질 막대기로 연주하는 실로폰 래그타임 음악이 통행인을 맞이한다.(Elias, 2012: 63-64)

인용문 가)는 프랑스 신부, 노베르 베버(Norbert Weber; 1870-1956)가 한국을 여행하며 목격한 절구질에 대해 쓴 글이고, 인용문 나)는 독일인 여행가, 버튼 홈스(Elias Burton Homes; 1870-1958)가 한국의 다듬이질에 대해 쓴 글이다. 베버는 아프리카 여행 경험이 있는지 아니면, 아프리카 풍속사진을 보았는지 한국의 절구질 풍경이 아프리카의 그것과 비슷하다고 한다. 자연스럽게 '서양/아프리카·한국'이라는 문명의 위계를 설정하고 있는 것이다. 또한 버튼 홈스는 한국의 주요한 문화로서 다듬이질을 의복문화와 관련지어 설명하고 있다. 특히 그는 다듬이질 소리에 주목하는데 밤중에 다듬이질 소리가 마치 "실로폰 래그타임 음악"과 같다고 묘사한다. 이 절구질과 다듬이질에 대한 기록은 다른 여행기에서도 확인할 수 있는데 그만큼 이들 이미지가 한국의 특징 혹은 전형적인 모습으로 표상되었다는 것을 보여준다.

3. 의료선교와 관련한 사진들

기독교가 처음 한국에 들어올 때 허용된 선교사업은 '학교와 병원' 사업이었다.(한국기독교역사연구소,

2008:185) 특히 조선 왕실과 지배층 관료가 서양문명과 기독교를 인정하게 된 계기는 1884년 12월 4일에 일어난 갑신정변에서 부상을 당한 민영익을 치료한 것이었다고 볼 때 한국 기독교 선교에서 의료선교의 역할은 중요했다. 복음서에 나타난 예수 행적의 많은 부분은 병든 자를 고쳐 주는 것이었다. 기독교에 있어 치유 사역이 얼마나 중요한 부분을 차지하는가를 알 수 있는 대목이다.

An old lady of Chunju who recently died at age of 84. she heard the Gospel when 80 and readily accepted christ. previous to her acceptance of christ she had a nervous twitching of the cuscles of the gave. she said the trouble was caused by little devils and her cut places to let out the devils. after she became a christian the cervous trouble left her.
최근 84세의 나이로 사망한 전주의 한 할머니이다. 그녀는 80에 복음을 들었고 그리스도를 받아들였다.
그리스도를 받아들이기 전에 그녀는 근육에 경련이 일어나면서 긴장했다. 그녀는 악마들에 의해 문제가 있다고
말하고 악마가 나가도록 했다. 그녀가 기독교인이 된 후 신경 문제는 그녀를 떠났다.

〈사진 15〉에는 한 할머니가 여러 사람에게 둘러싸여 있고 그 뒤에는 병풍이 드리워져 있는 장면이 포착되어 있다. 이 할머니는 80세에 예수를 믿고, 앓고 있었던 병이 나았다고 한다. 홀로 앉아 있는 것이 힘겨울 정도로 기력이 쇠하였는지 젊은 여성에게 안겨 카메라 앞에 앉아 있다. 신경 계통의 병을 앓았다고 하는데 아마도 이 할머니와 주변 사람들은 병의 원인을 귀신의 침입으로 여겼던 것 같다. 복음서의 예수도 귀신을 쫓아 병을 고쳤으니 이 할머니가 병과 관련하여 예수를 믿을 때, 세계관의 혼란은 그다지 크지는 않았을 것이다. 당시 기독교 신앙에 이르는 과정의 한 갈래를 상징적으로 보여주는 사진이다.

다음은, 로제타 홀(Rosetta Sherwood Hall, 1865-1951)과 그녀가 세운 평양맹인학교에 관한 사진들이다. 로제타 홀은 장애인, 여성, 아동 들을 위해 봉사했던, 한국의 근대 특수교육과 의료사업의 선구자였다. 그녀의 남편 윌리엄 홀(William James Hall, 1860-1894) 역시 청일전쟁의 부상자들을 헌신적으로 돌본 의료선교사였다. 로제타 홀이 미국 감리교 의료선교사로서 내한한 것은 1890년 10월 13일이었다. 그녀는 한국에서 선교 활동 중, 남편과 딸을 잃는 등 가족사적으로 큰 아픔을 겪지만 그것을 딛고 의료사업을 펼쳐나갔다. 1897년 2월 21일, 기홀병원(紀忽病院, The Hall Memorial Hospital)을 세우고 1898년 5월 1일 광혜여원(廣惠女院, Wome's Dispensary of Extended Grace)을 설립했다. 그리고 1894년부터 점자 사용법을 개발하여 시각 장애인 교육을 시작하고, 1909년에는 청각 장애인 교육으로까지 확대하였다.(탁지일, 2011:87-91) 〈사진 16〉은 로제타 홀이 세운 평양 맹인 학교의 졸업 사진이다. 『사진으로 보는 한국 특수교육의 역사』에 동일한 배경에서 찍은 사진이 있는데 여기에는 홀 여사와 졸업생 5명의 모습만 담겨 있다. 즉 〈사진 16〉은 졸업식 후 졸업생들과 함께 학교 관계자와 재학생들이 한데 모여 찍은 사진이다. 학생 몇몇은 흰 두루마리를 쥐고 있는데 그것은 졸업장으로 보인다. 앞줄 왼쪽에서 세 번째에 있는 서양 부인이 로제타 홀이다. 그리고 그녀 왼편의 서양 부인은 로제타 홀을 도와 특수교육에 헌신한 인물로서 'Ms.Q'로 알려진 인물이다. 사진을 찍은 연대는 대략 1920년대로 추정된다.(김정권·김병하, 2002:61,93면)

〈사진 17〉은 농아학교 아이들을 찍은 사진이다. 이 사진의 뒷면에는 "Group of Deaf boys and their teachers-they are making signs for the two precious words "Jesus loves" Luke Ⅶ:27.. (번역: 농아 학생들과 선생님. "예수는 당신을 사랑하십니다"라는 말을 수화로 표현하고 있다. 누가복음 7장 27절.)"이라고 적혀 있다. 뒤쪽에 서 있는 학생들이 제각기 오른손으로 무언가를 표현하고 있는데 그것이 바로 수화 표현인 것이다. 사진 아래쪽 한

사진 15. 복음 듣는 할머니 (c07_kp1-1_N)

사진 16. 평양맹인학교 (c08_kp2-2_O[T])

어린 아이를 안고 있는 중년 사내는 선생님으로 보인다. 이 중년 사내는 평양맹인학교 졸업사진인 〈사진 15〉의 뒷줄 맨 오른쪽에 있는 인물과 동일 인물이며[12] 〈사진 18〉에도 등장한다.

사진 17. 아이들 (c08_kp2-2_N)

〈사진 17〉설명 말미에는 앞에서 살펴본 바와 같이 '누가복음 7장 27절'이라고 성경 구절이 표시되어 있다. 해당 성경의 본문은 "기록된 바 보라. 내가 내 사자를 네 앞에 보내노니 그가 네 앞에서 네 길을 준비하리라 한 것이 이 사람에 대한 말씀이라"이다. 이 구절은 예수가 세례자 요한을 설명하는 대목이다. 아마도 이 사진 메모의 주체는 로제타 홀, 혹은 그와 가까우며 비슷한 사역을 하고 있는 선교사일 가능성이 높다. 그렇다면 세례자 요한에 해당하는 사람은 누구일까. 선교사 자신을 표현했을 가능성도 있고, 사진에 등장하는 중년 사내에 대한 표현일 수도 있다. 이 사내는 〈사진 16〉에서 젊은 청년인데 〈사진 17〉과 〈사진 18〉에서는 중년 사내로 보인다. 그만큼 오랜 시간동안 평양농아학교와 맹인학교에서 일하였던 것으로 보인다. 신원은 알 수 없지만 이 학교에서 헌신한 한국인 선생님인 것이다. 그런 점에서 본다면 선교사들에게 예수의 사역을 예비하는 인물로서 평가를 받을 수 있었을 것 같다.

사진 18. 평양맹아학교 학생들의 외출 (c07_kp1-1_N)

한편 〈사진 18〉은 평양맹인, 농아학교의 소풍 사진이다. 사진 오른쪽에 '기차 우물'이라고 적혀 있는데 이것은 '기자 우물'의 오기이다. 평양의 '기자정(箕子井)'을 배경으로 찍은 사진인 것이다.[13] 기자 조선을 세운 기자의 묘소가 있는 곳으로 보인다. 로제타 홀의 아들 셔우드 홀에 따르면 '기자의 묘'는 평양의 북쪽 15Km 거리에 있는 경치 좋은 곳이다. 그는 종종 '기자의 묘'로 소풍을 간 것을 회상하고 있다.(셔우드 홀, 2010:162)

〈사진 19〉의 건물은 1908년에 완공된 광혜여원 건물이다.(Hall, 2010:237) 메모에 'fujita' 등의 일본인들이 방문했다고 쓰여 있다. 이 사람은 '조선총독부의원(朝鮮總督府醫院)'의 초대원장으로 부임한 일본 육군 군의감(軍醫監) 출신 후지타(藤田嗣章)이다. 대한제국이 멸망하고 일제는 1907년에 창설한 '대한의원'의 문을 닫았다가 한 달 후 9월에 조선총독부의원을 개설하고 군의감이었던 후지타를 병원장에 임명하였다. 조선총독부의원은 대한의원을 이어받아 식민지 조선의 의료 전반을 관할했다. 일제는 한국인들을 회유하기 위해 1909년부터 각 지방에 자혜의원을 설립하여 풍부한 재정과 의료진을 바탕으로 높은 비율의 무료 진료와 우수한 시술을 행하며 당시 의료의 상당 부분을 담당했던 기독교 병원을 무력화하였다. 그리고 총독부는 병원에 대한 행정규제를 강화하는 법령을 시행하였다. 1913년, 외국인 의사가 의료 행위를 할 때 허가를 받도록 하는 의사 규칙을 제정한 것이다. 이 규칙에 따르면 일본과 외교적으로 가까운 영국과 영연방인 캐나다의 의사 자격증은 인정하되 호주와 미국의 의사 자격증은 인정하지 않아 호주와 미국 출신 의사들은 일본 내무성에서 실시하는 시험을 치러야 했다. 따라서 한국 의료선교사의 대부분을 차지했던 미국 출신의 의료선교사들은 동경에 가서 시험을 보아야 했다. 그리고 1919년에는 기독교병원을 경찰의 통제하에 두는 법령을 통과시켰다.(이만열, 2003: 238-245)[14]

사진 19. 광혜여원 (c08_kp2-2_N)
Woman's Hospital of Extended grace, Pyongyang at the time of visit of Surg·Genl Fujita, President of the Government General Hospital of (at) Soul(at that time) Dr. Hall standing in the foreground by Dr. Fujita Dean Sato of Gov't Med Sch and Mr. Nakano chief of sanitary section of police Headquarters. Stand a step or two higher and Dr. Mary M.butler and our Korean nouses a bit in the rear. (평양 광혜여원. 서울의 후지타 국립병원 원장이 방문했을 때. Dr. Hall이 후지타 박사, 사토 과장 나카노 경찰위생 과장의 앞쪽에 있다. 계단 위쪽에 메리 박사와 버틀러 박사, 한국인 간호사들이 보인다.)

---

12) 이 사진은 『사진으로 보는 한국 특수교육의 역사』에도 실려 있는 사진이다. "평양맹아학교 농아부 남학생들이 수화시범을 보이고 있다. 하눅 농교육은 홀 여사가 중국에 이익민 등을 보내어 중국 체후(芝罘)에 있는 동료 선교사가 운영하는 농아학교에서 배워 온 방법에 따라 수행하였다."라고 서술되어 있다. (김정권·김병하, 2002:52)

13) 『사진으로 보는 한국 특수교육의 역사』에 또 다른 기자 우물 배경의 사진이 있다. 이 사진에도 '기차우물'이라고 적혀 있다. 한국어에 익숙하지 못한 서양인이 쓴 글씨 같다. (김정권·김병하, 2002:84)

14) 1913년에 제정된 의사 규칙은 1919년 사이토 총독이 부임하면서 의사 자격증이 있는 의사들은 한국 내에서는 무시험으로 의료사업

즉, 위 사진은 일제강점기에 의료정책을 관할하였던 후지타의 광혜의원 시찰 기념으로 찍은 것으로 보인다. 경찰 위생과장도 시찰 자리에 함께하였는데, 그것은 합방 후, 위생과 관련한 모든 사무가 경찰로 이관되었으며, 1919년 이후에는 기독교병원을 경찰이 통제하였기 때문이다(이만열, 2003: 240; 박윤재, 2005: 337–338). 그런 점에서 위 사진은 식민지 시기 일제가 기독교병원을 통제하는 상황을 보여주는 사진이라 할 수 있다.

Ⅳ. 나가며

지금까지 그리피스 컬렉션의 한국 배경 사진 중, 기독교와 관련한 사진자료를 추려 살펴보았다. 이 사진들의 대부분은 학계에 처음 보고되는 것들이다. 따라서 100년 전 한국 기독교의 역사를 재구하는 데 중요한 시각자료의 역할을 할 수 있으리라 본다. 본 논문은 이 사진들이 한국기독교사의 연구자료의 역할을 감당하기 위한 전 단계로서 각 사진의 사적 맥락을 구성하는 것을 목적으로 사진과 관련한 기초적인 사항을 고증하고자 하였다.

본문에서는 해당 사진들을 황해도 재령을 배경으로 한 사진과 전라북도 전주를 배경으로 한 사진, 의료선교사업과 관련한 사진으로 나누어 살펴보았다. 이러한 항목 구성은 특별한 이유가 있어서가 아니라 그리피스 컬렉션의 한국 기독교관련 사진 중 학계에 처음 보고되는 사진들의 대부분이 이들 사진이었기 때문이다. 황해도 재령과 전라북도 전주 배경의 사진은 각각 북장로교와 남장로교 선교와 관련한 사진들로서 미국 장로교의 한국 선교 연구에 도움이 되는 자료가 되리라 생각한다. 현재 황해도 재령의 성경학교를 배경으로 한 사진은 주로 한국기독교역사박물관에 소장되어 있다.

이들 사진의 촬영 시기는 주로 1930년대 후반이다. 본 논문에서 다룬 재령 성경학교의 사진의 촬영 시기가 1916년이니 1910년대부터 1930년대까지 황해도 재령 성경학교의 변천 과정을 시각적으로 재구할 수 있는 가능성이 열릴 것으로 기대한다. 또한 황해도 재령의 사진들은 숭의여대의 숭의역사관에 소장되어 있는 평양의 숭의학교 사진들과 관련지어 100여 년 전, 서북 지역의 여성 선교를 조망하는 자료의 역할을 할 수 있을 것이다. 한편 당시 사진 속에 담겨 있는 재령과 평양의 여성들은 하나같이 머릿수건을 쓰고 있는 것이 인상적이다. 이에 대한 복식사(服飾史)적인 관심도 요청된다. 그리고 전주 배경의 사진들은 전주대박물관 소장 사진들과 더불어 남장로교 역사를 살피는 데, 의료선교와 관련한 사진들은 한국의료사와 기독교 선교의료사를 검토하는 데 역할을 하리라 생각한다.

다음 연구의 편의를 위해 최대한 사진 속 배경과 인물들을 고증하고자 했으나 많은 부분을 물음표로 남겨두고 말았다. 후속 연구를 통해서 사진 속 서양 선교사, 한국인 동역자의 신원이 밝혀지고, 이름도 없이 빛도 없이 한국 교회를 만들어 왔던 신도들, 특히 여성 신도들의 공헌이 값있게 기록되었으면 하는 바람이다.

증을 교부하는 것으로 변하였다. 그러나 1930년대에는 다시 신임 선교사에 대한 의사자격증을 허가제로 바꾸었다.

참고문헌

김승태·박혜진 엮음, 『내한 선교사 총람 1884-1984』, 한국기독교역사연구소, 1994.

김영숙·김명숙, 『한국 복식사』, 청주대학교 출판부, 1998.

김정권·김병하, 『사진으로 보는 한국 특수교육의 역사』, 특수교육, 2002.

류대영, 「미국 남장로교 선교사 테이트 가족의 한국 선교」, 『한국기독교와 역사』 제37호, 한국기독교와역사 연구소, 2012.

박윤재, 『한국 근대 의학의 기원』, 혜안, 2005.

박응규, 『한부선 평전』, 그리심, 2004.

박평종, 「한국관련 사진의 유통과 한국 이미지의 생산」, 강명숙 외, 『침탈 그리고 전쟁』, 청년사, 2009.

양상현·박소연·유영미, 「그리피스 컬렉션에 소장되어 있는 한국 근대 사진자료의 학술적 가치에 대한 고찰」, 『한국근대사연구』 71집, 2014.

오승재 외, 『인돈평전』, 지식산업사, 2003.

이경민, 『기생은 어떻게 만들어졌는가』, 아카이브북스, 2006.

이경민, 『제국의 렌즈』, 산책자, 2010.

이덕주 엮음, 『옛 사진으로 읽는 새로운 역사』, 한국기독교역사박물관, 2007.

이덕주, 『전주 비빔밥과 성자 이야기』, 진흥, 2007.

이만열, 『한국 기독교 의료사』, 아카넷, 2003.

李泰俊, 「浿江冷」, 『三千里 文學』 1938년 1월.

一記者, 「上午十時로 下午十時까지 (二)」, 『개벽』, 1922년 3월.

車相瓚, 朴達成, 「黃海道踏査記」, 『개벽』 60호, 1925년 6월.

탁지일, 「시각 장애인 교육의 선구자 로제타 홀」, 『한국기독교신학논총』 74집, 한국기독교학회, 2011.

한국기독교역사연구소, 『조선예수교장로회사기(하)』, 한국기독교역사연구소, 2002.

한국기독교역사연구소, 『한국 기독교의 역사 I』, 기독교문사, 2008.

A, M, Nisbet, 한인수 옮김, 『미국 남장로교 선교회의 호남 선교 초기 역사(1892-1919)』, 경건, 2011.

E, B, Homes, 이진석 옮김, 『1901년 서울을 걷다』, 푸른길, 2012.

N, Weber, 박일영·장정란 옮김, 『고요한 아침의 나라』, 분도출판사, 2012.

R, Harry A, History of the Korea mission Presbyterian Church U,S,A, 1884-1934, Chosen Mission Presbyterian Church U,S,A, Seoul, Chosen.

Sherwood H, 김동열 옮김, 『닥터 홀의 조선 회상』, 좋은씨앗, 2010.

Susan Sontag, 이재원 옮김, 『사진에 관하여』, 이후, 2009.

http://www2,wheaton,edu/bgc/archives/trans/104t01,htm(검색일 2015, 04,05,).

Abstract

A Christian Historical Study of Photographs from the 'Griffis Collection'

Kyoung-duk Cho (Soonchunhyang University)
Hye-kyung Chung (Soonchunhyang University)
Sang-hyeon Yang (Soonchunhyang University)

William Elliot Griffis is widely known as the author of the text, *Corea, The Hermit Nation* (1882). He wrote a large number of articles related to Korea, and his works served as a guide of Korea for Westerners in the 1900s. The materials Griffis collected were donated to the Rutgers University Library.

This paper will analyze photographs from Griffis' collection in regards to Korean Christianity. The photographs from this collection that portray Korean Christian schools and missionary activity are the first to be reported to the academic world. These photographs act as essential visual material that can help us reconstruct the hundred-year history of Christianity in Korea.

These photographs are divided as follows; photographs taken in Chaeryoung in the Hwanghae Province, photographs taken in Jeonju in the North Jeolla Province, and photographs of medical missionary work.

그리피스의 『은둔의 나라 한국』의 텍스트 형성과정[1]

정근식

서울대 사회학과

1. 그리피스에 대한 기존의 연구성과

현재까지 그리피스의 활동과 저작에 관해서는 일본과 미국에서 연구가 많이 진행되어 왔지만, 한국에서도 'Corea, The Hermit Nation'이 신복룡 교수에 의해 『은자의 나라 한국』으로 번역되어 1975년 탐구당에서 출간된 이래,[2] 상당한 연구들이 진행되어 왔다. 그리피스뿐 아니라 19세기 후반부터 20세기 초반에 걸쳐 서양인이 쓴 한국관련 저서들은 1980-90년대에 대부분 한국어로 번역 출간되었고, 이들에 대한 분석이 서양인의 한국관 연구라는 이름으로 많이 축적되었다.

그리피스에 대한 연구는 일찍이 벅스와 쿠퍼만에 의해 소개되었고,[3] 신형식 교수에 의해 1987년 다시 거론되었는데,[4] 이후 그리피스의 저작은 『은둔의 나라 한국』을 중심으로 크게 세 가지 측면에서 연구된 것으로 보인다. 첫째는 이 책의 제목이 주는 '은둔의 나라'라는 국가 이미지에 대한 문제 제기, 둘째는 이 책의 내용 분석 또는 텍스트 형성과정에 관한 연구, 셋째는 19세기 후반부터 20세기 초까지의 서양인이 쓴 책들 속에서 그리피스의 책이 가진 입장이나 위상에 관한 연구가 그것이다. 두 번째의 경우, 이 책이 다룬 한국고대사의 내용 분석과 비판에 초점을 맞추거나, 세 번째 접근과 보다 가깝게 이 책이 가진 한국근대사에 대한 관심, 특히 기독교의 전파와 한말정치에 대한 서구인들의 이해 방식을 중심으로 접근하는 것이다.

나는 첫 번째 접근을 대표하는 것으로 이태진 교수의 논문(1998/99)을, 두 번째 접근의 대표적인 것으로 정성화 교수의 논문(1999)을, 세 번째 접근의 대표적인 것으로 정연태 교수의 글(1999)로 보고, 이들의 주장을 간단히 살펴보는 것으로 이 글을 시작한다.

1) 이 글은 럿거스대학교에서 2008년 3월 14일에 열린 워크샵에서 발표되었음.

2) 이 책은 그 후 1985년 평민사에서 재간행되었으며, 1999년 전반적으로 번역을 수정하여 집문당에서 다시 간행되었다. 특히 1999년판 번역본은 많은 노력을 기울여 영어로 표기된 인명이나 지명 등을 찾아서 표기하고 역자 주를 꼼꼼히 달았다.

3) Ardath W. Burks and Jerome Cooperman, Dr. William Elliot Griffis (1843-1928) and 'The Hermit Nation', 『아세아연구』 3:1, 고려대 아세아문제연구소, 1961. pp. 169-177.

4) 신형식, 「일제 초기 미국 선교사의 한국관, 그리피스의 Corea, the Hermit Nation을 중심으로」, 『일본 식민지 지배 초기의 사회 분석 1』, 이화여대 한국문화연구소, 1987

서구인들은 이른바 대항해시대가 시작된 이래, 17세기 초반에 금과 은을 찾기 위하여 동아시아를 항해하였고,[5] 19세기에 이르면, 기독교 전파나 상업활동을 하기 위하여 한국에 관심을 갖기 시작하였다.[6] 1876년 개항을 전후한 시기에 이들은 한국에 직접 들어와서 활동하기 전에 한국의 이웃나라, 즉 중국과 일본에 와서 활동하면서 한국에 관한 관심을 갖게 되고, 이 결과로 한국에 관한 책을 써서 근대 한국의 이미지를 만들어 갔다. 서구인들에게 동아시아 또는 한국에 관해 일단 한번 만들어진 이미지는 쉽게 변화되지 않고 한 나라의 운명이나 발전에 큰 영향을 끼친다. 한일합방이라는 역사적 사건 또한 국제적 국내적 변수들이 서로 얽혀 만들어낸 역사적 사건이었지만, 이들 변수들 중에는 당시 조선의 국제적 이미지가 포함되어 있었다는 것을 부인할 수 없다. 그런 국가 이미지는 가치중립적인 것도 있지만, 그보다는 훨씬 더 가치판단적인 것이 많고, 노골적으로 문명과 야만이라는 잣대에 비추어 상대를 타자화하는 오리엔탈리즘적인 것들이 많았다. 19세기 후반기, 한국의 국제적 이미지 구성에서 '은둔의 나라', 또는 '고요한 아침의 나라(morning calm)' 등의 비유가 중요한 비중을 차지하기 시작하였는데, 이들 또한 여기에 속하는 사례들이다.[7]

19세기적 상황에서 국가 이미지를 만들어내는 중요한 미디어는 역시 책이었다. 1876년 일본에 의한 개항을 전후한 시기부터 1882년 조미수호조약 사이에 한국에 대한 서양인들의 책이 발간되기 시작하였는데, 그중에서 가장 중요한 책을 꼽으라면, 달레, 로스, 오페르트의 책과 함께 그리피스의 책을 꼽을 수 있을 것이다. 이 중에서 달레의 책은 1874년 프랑스어로 쓰여졌고, 나머지 책들은 영어판으로(도) 출판되었다. 특히 그리피스의 책은 이전에 출판된 책들의 집대성일 뿐 아니라 이후로 나온 책들보다 오랫동안 영향력이 더 컸다.[8]

한 나라에 대한 정보와 지식은 단선적으로 축적되는 것은 아니어서[9] 국제적으로 널리 알려진 이미지가 더 중요한 역할을 하는 경우가 많다. 냉정하게 말하면 한 나라의 국제적 이미지는 그 나라의 자산(정치경제적 자본)이어서 많은 노력과 투자에 의해 긍정적 이미지가 구성되며, 이는 해당 국가와 상품, 시민들에 대한 신뢰로 이어진다. 이미지는 객관적 사실들의 총합이라기보다는 객관적 사실들과는 어느 정도 독립적인 차원

---

5) 그 한 사례로 홀랜드의 로버트는 17세기 전반기에 동아시아 연안을 항해한 결과를 기록했는데, 그의 책의 표제는 '금과 은이 풍부한 섬'으로 표현하고 있다. William C. H. Robert, *Voyage to Cathay, Tartary, and the Gold-and Silver-rich Islands East of Japan*, Amsterdam: Phiolo Press, 1643. 그 후에 출판된 뒤 알드의 책은 18세기 초 중국에서 활동한 프랑스 예수회 신부 레지(Regis)가 수집한 자료를 가지고 뒤 알드 신부가 쓴 중국사라는 책의 일부로 조선의 지리와 역사, 풍물을 기록한 책이다.

6) Basil Hall, *Account of a Voyage of Discovery to the West Coast Corea*, London: John Murray, 1818 (신복룡-정성자 역주, 조선서해탐사기, 집문당, 1999). 바실 홀은 1816년 9월 초, 한국의 서해안, 특히 충청도 비인지역을 답사하고 육지에서 현감 및 주민들과 만났던 이야기를 기록하고 있다. 개항 전인 1852년 러시아 전함 팔라다호가 조선의 거문도와 영흥지역에 정박하기도 했다. 이에 관해서는 이희수, "곤차로프의 여행기 '전함 팔라다'에 비친 한국" 이규수 외, 근대 전환기 동아시아 속의 한국, 성균관대 출판부, 2004.

7) 미국의 한국에 대한 이미지의 역사에 관해서는 Craig S. Coleman, *American Images of Korea*, NJ-Seoul: Hollym, 1997. 콜맨은 '은둔의 왕국'이 미국의 초기 한국 이미지를 지배하였고, 이어 '한국의 비극'이 이를 부분적으로 계승했다고 말했다. p. 7.

8) 한국에 관한 현지조사나 체류 경험에 입각한 훌륭한 책들은 1900년 이후에 출간되는데, 한일합방 이전에 서양인에 의해 저술된 책 중 가장 빼어난 책들은 1904년 출간된 로제티의 책, 그리고 1906년의 헐버트의 책, 1908년의 맥켄지의 책으로 보이는데, 이 책들은 매우 사실적이며 가치가 많은 사진자료들을 많이 담고 있다. 다만 로제티의 책은 이탈리아어로 쓰여졌으므로 미국을 포함한 영어권 독자들에게는 거의 알려지지 않았다.

9) 17세기 아담 샬의 조선지도와 19세기 전반기 프랑스 탐험가들의 조선지도를 비교해 보면 후자가 전자의 지도를 모르고 있었다고 생각된다.

에서 만들어진다.

하나의 책은 제목과 내용으로 이루어지는데 대중적인 이미지를 만들어 가는 데에는 책의 내용 못지않게 책의 제목이 중요하다. 그런데, 책의 표제와 책의 내용은 항상 일치하는 것은 아니다. 중립적인 표제가 있는 가하면 특정한 이미지를 생산해 내는 표제가 있을 수 있다. 표제로 보면, 1880년부터 1900년 사이에 한국에 관한 서구인의 저술들의 표제는 크게 세 계열, 첫째는 은둔의 나라 이미지, 둘째는 조용한 아침의 나라 이미지, 셋째는 보다 중립적으로 책의 제목으로 한국이나 조선을 사용하는 방식이었다. 특히 국가 이미지의 구성에서 보면 1880년대에 형성된 '은둔의 나라'와 '고요한 아침의 나라'가 더 큰 대중적 영향력을 가지고 있었다. 그런 점에서 그리피스의 『은둔의 나라 한국』은 이 '은둔의 나라'라는 이미지를 만들어내는 계기가 되었고, 그 영향력 또한 지속적이어서, 그리피스의 책이 출간된 이후에도 이런 제목을 가진 책들이 여러 번 만들어졌다.[10]

이와 밀접하게 결합되어 있으면서 동시에 경쟁적인 이미지가 '고요한 아침의 나라'였다. 이 이미지는 로웰의 책(1886)으로부터 시작하여 영국성공회의 조선교구장 코페(Charles John Corfe) 주교가 1890년부터 발행하기 시작한 잡지 『조선(朝鮮), The Morning Calm』,[11] 그리고 1895년의 새비지 랜도어의 책으로 이어진다. 서양인들이 조선을 '고요한 아침의 나라'라고 했을 때, 그것은 물론 '조선'이라는 국호를 이해하고 있다는 측면도 있지만, 그것보다는 로웰이 말했듯이 "변화와 관계없이 시간은 정지해 있고, 수세기 동안 고립되어 '역사 속에 사라진 과거'를 그대로 간직한 '살아있는 화석'으로 인식한 것을 보여준다(로웰 pp. 35-36). 로웰의 책이 처음 이 용어를 사용했다면, 랜도어의 책은 로웰에 이어 두 번째로 이 용어를 사용함으로써, 조선의 이미지를 '조용한 아침의 나라'로 굳혀 가는 데 일조하였다. 이 이미지는 오래 지속되었고 널리 확산되었으며, 그 한 예로 1929년 헝가리에서 출판된 책도 이 이미지를 차용하였다.[12]

이태진 교수의 문제제기(1998/1999)는 조선이 은둔국이었다는 이미지가 역사적 사실에 부합하는가라는 시각에 입각하고 있다. 이태진 교수는 조선의 은둔국이라는 이미지가 그리피스의 『은둔의 나라 한국』에 의해 많은 영향을 받았고, 1896년 이후 일본인들에 역사서술에 의해 부풀려졌지만, 실제로 1873년부터 조선의 고종은 알려진 것과는 달리 적극적인 개방정책을 취했다는 주장을 하였다. 그는 조선이 은둔국이어서 또는 오랜 쇄국정책의 결과로 주권을 상실했다는 주장은 역사적으로 잘못된 것이며, 실제와는 달리 조선이 항상 '쇄국'과 엘리트의 무능으로 모든 것이 엉망이 된 것처럼 담론화된 배경에 일본의 작용이 있다는 것"이다. 그에 따르면, 일본의 조선에 대한 우월적 관점은 18세기 후반 일본의 국학자들 사이에서 형성되어 19세기 메이지유신 후 정한론으로 자리잡았다. 일본에서 출판된 조선관계 책은 1894년 이전까지는 주로 고대사 관련 책들이었고,[13] 조선 근대사에 관한 책은 1896년 기쿠지 겐조(菊池謙讓)의 『조선왕국』(民友社, 1896)으로부터 출

---

10) W. F. 샌즈(신복룡 역주), 『한말 외국인의 기록-은자의 나라 한국』, 집문당, 1999. 심지어 최근에 출판된 책도 이런 제목을 달고 있다. J. B. 버나드, 『은자의 나라: 사진으로 본 옛 한국』, 시사영어사, 2002.

11) 이에 관한 자세한 설명은 '개화기 한국관련 구미잡지 자료집'(단국대학교 부설 동양학연구소, 2003)의 해제를 볼 것. 이 잡지는 처음에는 월간지로 창간되었다가 1895년 2월호부터 계간지로 전환되었다.

12) Barathosi Balogh Benedeko, *Korea, a hajnalpirorszaga*, Budapest, 1929 (초머 모세 역, 코리아, 『조용한 아침의 나라』, 집문당, 2005)

13) 이 중 대표적인 것은 하야시(林泰輔)의 『朝鮮史』, 1892이다.

간이 시작되어,[14] 쓰네야 세이후쿠(恒屋盛服)의 『조선개화사』(東亞同文會, 1901), 시노부 준페이(信夫淳平)의 『한반도』(東京堂書店, 1901)로 이어졌다.[15] 이태진 교수는 그리피스의 책의 일부를 초역한 『조선개화의 기원』 외에 시노부 준페이의 『한반도』가 그리피스의 책을 인용했다는 사실을 소개하면서, 그리피스의 책은 일본인 으로부터 영향을 받고 또 일본인들에게 영향을 주었으며, 이런 이미지를 만들어낸 그리피스의 책은 일본의 침략론을 대변한 것에 불과하다고 보았다(1999, p. 747).

정성화 교수는 다른 연구와는 달리 그리피스의 일본에 관한 저작물들과 함께 『은자의 나라 한국』을 분석하 였다.[16] 또한 그는 럿거스대학교 소장 필사본 자료를 참고했다고 밝혔다. 그의 그리피스 연구는 첫째, 일본에 서의 경험 및 '미카도의 제국'과의 관련성 속에서 '은자의 나라'를 논의하고 있다는 점, 둘째, '은자의 나라'의 형성과정에 대한 매우 구체적인 텍스트 분석을 하고 있다는 점, 셋째, '은자의 나라' 이후의 책과 활동들을 언 급하고 있다는 점에서 유익하다. 그는 그리피스가 최초로 일본에 갈 때는 매우 세속적이며 현실적인 목적이 었고, 서구문명의 우월성에 대한 확신을 갖고 있었으나 후쿠이에서 생활하면서 동아시아의 고도의 문명을 알게 되었다고 썼다. 이런 이중성은 후에 조선사회에 대한 이원론적 관점을 발전시키는 것과 연관이 있다.

그는 그리피스를 기독교적 팽창주의자로 요약하고 그의 『은둔의 나라 한국』은 한국의 역사와 문화보다는 오히려 20세기 전환기를 맞아 강대국으로 발전하고 있는 미국인들의 전형적인 가치관을 보여주고 있다고 주 장하였다. "그리피스의 신념은 당대 미국인들과 거의 완벽하게 일치하였기 때문에 그의 해석을 비판한 동시 대 미국인들을 거의 찾아볼 수 없다"고 보았다. 또한 "그리피스의 편견은 동시대 미국인들의 편견이며, 그의 동아시아관은 19세기 후반 미국인들의 동아시아 이미지를 상징하고 있는 것이다. 그리피스는 이러한 대중의 선입관과 신념을 직관적 혹은 의도적으로 이용해 역사적 사실을 단순화하고 나아가 왜곡하면서 한국의 이미 지를 창조한 것"이라고 보았다(p. 32).

정연태 교수는 '19세기 후반 20세기 초 서양인의 한국관'을 연구하면서, 개항 전후 한국관의 원형 형성에 지대한 역할을 한 것으로 하멜, 달레, 오페르트, 그리피스, 칼스의 저작을 들고, 이어 갑오개혁 전후 한국관 의 확산-발전에 영향을 미친 것으로 비숍 및 커즌의 견문기, *The Korean Repository*, 한국지를 들었다. 그는 이 시기의 서구인의 한국관을 크게 상대적 정체성론, 정치사회 부패론, 타율적 개혁불가피론 등으로 요약하였 다. '을사늑약' 전후 일제의 조선 보호국화를 둘러싸고 서구인의 한국관이 분화했는데, 보호국화를 비판하는 계열로 *The Korea Review* 및 해밀튼-헐버트-맥켄지를 들고, 보호국화를 찬성하는 노선을 케난-그리피스-래 드 계열로 분류하였다(1999, p. 164). 그는, 풍부한 경험과 현지조사를 바탕으로 조선 사회를 바라보려는 노 력을 한 서양인이 적지 않았으며, 이들은 게일, 비숍, '한국지' 편저자들, 해밀튼, 맥켄지, 헐버트 등이라고 보

---

14) 이에 관한 소개는 이태진 (1999)의 pp. 732-734. 기쿠지 겐조는 일본 역사의 '쇄국'이라는 개념을 처음으로 대원군 시기의 한국사에 적용했다고 한다. 이에 관해서는 연갑수, '대원군 집권 시기의 서양세력에 대한 대응과 군비증강,' 서울대 박사학위논문, 1998, pp. 2-3, 이를 이태진 교수가 인용하고 있다.

15) 이 세 가지 책에 관해서는 조동걸, 식민사학의 성립과 근대사 서술, 역사교육논집 13-14, 1993.

16) 정성화의 글은 연세대학교의 '해외한국학 평론'의 토론회에서 처음 발표되었기 때문에 이 발표에 대한 손철배의 토론문이 함께 실려 있다. 손철배는 '은자의 나라'에서 그리피스가 일본인들의 견해를 매우 조심스럽게 수용하고 있는 점을 지적하고 아울러 일본의 한 국 지배를 일방적으로 옹호한 것은 아니라는 해석을 하고 있다.

았다. 이들은 대체로 한국민과 한국사회의 역동성을 신뢰하거나 일본의 보호국화를 반대하는 편에 가까워
던 반면, 그리피스, 커즌, 케냔, 래드 등 한국 경험이 부족하거나 일본을 통하여 한국에 접근했던 서양인일수
록 한국 사회의 절대적 정체와 민족성 타락을 강조하거나 일본의 보호국화를 옹호하는 입장에 가까웠다(p.
201). 그러나 이런 구분은 절대적인 것은 아니고 편차도 크지 않았다(p. 201).

조선 정보의 일본 의존성은 조선에 대한 정보가 주로 일본을 통해 수집되었고, 조선을 여행하는 사람들이
대체로 일본을 통해 입국했다는 두가지 사실에 의해 강화되었다. 조선을 여행하거나 연구하는 사람들이 대
부분 그리피스의 책을 읽었으며, 일본인이나 일본에 거주하는 서양인들이 소개하는 사람들이나 장소를 여
행하였다. 이것은 조선 정보의 일본 의존성을 강화시켰다(정연태, p. 202).

지금까지의 연구들을 면밀히 살펴보면, 그리피스에 관한 연구는 이미 상당히 진전되어 있지만, 좀더 진전
되어야 할 약간의 과제가 있다. 우선, 그리피스의 책의 정확한 번역과 표제상의 Corea가 Korea로 변화되는 과
정, 둘째, '은둔의 나라'의 형성과정 또는 증보과정에 관한 보다 면밀한 연구, 셋째, 몇몇 연구자들이 럿거스
대학교에 있는 그리피스 자료들을 언급하고 있지만, 실제로는 별로 이용하지 않았으며, 따라서 이를 활용한
보다 종합적인 연구, 넷째, 일본에서의 연구를 포함하여 그리피스의 전 저작에 대한 체계적 연구 등이다. 현
재까지 그리피스의 중국이나 네덜란드에 관한 저작들은 거의 언급되지 않고 있다.

첫째 문제와 관련하여 그리피스의 책 'Corea, The Hermit Nation'을 한국어로 어떻게 번역할 것인가라는 문제
가 있다. 이 책의 제목에서 주목을 끄는 것은 나라의 이름을 Korea가 아니라 Corea로 표기했다는 것과 한국의
이미지를 '은둔'으로 구성했다는 점일 것이다. 19세기 한국에 관한 저술에서 나라의 명칭은 1880년 전후의 시
기에는 COREA가 많고, KOREA로 표기한 것은 1880년대 후반에 출현하였다. 그리피스가 책을 출판하기 전
에 출간된 로스나 오페르트도 나라 이름을 Corea로 표기하였고, 그리피스도 1885년의 책까지 포함하여 Corea
로 표기하였다.[17] Korea라는 표기는 퍼시벌 로웰의 책 제목 'Chosen: The Land of Morning Calm: A Sketch of
Korea'의 부제로 1886년에 처음 등장하였다. 여기에서 로웰은 왜 한국의 영문 표기를 Korea로 해야하는가
를 설명하였다. 이후 알렌(1889)이나 길모어(1892)도 Korea로 표기했는데, 새비지-랜도어는 1894년에 다시
Corea로 썼다.[18] 이후 널리 알려진 비숍의 책(1897)은 Korea를 사용하였고, 이 시기부터 알렌을 비롯한 미국
출신의 선교사들은 대부분 Korea로 사용하고 있다. 이 과정에 관한 좀더 깊은 연구가 필요하다.

이 책 초판이 발행된 후 약 13년이 지난 1895년 (메이지 28년) 일본어로 초역되었다. 이 책의 제목은 '조선
개화의 기원(朝鮮開化の起源)'이었다. 이 초역본에 대한 해제를 1941년 경성제대에 있던 사쿠라이(櫻井義之)
가 달았는데, 그는 'Corea, The Hermit Nation'을 隱者の民-朝鮮으로 번역하였다.[19] 이것은 아마도 식민지하

---

17) W. E. Griffis, Corea, *Without and Within*: Chapters on Corean History, Manners and Religion with Hendrik Hamel's Narrative of Captivity and Travel in Corea, Philadelphia, 1885.

18) 이후 출간된 주요 한국관계 책을 든다면 다음과 같다. Horace N. Allen, *Korean Tales*, 1889; George W. Gilmore, *Korea from Its Capital*: with a Chapter on Missions, 1892; Arnold H. Savage-Landore, *Corea: or Chosen, the Land of the Morning Calm*, London, 1894; Isabella Bird Bishop, *Korea and Her Neighbors*: A Narrative of Travel with an Account of the Recent Vicissitudes and Present Condition of the Country, NY, 1897; James S. Gale, *Korean Sketches*, 1898.

19) 櫻井義之 編, 明治年間 朝鮮研究文獻誌, 京城:書物同好會, 1941. 3. p. 14

에서 Nation을 국가나 나라라고 쓰지 않으려고 했기 때문이었을 것이다. 그러나 그리피스가 쓴 1911년판의 서문에 따르면, 그리피스는 명백히 Nation을 나라의 의미로 사용하였다.

신복룡은 이 책을 『은자의 나라 한국』으로 번역하였다. 그러나 이태진은 '은둔의 나라' 또는 은둔국이라는 용어를 더 선호한다. 양자는 비슷하지만 뉘앙스에서 약간의 차이가 있다. '은자의 나라'는 중심이 '은자'에 있고 '은둔의 나라'는 중심이 '나라'에 있다는 느낌을 준다. 전자의 장점은 그리피스가 자신의 저서에서 지속적으로 조선의 문제가 지배계층, 즉 양반들의 세계관과 활동에서 발생하고 있다는 점을 지적하고 비판하고 있다는 점에서 한국을 이들의 나라로 간주할 수 있으며, 따라서 한국을 은자들인 양반들의 나라라고 생각하도록 유도한다. 그러나 이와는 달리 그리피스는 한국이라는 나라를 단위로 하여 고대사와 문화, 그리고 당대사를 서술하고 있으며, 한일합방이 되자 제9판을 끝으로 하여, 한국이 더 이상 독자적인 나라가 아니라고 쓰고 있다는 점에서 '은둔의 나라'가 더 정확하다고 말할 수 있다.

이 글에서 필자가 다루는 범위는 그리피스의 '은둔의 나라'의 저작과정과 개정판을 출간하는 과정에 관한 것으로 한정한다. '은둔의 나라'의 각 판별 비교를 통해 각 판의 집필 배경 및 변화된 내용을 포착하는 데 주력하고, 가능한 범위 내에서 『은둔의 나라 한국』의 개정판 발행 작업의 종료(1911년) 이후 그의 말년의 작업과 생각의 변화들도 간단히 언급하겠다. 이를 기초로 그의 저작들 내에서의 이 책의 위상에 대한 재평가가 가능할 것이다.

2. 『은둔의 나라 한국』 초판(1882)의 형성

1) 역사–사회적 맥락

그리피스가 한국에 관한 책의 표제를 왜 'The Hermit Nation'이라고 했는가. 이런 질문은 매우 새삼스러운 것이지만, '은둔의 나라'라는 책이 준 사회적 효과라는 측면에서 볼 때 당연히 제기되어야 할 질문이다. 대중적으로는 이 책의 내용 이전에 이 표제가 주는 효과가 매우 크기 때문이다. 대중들은 책의 내용과 관계없이 '한국은 곧 은둔의 나라'라는 메시지를 그의 책 제목에서 지시받고 있을 뿐 아니라, 그가 자신의 저서에서 누누이 한국은 더 이상 은둔국이 아니라고 하면서도 여전히 책 표제로 이를 사용하였다.

그가 남긴 일본자료의 스크랩북(Scrapbook) 20에는 이 책이 출간되기 4년 전인 1878년 5월, 선데이 매거진(*Sunday Magazine*) III–5에 그가 기고한 글이 남아 있는데, 이 기고문의 제목이 "Corea, The Last of the Hermit Nations"였다.[20] 즉 한국이 은둔의 나라라는 인상은 책이 출판되면서 만들어진 것이 아니라 책 출판 이전에 이미 만들어져 있었다는 것을 보여준다. 또한 이 기고문은 '은둔의 나라들'이라는 복수형으로 사용되고 있다. 그의 생각에는 세계 또는 아시아의 많은 나라들이 은둔의 나라들이었지만, 한국만이 여전이 은둔 상태에 있다는 것을 암시한다. 그렇다면, 그가 사용한 은둔이란 어떤 의미에서의 '은둔'인가.

여기에서 은둔은 국제적 교통(외교적/상업적 차원)과 종교적 개방이라는 두 차원이 있을 수 있다. 여기에서 어떤 차원에 더 많은 중점이 두어지는가는 그의 책을 분석해 보아야만 해답이 가능하나. 일단, 아직 미국

---

20) 이 신문 기고문은 Japan Through Western Eyes: Manuscript Records of Traders, Travellers, Missionaries & Diplomats, 1853–1941, Parts
   2–5: The William Elliot Griffis Collection from Rutgers University Library, Adam Mattew Publications, 2000. p. 44에 실려 있다.

과 수교하지 않거나 또는 본격적으로 기독교 선교가 시작되지 않은 나라라는 의미로 사용된 것이 틀림없다.

그 후 그리피스는, 자신이 쓴 글의 목록에 따르면, 1881년에 '한국과 미국'이라는 글을 기고하였고,[21] 또 같은 해에 "Corea, the Hermit Nation"이라는 제목의 글을 "Bulletin of the American Geographical Society(New York, No. 3)에 기고하였다.[22] 조미수교 이전의 한국에 대한 생각들이 여기에 표현되었다. 그 외에 몇 개의 짧은 글을 백과사전류에도 가고하였다. 이를 보면, 그가 한국을 '은둔의 나라'로 규정한 것은 그의 책이 출간되기 이전에 이미 이루어진 것이었음을 알 수 있다.

그리피스의 『은둔의 나라 한국』은 그 자체로만 논의되기보다는 첫째, 그의 책 초판이 발행된 1882년을 전후한 시기의 한국(조선)관련 책들과의 상호관련 속에서 파악되어야 한다. 그가 한 번도 한국을 직접 방문하지 않은 상태에서 도대체 어떤 자료에 근거하여 한국에 관한 책을 쓸 수 있었는가가 그의 책에 관한 분석에서 제기되는 가장 기본적인 질문의 하나이다. 이를 해명하기 위해서는 우선 그의 책 초판의 서문과 참고문헌 목록을 검토할 필요가 있다.

1882년 10월 2일의 초판 서문을 보자. 그리피스는 1871년 후쿠이(福井)에서 거주할 때, 한국의 동해가 바라보이는 쓰루가(敦賀)와 미쿠니에서 고대 한국를 생각하는 기회가 있었다고 밝혔다. 그는 여기에서 한국의 미마나 왕자와 신공왕후 등등에게 헌정된 절, 647년 한국에서 만들어진 것으로 전해지는 종, 종이제조 기술자, 조공하러 온 사신들의 이야기를 들었고, 아울러 자긍심을 가지고 살고 있는 조선에서 건너온 사람들의 후예와 전쟁포로로 잡혀 온 부락민이라는 이질적인 두 집단의 존재를 알았다. 그는 일본의 문화가 온통 조선과 관련되는 것임을 알게 되면서, "왜 한때 은둔국이었던 일본이 문을 열고 세계시장에 나타났는데 한국은 문을 걸고 신비한 상태로 남아 있는가, 언제 한국은 깨어날 것인가, 한 다이아몬드가 다른 다이어먼드를 자르듯이 왜 일본은 조선을 개방시키지 않는가"라는 의문을 갖게 되었다고 한다.

그 후 그리피스는 『아펜젤러 전기』의 머리말에서 한국을 위해 기도한 날을 1871년 3월 2일 아침이라고 좀더 자세히 밝혔다. 그는 3월 1일 15명의 호위무사와 함께 동해가 바라보이는 쓰루가에서 묵고, 이튿날 후쿠이로 가는 길에 하치만궁(八幡宮)이라는 신사에 들렀는데, 이것은 한국의 정복자로 전해 오는 신공황후(神功皇后)와 그의 아들 하치만(八幡)을 배향한 신사로 이를 계기로 한국에 대한 관심을 갖게 되었다고 밝혔다(p. 5).

그는 1874년 일본에서 미국에 돌아와 '은둔국들의 마지막 나라'에 관한 자료들을 계속 수집하였다. 그는 연구의 독창성이나 깊은 연구보다는 한국에 대하여 전혀 알지 못하는 일반독자를 위한 에세이를 쓰기 시작하였다고 밝혔다. 그는 자신의 목적이 한국사람이 자신의 나라를 그렇게 부르듯이 '조용한 아침의 나라'의 역사를 개관하는 것이며, 한국 내외로부터 닥치는 대로 자료를 구하여 평이하게 쓰는 것이라고 말했다. 여기에는 자잘자잘한 정보들 이외에 일본과 중국의 사서, 항해자와 외교관, 선교사, 표류민 들의 증언, 비판적 학자들의 소견 등이 포함되었다. 그는 자신의 목적이 한국의 역사를 개관하고 한국인들의 정치사회적 삶을 훑어보

21) "Corea and the United States," *The Independent*, New York, Nov. 17, 1881.

22) "Corea, the Hermit Nation", *Bulletin of the American Geographical Society*, New York, 1881. No. 3. 그러나 현재 이용할 수 있는 자료로 보면, 이 잡지의 이름은 Bulletin이 아니라 Journal로 되어 있고, vol. 13의 pp. 125-132이다.

는 것 이상도 이하도 아니라고 썼다. 그리고 지면상 3부의 '근대사'는 많이 축약했다고 밝혔다.

　그는 이 책의 초고를 1877년부터 1880년 사이에 썼는데, 프랑스의 선교사들에 의해 만들어진 한국어 문법과 사전에 큰 도움을 받았고, 또 이 기간에 로스의 책이 출판되어 많은 도움을 받았다고 썼다. 그는 달레의 책으로부터 민속설화, 사회생활, 기독교 부분을 의존했고, 또 참고문헌 목록도 많은 도움을 받았다고 밝혔다. 또한 그는 자신이 일본에서 가르쳤던 학생들, 그리고 새롭게 사귄 일본인, 그리고 죽은 일본인의 이름과 함께, 1878년 서울에서 4개의 ferrotypes를 보내준 워싱턴 주재 일본공사관 서기 찰스 란만(Lanman), 연해주 한인마을의 사진 4장을 보내준 클라크, 1876년 강화도 사진들을 제공해 준 이데우라, 일본박물관에 소장된 한국관련 스케치를 보내준 오자와 난코쿠(小澤南國)에게 감사의 말을 하고 있다. 그는 1871년 신미양요에 참여했던 당사자들로부터 많은 정보를 얻었으므로 이들에 대한 감사를 하고 있는데, 당시 자신이 직접 만들었거나 사용했던 차트와 지도, 그리고 한국의 성채에서 노획한 깃발과 트로피들[23]의 사진을 제공해준 미국 해군의 와담스(Wadhams) 중령(Lieutnant), 그리고 신미양요 때의 정보를 제공해준 함대 군의관 메요(Mayo)와 다른 장교들에게 감사하고 있다. 그는 로저스 제독, 블레이크 준장, 로우 해군장관 등에게 이 사건을 다룰 수 있게 해준 것에 대해 감사하고 있다. 한국의 해안에 관한 차트는 일본 해군 수로국의 야나기 중령이 제공하였고, 그 밖의 미국인들로부터도 도움을 받았다.

　그리피스는 초판의 참고문헌란에서 자신이 이 책을 쓰면서 참고하거나 수집한 것들을 3가지 수준으로 분류하여 표시하였다. 즉 많은 부분을 참고한 것(*), 약간 참고한 것(**), 그리고 참고하지 않은 것(***)으로 분류하고, 자신이 쓴 간단한 글들을 별도로 정리하였다. 첫째 범주가 41종, 둘째 범주가 34종이었고, 셋째 범주는 17종으로, 총 92종이 목록에 포함되었다. 초판 발행 이전에 자신이 쓴 글은 7종이었다.

　그는 초판을 쓰면서 매우 잡다한 자료를 사용했고, 특히 일본측의 시각이 많이 들어간 자료들에 의존했으나 최소한 이들을 쓸 때 상당한 주의를 기울인 듯하다. 그는 여행자들의 목격을 그대로 받아들이지 않고, 검증하려고 시도하였으며, 베이컨의 말을 빌어 "여러가지 맛을 보고, 다른 것을 씹어 보면서 아주 적게 삼켜라"는 경구를 적고 있다. 고대사는 원저자를, 근대 생활에 대해서는 주의깊게 관찰된 보고서만을 사실로 확증했다고 썼다. 그는 중국, 한국, 일본이 동일한 문화의 체인 속에서 서로 연결되어 있다고 생각했다. 한국은 이집트와 그리이스 사이에 있는 키프러스처럼 지구상의 많은 문화연구에서 결락된 부분을 제공해 줄 것이라고 생각했다.

　그의 책의 형성과정에 관하여 그 자신이 언급한 것 이외에 정성화 교수가 기본적인 답을 체계적으로 한 바 있다.[24]

　제1부 고대-중세사는 22장으로 구성되어 와일리(Allexander Wylie)가 번역한 『동이전(東夷傳)』 제115권과 로스(John Ross)가 집필한 『한국(Corea)』에 의거해 고대 한반도와 중국과의 관계 및 한반도에서의 국가 기원을 설명하고 『일본서기』와 『고사기』에 의거해 백제 및 신라와 일본과의 관계를 설명하고 있다. 또한 1878년부터 1881년까지 세 차례에 걸쳐 애스턴이 왕립 일본아시아협회를 통해 발표한 논문을 발췌하여 임진왜란을 설명하고 『하멜 표류기』를

---

23) 이들은 당시 애나폴리스(Annapolis)에 있는 해군사관학교에 소장되어 있었다.

24) 정성화 교수는 은둔의 나라 제7판을 기본 자료로 하여 그 구성을 설명하였다.

축약해 조선중세사로 대체하고 있다. 제2부 정치와 사회는 16장으로 구성되어 주로 달레(Charles Dallet)의 『조선교회사』, 오페르트의 남양군묘 도굴미수사건, 제너럴 셔먼호 사건과 신미양요와 관련된 미국 외교문서, 요코하마, 상해, 런던, 파리 등지에서 발행된 재팬 헤럴드(*The Japan Herald*), 재팬 메일(*The Japan Mail*), 재팬 가젯트(*The Japan Gazette*), 노스차이나 헤럴드(*North China Herald*), 에든버러 리뷰(*Edinburgh Review*), 뜨루 드 몽드(*La Tour de Monde*) 등에 실린 한국관련 글들을 통해 설명하고 있다.

이외에도 그리피스는 16세기 말부터 19세기 말까지 서양에서 발행된 한국관련 자료들을 그의 책에서 수시로 언급하고 있다. 예수회 선교사 프로이스(Luis Frois), 영국의 해크루트와 동인도회사, 프랑스 예수회 선교사들과 뒤 알드, 바실 홀, 라 페루즈, 브로우턴, 귀츨라프, 벨처 등 탐험가들의 기록 및 19세기 말 서양의 대표적인 일본 연구자인 애스턴, 사토, 챔벌레인 등의 글에 실린 한국관련 자료들을 수시로 인용함으로써 '은자의 나라 한국'은 독창적인 학술서적이라기보다는 그리피스 자신이 서문에서 밝힌 바와 같이, 16세기 이후 1882년까지 러시아를 제외한 서양에서 한국과 관련해 발표된 거의 모든 자료들을 편집한 서적이었다(pp. 24-25).

전반적으로 정성화 교수는 이 책의 형성과정을 충분히 잘 설명하고 있다. 여기에서는 몇가지 사항을 덧붙이기로 하자.

고대사의 경우, 로스의 책과 당시의 일본에서 구할 수 있는 자료들을 결합시킨 것에 틀림없다. 로스는 영국 장로교회 선교사로 만주 봉천에서 1872년부터 포교를 하면서 한국어를 공부하였고, 1881년에는 한국어로 성서를 번역하여 한국에 보냈다. 1888년 새문안교회 창설 당시 언더우드 목사의 초청으로 한국을 방문한 적이 있다. 그는 1880년 『한국』을 썼고, 『한어문전』도 썼다. 실제로 로스의 책을 보면, 책 속표지에는 저자 존 로스의 이름 밑에 '만주에서 7년 거주'라는 설명이 붙어 있다. 이 책은 발행지가 런던(Houlston & Sons), 에딘버러, 상하이(Kelly & Walsh), 요코하마, 홍콩 등지로 되어 있다.[25] 이 책의 서문에 따르면, 그는 요동을 중심으로 한 지역의 역사에 관심이 있었으며, 이에 따라 이 지역에서 성립했던 한국의 고대 왕조와 여러 만주지역의 왕조에 많은 관심을 가지고 있었다. 이 책에서 그는 고조선(Chaosien, 조선), 고구려(Gaogowli), 신라(Sinlo) 등의 고대 국가와 함께 고려와 조선의 역사를 '한국(Corea)'에서 다루고 있다.[26] 그는 한국의 고대의 왕조들을 다루고 있을 뿐 아니라 연나라나 금, 요 등 만주의 여러 부족들이 세운 왕조들도 다룬다.

로스는 서장에서, 요동지역의 여러 부족과 왕조에 대해 쓰고, 한국의 고대 역사가 이 지역을 배경으로 전개되었음을 밝히고, 또 당시의 청나라의 기원이 이 지역에 있었다는 것을 의식하고 있었다. 그는 이 책을 쓰면서 주요 참고문헌을 사마광의 사서, 주희의 사서, '聖武記'(Shungwoo ji, History of the Holy Wars of the Manchus), 同華錄(Doong hwa loo, Annals of the Manchu dynasty), 요동사(the History of Liaotung), 고대 요동을 비춰 주는 여행서들을 들고 있다. 한국의 관습과 통치 등에 관해서는 부분적으로 구전(orally), 부분적으로는 한문(중국어)으로 쓰여진 한국 책들에 의존했다고 밝혔다. 그는 동아시아에 거주하고 있는 사람들이 지적이

---

25) John Ross, History of Corea- Ancient and Modern, Paisley: J. And R. Parlane, 1879. 이 책은 서장과 함께 제1장을 조선(Chaosien)으로 하고 있고, 2장 Hienbi, 3장 Yen Wang, 4장 Imperial Yen, 5장 고구려(Gaogowli), 6장 신라(Sinlo), 7장 거란(Kitan) 8장 여진(Nujun), 그리고 9장 한국(Corea), 10장 한국의 사회적 관습 (Corean Social Customs), 11장 종교, 12장 통치(Government), 13장 한국의 언어(Corean Laguage), 14장 지리 등으로 구성하고 있다.

26) 이 장의 제목 Corea는 고려로 번역할 수 있으나 고려뿐 아니라 조선의 역사를 함께 다루고 있으므로 이 장의 제목 'Corea'는 고려라기보다는 한국이라고 하는 것이 낫다.

고 문명화된 인종이라는 점을 설명하려고 했다. 한국의 종교에 관한 언급에서 그는 불교에 관한 논의와 함께 달레의 책, 한국의 교회(Church in Corea)을 언급하고 있다(p. 292). 그는 북경의 제수이트 교단이 가진 조선에 관한 정보를 이용하고 있다.

그리피스가 로스를 어떻게 인용하고 있는지는 좀더 분석해 볼 필요가 있지만 두 사람 모두 달레의 책에 빚지고 있고, 한국의 민족적 기원을 부여와 연결시키고 있다. 『은둔의 나라 한국』에 대한 비판적 시각은 여러 가지 원천이 있으나 로스와 관계되는 부분보다 고대사에서 일본의 신공황후나 임나일본부, 그리고 임진왜란에 관한 기술이 지나치게 많고 일본적 시각을 반영하고 있다는 점이다. 그는 앞에서 언급했듯이 일본에 관한 사토우의 연구에 많이 의존하였다. 그러나 그가 신공황후의 이야기를 쓰면서 일본의 기록을 완전히 신뢰한 것은 아니다.[27] "이 징쿠황후의 이야기가 어느 정도까지 진실인지는 정확히 말하기 어렵다. 그 연대는 믿을 만한 것이 못된다. 서력 기원 이전의 시대에도 신라가 일본보다 훨씬 더 우월했다는 것만은 틀림없어 보인다"고 썼다(번역본 p. 88). 그는 오히려 일본인들이 이렇게 구성된 고대사를 임진왜란이나 정한론에서 활용했다는 점을 더 강조하고 있다.

흥미로운 것은 그리피스가 1873년 1월 메이지 천황을 접견한 적이 있는데, 당시 천황이 앉아 있는 황금의 자의 다리는 앞다리를 들고 엉덩이로 앉아 있는 개의 문양이었으며, 이 개가 '조선의 개'라는 설명을 들었다는 것을 밝히고 있다는 점이다. 그는 이 개의 문양이 고구려의 문화전통 때문인지 신공황후의 신라 정벌과 관련이 있는지 알 수 없다고 썼다(p. 95). 그는 일본의 고대문화에 남아 있는 한국의 흔적들에 관심이 많았음을 보여준다.

그의 책에서 임진왜란사는 제12장부터 제20장까지 이어질 정도로 매우 자세하고 긴 분량을 차지하고 있는데, 규슈에 있던 포르투갈 선교사, 특히 프로이스(Louis Frois)의 기록을 많이 참조했다고 밝히고 있다. 프로이스는 오다 노부나가의 후원을 받았으며, 1586년 일본사를 저술한 사람인데, 직접 임진왜란을 준비하는 과정과 전쟁과정을 목격하였다고 한다. 또한 사토우(Ernest Satow)가 쓴 일본 역사나 문학사 연구를 많이 인용하였다. 사토우는 영국의 외교관으로 1862년 일본에서 주일공사관에 근무하였고, 1876년 영일사전, 1899년 일본문학사를 썼다.

제2부 조선의 정치와 사회는 달레의 기술에 크게 의존했다고 그리피스가 밝히고 있다(번역본 p. 334). 달레의 책은 지리적 개관, 역사, 왕실, 정부, 형벌, 과거와 학교, 한국어, 사회구조와 계급, 여성과 결혼, 가족, 종교, 한국인의 성격과 풍속, 놀이, 주거와 의복, 과학과 산업 등 총 15장으로 구성되었다.[28] 달레는 늘 숨어지내고 수색 대상이 되던 선교사들이 조선 실정을 충분히 파악하기란 쉽지 않았다고 고백하고 있지만(p. 15), 매우 풍부한 문화적 논의를 하고 있다. 이 제2부의 마지막 부분에서 그리피스는 한국의 인구를 추정하면서 달레는 1000만으로 추정했고, 1881년 동경의 호치신문(報知新聞)은 1622만 명이라고 보도했는데, 자신은 최소 1200만으로 본다고 썼다(p. 384).

제3부는 근대사를 다루며, 제39장 천주교의 전래부터 시작한다. 이 부분도 역시 달레의 서술에 많이 의존

---

27) 이 점은 김수태 교수도 자신의 초고 발표문에서 지적하였다.

28) 달레의 책은 1954년 "Traditional Korea"라는 이름으로 영역되어 출판되었다.

하고 있다. 그는 45장에서 오페르트의 굴총사건을 다루고 있는데, 오페르트의 행적에 대해 매우 냉소적이고 비판적이다. 오페르트의 행위는 야만적이며 비인도적인 행위라고 쓰고 있다. 그리피스는 오페르트의 책이 1880년에 출판되었음을 의식했고, 또 그 책을 읽었으며,[29] 오페르트가 사실을 다르게 썼다고 지적하였다. 그래서 그는 자신이 오페르트사건에 대해서는 오페르트가 쓴 책에 의존하기보다는 미국 외교문서에 주로 의존하여 1877년에 주로 썼다고 밝혔다(p. 512).

오페르트는 당시 미국인들이 가지고 있던 반러시아주의를 공유하고 있었는데,[30] 그리피스는 이를 별로 중시하지 않았다. 오페르트의 사건이 있고난 후 1880년대에 서양인들과 조선인들 사이에서 오페르트의 행위는 널리 알려져 있었고 비웃음거리가 되어 있었다. 예컨대 랜도어는 1890년 나가사키에서 조선으로 오는 일본 배에서 오페르트팀에 속했던 한 유럽인을 보았고, 그가 '도굴범'이라는 말을 들었다. 그 당시 부산에서 오페르트 일당에 대한 소문과 비난이 널리 확산되어 있었음을 알 수 있다.

그리피스의 신미양요에 대한 기술은 비록 미국측 정보에만 의존하고 있으나 매우 정밀하고 사료적 가치가 크다. 이 내용을 기술하는 데 필요한 정보의 획득과정은 책의 서문에 자세하게 밝혀져 있다. 초판은 3부 48장으로 구성되었고, 마지막 48장은 '조약의 해'이다.

2) 1882년이라는 맥락

그리피스의 책 초판은 1882년 말에 출판되었다. 그리피스는 제1장에서 "이 원고가 인쇄소로 넘어갈 무렵이면 슈펠트 제독에 의해 조약이 성공적으로 타결되었다는 소식을 들을 수 있을 것이다"라는 언급으로 보아(p. 47), 1877년부터 1880년까지 대부분의 내용을 써놓고 뒤에 1장을 마무리한 것으로 보인다. 그는 "이 금단의 나라가 메이지유신 이전의 일본과 닮은 점이 많다"고 썼다. 1882년은 조미수호조약의 체결에 따라 미국에서의 한국에 대한 관심이 형성되는 시기였다. 그는 이 시기를 잘 선택한 것으로 보인다.

그런데, 이 초판의 출판연도가 일본에서의 조선에 대한 관심의 동향과 무관한가? 1882년은 일본에서 조선 관계 책의 출판이 급증한 해였다.[31] 일본인들이 말하는 조선사변, 즉 임오군란이 발생하여 일본인들의 조선에

29) Ernest Oppert, A Forbidden Land: Voyages to the Corea, London: Sampson Low, Marston, Searle, and Rivington, 1880. 오페르트의 책은 표지에 한국의 지리, 역사, 생산물, 상업적 능력이라는 부제가 붙어 있고, 자신의 책이 브라질 황제 돔 페드로 2세의 후원을 받았다고 썼다. (이 책은 한우근 교수에 의해 '조선기행'으로 번역되어 1974년 일조각에서 출판되었다.)

30) 오페르트는, 1879년 10월에 쓴 서문에서, 이 책이 "대 아시아대륙의 가장 흥미로운 나라의 하나 조선에 대한 불완전하지만, 최선을 다한" 책이라는 점을 강조하고 있다. 그는 "아마도 머지않은 장래에 동아시아에 관심을 가진 열강들이 자신의 의지에 의해서건 또는 그에 반해서건 '한국문제'라고 부를 만한 것에 대해 숙고를 하게 될 것이다. 두만까지의 동쪽 해안은 이미 러시아가 점령했고, 매우 적은 군대만으로도 한반도를 점령하고 영원히 보유할 수 있다. 러시아가 마음만 먹으면 일본해에 이르는 아시아 동쪽 해안 전체를 지배할 수 있을 것이다"는 견해를 피력하고 있다. 이 책은 총 9장으로, 서장에서는 조선에 관한 정보의 부족과 정보 확보의 어려움으로부터 시작하여 조선에 대한 인종적 지리적 개관, 2장은 정체와 정부, 3장은 역사, 4장은 예절과 관습, 신분, 종교, 5장은 언어, 6장 생산물과 자원, 상업, 7장 한국에의 제1차 항해, 8장 2차 항해, 9장 3차 항해를 적고 있으며, 개항과 통상교섭 요구가 실패함으로써 아직 '금단의 땅'으로 남아 있다고 썼다. 이 책은 코카서스 인종과 몽골리안 인종의 차이를 보여주려는 인물삽화를 싣고 있으며, 제1차 항해에서 정박했던 마을의 풍경도 싣고 있다. 또한 오페르트는 하멜의 책을 알고 있었다(p. 188).

31) 櫻井義之, "明治時代の對韓意識について－出版活動を通じての一考察," 『明治と朝鮮』, 東京:櫻井義之先生還曆紀念會, 1964. p. 256 표 참조.

대한 관심이 급증하였기 때문이다. 일본에서 조선에 관한 출판물의 출판동향을 보면, 의외로 1894년 청일전쟁 기보다는 1882년 임오군란기가 더 중요한 계기가 되었다. 물론 1904년 러일전쟁은 두 번째 급증의 계기였다.

한편, 그리피스의 『은둔의 나라 한국』은 그의 전체 저작, 특히 그의 가장 중심되는 저작인 『황국(皇國, *The Mikado's Empire*)』와의 연관하에서 논의될 때 보다 심층적인 이해가 가능하다. 그리피스의 중심 저서이자 저작활동의 출발은 이 책이었다. 이 책의 제목은 책 표지에 영어와 함께 일본어 '황국(皇國)'이 병기되었다. 그리피스는 일본에서 미국으로 돌아간 후 곧바로 이 책의 저술에 착수하여 1876년 그러니까 강화도조약이 맺어진 해에 책을 출간하였다.

이 책은 1권이 일본의 역사(B. C. 660–A. D. 1872)를 다루고, 2권은 1870–1875년까지의 자신의 일본에서의 경험, 관찰, 연구를 다루고 있다. 1875년 5월에 쓴 초판 서문에는 이 책의 대부분을 일본적 토양 위에서 썼고, 사토우를 비롯한 많은 사람들에게 빚지고 있으며, 또 재팬 메일, 재팬 헤럴드, 재팬 가제트의 기사들을 많이 이용했다고 썼다.[32] 이어 뉴 브룬스빅과 일본(1870. 12. 29–1874. 7. 25)에서 만난 일본인들을 언급하고, '새로운 일본의 맥박과 심장'을 느낄 수 있어서 자랑스럽다고 썼다(p. 9). 또한 나머지 부분은 그가 이 책에서 사용한 삽화와 스케치의 출전을 밝히는 데 할애하고 있다. 한 가지 재미있는 것은 『은둔의 나라 한국』에서 많은 분량을 차지하고 있는 '토요토미의 조선 침략'이 한 개 장, 11페이지(pp. 236–246)로 그려지고 있다는 점이다. 그리피스의 본격적인 임진왜란 연구는 『황국』 초판 이후 이루어졌다는 추측을 가능하게 한다.

초판이 발행되고 나서 불과 4달여 만에 그의 책은 재판을 발행할 만큼 인기가 있었다. 그는 1877년 1월에 쓴 재판 서문에서 주로 일본 고대사의 역사적 사실성에 관한 논의를 하고 있는데, 이는 초판에 대한 일본 독자들의 반응이 주로 고대사의 사실들에 집중되어 있었기 때문이다. 이 책은 1876년 초판 발행 후, 1913년까지 12판 또는 13판을 발행할 정도로 널리 알려진 책이었고, 그리피스를 일본 전문가로 만든 책이었다.

그의 1877년 재판에 이어 1883년에는 '1883년의 일본'이라는 장을 더하여 새로운 판을 발행하였다. 1886년에 이어 1890년에는 1886년의 일본, 1890년의 일본이라는 장을 더하여 제6판을 발행하였다. 1894년 청일전쟁을 겪자 이듬해인 1895년, 이 전쟁의 내용을 추가하여 제8판을 발행했으며, 1898년까지의 변화를 추가하여 1900년에 제9판을 발행하였다. 1903년에는 제10판을, 1907년에는 러일전쟁 경험을 추가하여 제11판을 발행하였다.[33] 1913년에는 제13판을 발행하였고, 이것이 마지막 판이 되었다. 이렇게 본다면 이 책은 초판으로부터 시작하여 당대사를 계속 덧붙여가는 방식으로 개정판을 거듭한 것으로, 부가적(additive), 개방형(open ended) 저술이라고 할 수 있는데, 그의 이러한 저작 방식은 『은둔의 나라 한국』에도 그대로 적용되었다.

그의 『황국』이 왜 그렇게 오랫동안 발행될 수 있었는가에 관해 많은 주장들이 있을 수 있다. 확실히 그의 책은 일본의 독자를 많이 의식한 독자 영합적인 측면이 없지 않았다. 예컨대, 1903년에 발행된 『황국』의 제10판 서문에는 천황과 황국을 위해 '만세'를 부름으로써 일본 독자들에 어필하려고 하였다. 제10판의 경우 2권의 뒤

---

32) 아펜젤러는 재팬 메일(The Japan Mail)의 한국 특파원으로 7년간 일을 하였는데, 이를 통해 동아시아의 소식들이 영어권에 많이 전해졌다. 아펜젤러는 1892년 미국으로 안식년을 가는 길에 동경에서 재팬 메일의 사무소에서 프랭크 브링클리를 만났다(아펜젤러 전기 번역본 p. 195). 그리피스는 재팬 메일을 자주 보았으며, 1890년대부터 아펜젤러의 활동을 잘 알고 있었다. 그러나 점차 재팬 메일은 일본의 후원 아래 발행되는 반관적 잡지가 되었다(매켄지 p. 145).

33) 이 책에 관해서는 "The Mikado's Empire : Rutgers and the Opening of Japan", 2003.

에 증보한 장, 즉 1883, 1886, 1890, 1894년의 일본, 중국과의 전쟁, 20세기를 맞아 등 6개의 장을 더 붙이고 있다.

이런 맥락을 감안한다면, 『은둔의 나라 한국』은 『황국』의 재판과 3판 사이에 발행된 것이다. 『은둔의 나라 한국』은 1882년에 시작하여 1911년까지 발행한 것으로, 정확하게 전자의 발행기간 안에 들어오는 그러나 그에 버금갈 정도로 오래 그리고 여러 번 출판되었다. 『은둔의 나라 한국』은 『황국』과 함께 그리피스 저작의 두 축으로, 이 두 책을 축으로 삼아 약 30년간 일본과 한국에서 발생한 변화, 더 정확하게 말하면 자신의 시각으로 본 동아시아의 변화를 기술해 갔다. 그는 이 두 텍스트를 계속 보완해 가면서, 점차 지역과 주제를 넓혀 네덜란드와 중국, 그리고 역사뿐 아니라 민담, 동화(童話)와 언어에 대한 저술을 하였다.

3. 『은둔의 나라 한국』의 개정판: 부가적 완결의 구성

그리피스는 『은둔의 나라 한국』을 9판까지 발간하였으나, 초판에서 정리한 참고문헌 목록 이외에 개정판을 쓰면서 더 입수한 자료들을 새롭게 정리하지는 않았다. 따라서 1882년 이후 1911년까지 그가 새롭게 입수한 자료들은 『은둔의 나라 한국』의 추가된 장들을 통해 추적할 수밖에 없다.[34] 여기서 초점이 되는 것은 한국에 대한 이미지나 평가가 초판 이후의 증보판에서 어떻게 변화되는가이다.

이와 연관하여 1870-1880년대 한국관련 서적들에 관한 체계적인 서술의 하나로 류대영(2001)의 제3장 한국 만들기를 참조할 수 있다.[35] 류대영 교수에 따르면, 선교사들이 한국에 오기 전에 한국에 대해 가진 서양인들의 인상은 '첫 인상'에 좌우되면서 매우 부정적이었는데, 선교사들이 한국에 거주하면서 이런 부정적인 인상을 극복하고 한국을 변호하는 글을 쓰기 시작했다고 주장하였다. 당시 선교사들은 "조선을 경시하는 다수의 글들은 관찰이나 사색의 결과라기보다는 습관-모방-유행의 산물이었다"고 생각했다(Repository 1892. 5, pp. 177-178). 이러한 생각들이 그리피스의 책에 과연 어떻게 반영이 되었는가.

제2판 : 제2판은 보급판으로 발행한 것으로, 초판 이후 한국에 관해 새롭게 얻은 정보와 조미수호조약 체결 이후의 변화를 밝히려는 이유로 약간 길게 1885년 7월 6일에 작성되었다. 조미수호조약 체결 이후 미국과 유럽에서 해군, 외교관, 선교사, 상인 들이 한국을 방문하는 경우가 증가하였지만, 정치적 불안정 때문에 한국 실정에 관한 본격적인 연구는 아직 시작되지 않았다.

"슈펠트의 조약이 1883년 2월 26일 미국 상원에서 조인된 이래, 아더 대통령은 푸트를 대리공사로 보냈고, 인준되었다. 푸트는 5월 13일 제물포에 도착하여 서울로 들어와 정식으로 수교장을 교환했으며, 한국 왕은 보수와 진보를 대표하는 민영익과 홍영식을 지도자로 하는 11명의 사절단을 답례로 보냈다. 아더 대통령은 뉴욕 5번가 호텔에서 9월 17일 이들을 접견했는데 조선사절단은 모두 조선 예복을 입었다. 이들은 몇몇 도시

---

34) '은둔의 나라' 초판 이후 영어로 된 참고문헌은 1901년 알렌이 간단하게 작성한 것이 있다. 'A Chronological Index'라는 이름으로 이 인덱스는 알렌이 1901년 4월에 만든 것으로 총 300부를 찍었으며, 그중 247번이 시카고대 도서관에 소장되어 있다. 여기에는 한국의 외국관련 연표, 1875부터 1901년까지의 자세한 외교사항이 수록되어 있고, 제7부로 한국관련 책 목록을 그리피스의 책과 쿠랑의 한국 목록(Bibliographie Coreen)에 기초하여 정리해 놓고 있다.

35) 이 책에는 미국 선교사들이 쓴 한국관계 책(p. 181)과 그 이외의 영어로 쓰여진 단행본들(p. 167)이 목록화되어 있어서 유익하다.

를 방문하여 미국의 제도를 공부하였고, 샌프란시스코를 거쳐 돌아갔는데, 한 사람만 남아서 세일럼에서 학생이 되었다."[36] "민영익은 두 명의 비서와 함께 미국 기선 트렌튼호에 승선하여 유럽 시찰 후 1884년 6월 서울에 도착하였다."

그리피스는 조선사절단이 뉴욕을 떠나기 전인 11월 27일 세 명의 사절들과 유익한 하루 저녁을 보내면서 조선에 관한 토론을 하였다. 이들이 누군인지를 이 2판 서문에서는 밝히지는 않았으나 나중에 제7판에서 자세히 다루고 있다.

"1883년 11월 27일 저녁에 서울에서는 조선의 영국과 독일과의 수교를 축하하는 연회가 열렸고, 파크스와 자페가 미국보다 더 좋은 조건으로 수교를 하는 협상에 성공하였다. 1882년부터 리홍장의 추천으로 묄렌도르프가 조선 정부 고문으로 일하고 있으며, 이탈리아와 러시아가 조선과 외교관계를 맺는 협상을 하고 있다. 서구의 조선에 대한 영향의 증거로 1884년 2월 28일 나가사키와의 전기 해저케이블이 완성되면서 부산의 전보국이 개소하였다. 기독교 국가들로부터 문명의 수입이 순조롭게 진행되는 반면, 정치상황은 위험한 상황을 맞은 적이 있다. 보수파와 개화파의 군사적 대립이 심화되었다. 한 개화파 인사는 조선에 온 중국 군대의 실질적인 비밀 목적은 조선이 서구문명을 취하지 못하게 하는 것이라고 선언하였다. 갑신정변의 씨앗은 중국의 야만주의에 의해 뿌려지고, 중국인의 잔인한 행동으로 성숙했다고 말했다." 이런 언급은 갑신정변을 염두에 두고 쓴 것이다.

"이 와중에서 알렌이 부상자들을 치료하느라 무척 바빴다. 홍영식의 집은 병원이 되었고, '문명화된 덕의 집'이 되었다. 혼란의 와중에도 포크 공사와 버나두 중령은 공사관을 지켰다. 포크 공사는 1885년 6월, 내가 보내준 『은둔의 나라 한국』을 필드북으로 사용하고 있었는데, "12월의 소란의 와중에서 내 집이 군중들에게 약탈당했고, 내가 가진 모든 귀중품이 없어졌다. 궁중의 도서관도 동시에 약탈당했다. 그래서 당신이 폐하에게 보내준 책도 틀림없이 없어졌을 것이다"고 썼다. 이로 미루어 보면, 그리피스는 『은둔의 나라 한국』의 초판 한 권을 고종에게 보냈으며, 이 사실을 포크 공사가 알고 있었는데, 아마도 포크 공사나 알렌이 그 전달자였을 가능성이 크다.

조선 정부는 일본 정부에 이때 피신한 정변 가담자들을 소환하라고 요구했으나 바로 거절당했다. 이 도피자들 중 세 사람이 1885년 6월 11일 샌프란시스코에 도착했는데, 이들은 박영효, 서광범, 서재필이다.

그리피스는 한국의 선교사업의 진전 상황에 관심이 컸다. "한국에서는 선교사업이 급진전되어 10명의 선교사들이 막 사업을 시작하였다. 일본에 피신한 사람들의 상당수가 기독교의 영향 아래 있으며, 몇 사람은 참신자가 되었고, 리주태(Rijiutei)는 성경 번역자가 되었다. 미국에 온 세 명은 미국을 공부하고 있다." 그리피스의 한국인의 성격에 관한 논의도 흥미롭다. 그는 한국인의 성격을 둔감한(stolid) 중국인과 자주 변하는(changeable) 일본인 사이에 있다고 보았다. 한국인은 일본인보다 빨리 그리고 더 철저하게 기독교인이 되며, 중국을 복음화하는 데 큰 도움을 주고 있다는 것이다. 이런 견해는 자기 자신의 주관적 억측이 아니라 이 세 나라 사람들을 잘 알고 있는 사람들의 믿음에 기초한 것이라고 보았다. 그는 한국인의 자기정체성을 다음과 같이 인용하였다. "우리는 수천년간 은둔 상태에 있었기 때문에 동양에서 가장 약한 나라이다." "우리가 세

---

36) 유길준을 의미한다. 세일럼의 피바디박물관에 이들의 유품이 남아 있다.

계의 다른 나라들과의 관계라는 측면에서 우리나라의 나이를 세야 한다면, 그것은 미국과 맺은 조약이 이루어진 때부터 시작이다."

제3판: 3판의 서문은 1888년 6월 말에 쓰여졌다. 1판과 2판의 독자 반응이 좋으며, 3판은 오류 수정과 함께 서론과 주를 고쳤고, 보론적 장을 추가했다는 사실을 밝혔다. 이 보론장은 별도의 장 번호없이 '1888년의 한국'이라는 부제가 붙어 있다. 이 3판 서문에서는 포크 공사와 미국 해군 버나두 중령(Bernadou), 푸트 장군, 주이, 언더우드, 알렌, 애스턴, 로웰, 찰스, 루미스 등에게 감사하며, 한국인으로 서광범, 유길준, 변수와 그밖의 한국인 관리들에게 감사의 표시를 하였다. 아마도 이 세 사람의 한국인들은 그가 직접 만나서 한국의 사정에 관해 들었던 사람들로 보이지만, 1883년 11월에는 민영익, 서광범, 변수를 만난 것으로 기록하고 있으므로 유길준은 후에 만났거나 서신왕래가 있었던 것으로 추정되고, 서광범은 1885년 갑신정변으로 인한 피난시 다시 미국으로 왔으므로 이때 다시 만났을 수도 있다. 단 1885년에 미국으로 왔던 박영효와 서재필에 대해서는 특별한 언급이 없는 것으로 보아 이들을 만난 것 같지는 않다. 서문의 마지막 부분에서 그는 한국이 한때 은둔국이었으나 곧 문명화되고 사회적이며 기독교적인 나라가 될 것을 희망한다고 썼다. 4판(1894년 출판)은 새로운 서문 없이 출판하였다.[37] 5판은 불명확하다. 4판 또는 5판에서 3판의 보론이었던 '1888년의 한국'이 제49장으로 바뀐 듯하다.

제6판: 6판의 서문은 1897년 1월 27일에 쓴 것으로 나와 있는데, 6판의 본문에 1897년의 사건들이 언급되어 있는 것으로 보아 서문이 본문보다 먼저 쓰여진 것으로 보인다. 프린스턴대학교 소장 6판은 1897년, 하버드대학교 소장 6판은 1902년 출판된 것으로, '1897년의 한국'이라는 장을 덧붙여 수정증보했다고 써 있다. 이 6판에는 6판 서문과 함께 3판과 2판 그리고 초판의 서문이 실려 있다. 또 부록으로 한국의 언어, 도량형, 지도가 붙어 있다.

그는 6판 서문에서 '구한국'이 빨리 지나가고, 한때 '은둔국'이었던 한국은 이제 세계의 시장에서 꽤 적극적인 존재가 되었다고 평가했다. '1888년의 한국'(49장)과 '1897년의 한국'(50장)이라는 장에서 밝혔듯이 한국이 빨리 변화하고 2부의 한국의 정치와 사회에서 썼던 관습들이 이제는 낡은 내용이 되었다는 것을 솔직히 인정한다고 썼다. 특히 그런 변화는 선교사들이 오고 서양의 영향이 커지면서 생긴 것으로 많은 개선과 희망이 생겼다고 보았다. 그 변화가 상당히 빨라서 이 책 속에 포함되어 있는 풍속관련 그림은 동경의 오가와가 그린 것으로 현재의 모습이 아니라 과거의 모습이라고 해명할 정도였다.[38] 그는 시기의 변화를 매우 긍정적인 것으로 생각하고 있다.

6판 서문의 중요한 특징은 참고문헌에 관한 자세한 언급이 있다는 점이다. 그는 참고문헌 목록에 대해 언급하면서, 챔벌린의 『고사기 영역본』, 애스톤의 『일본서기』 영역본, 그리고 일본 아시아학회의 한국관련 글들, 그리고 프랑스, 독일, 영국의 단체들이 펴낸 한국관련 글들을 읽어 볼 것을 추천하고 있다. 한국의 당대

---

37) 4판과 6판(1902)은 하버드대 도서관에서 소장하고 있는데, 확인한 바에 따르면, 4판은 새로운 서문을 싣지 않고 있다.

38) 『은둔의 나라 한국』에는 몇 장의 삽화가 있는데, 이 삽화들 중에서 16세기 무사도, 조선의 두발형, 잔치상이나 남자의 복식을 그린 삽화는 명백히 한국보다는 중국의 모습을 연상하도록 그려져 있다. 이 때문에 은둔의 나라 한국에 대한 저평가 또는 폄훼의 원인이 되고 있다. 이 책의 역자인 신복룡 교수도 이 점을 지적하고 있다. 번역본 p. 344.

사에 관해서는 서울에서 출판되는 『코리안 리포지토리(*The Korean Repository*)』가 매우 훌륭한 가치를 지니고 있다고 썼다. 그리고 언더우드의 한국어 입문과 한영-영한사전, 제임스 스컷의 영한사전, 게일의 문법서와 한영사전, 쿠랑의 한국관련 참고문헌 목록, 월터 휴즈의 연구와 목록, 미국 국립박물관의 한국 컬렉션, 알렌의 한국 동화집, 스튜어트 컬린의 한국 놀이집, 그리고 헐버트가 출간 예정인 한국사 등을 소개하였다. 이를 통해 보면, 이 기간에 그리피스는 한국어 및 동화와 민속에 지속적인 관심을 기울이고 있었고, 헐버트와 교류를 하고 있었음이 드러난다.

그리피스의 한국관은 이 6판 서문을 썼던 1897년 전후가 가장 긍정적이었다고 생각된다.

제7판: 7판은 러일전쟁의 추이가 어느 정도 명확해진 1904년 9월, 한국의 경제적 조건, 중국과 일본의 국제관계, 청일전쟁과 대한제국, 그리고 러일간 갈등이라는 4개 장을 덧붙인 것으로, 초판 발행 이래 가장 대폭적으로 증보한 것이다. 이 제7판은 제6판이 발행된 후 2-7년 이상 경과한 시점에서 발행되었으며, (하버드대학교 소장 6판은 발행일이 1902년이다. 우리는 이로부터 '6판'이 두 번 이상 인쇄되었음을 알 수 있다.) 또한 제2판과 제3판 그리고 제6판의 서문에서 언급한 내용들이 본문으로 정리되었다. 특히 1902년 발행된 6판의 마지막 2개 장의 제목이 사라졌다. 그는 새로 증보한 4개의 장이 다루는 시기에 세계의 정치적 중심이 대서양과 지중해에서 한국을 둘러싼 바다로 옮겨 왔다고 썼다. 일본은 서구와 교섭한 지 50년 만에 세계적 강국으로 올라섰고, 한국의 독립을 위해 두 차례나 자신보다 더 큰 강국과 전쟁을 했으며, 이 기간에 미국은 아시아 정치에 관심을 가진 강국의 하나가 되었다고 썼다.

그는 제7판의 서문에서 자신을 회원으로 받아 준 왕립아시아협회의 한국지부(Korean Branch of the Royal Asiatic Society)에 감사한다고 함으로써, 자신이 이 협회에 가입했음을 알리고 있을 뿐 아니라 이 협회에서 수집 정리했던 자료들에 빚지고 있음을 표현했다. 그는 이 서문에서 자신에게 자료를 제공하거나 이용하도록 해준 전 미국공사 알렌, 코리아 리뷰 편집자 헐버트, 그리고 '일본의 초기 제도화(The Early Institutional Life of Japan)의 저자인 다트머스대학교의 아사카와 교수에게 감사의 표시를 함으로써 새롭게 추가된 장의 내용을 이들에게 빚지고 있음을 밝혔다.

새로 추가된 첫 번째 장은 경제적 조건으로, 조선의 사회계층을 4개의 층으로 보고 있으며, 소수의 지주가 지배하는 극심한 불평등을 지적하였다. 그러나 여러 악조건에도 불구하고 곡물생산의 증가, 철도부설, 국가기구의 개혁, 해외무역 등을 긍정적으로 기술하고 있다.

새로 추가된 두 번째 장은 내정으로 갑신정변과 갑오개혁을 다루고 있고, 세 번째 장은 청일전쟁에 관한 것이다. 이 두 번째 장인 제50장에서 미국과의 수교와 최초로 미국에 간 사절단을 다루고 있는데, 여기에서 그리피스가 조선사절단을 만난 이야기를 자세히 하고 있다.

조미수호조약 비준차 미국에 간 사절들은 1883년 7월 16일 한국을 출발하여 9월 2일에 샌프란시스코에 도착하였고, 대륙횡단 철도로 워싱턴까지 갔다. 이 사절단은 민영익, 홍영식, 서광범, 최도민, 유길준, 변수, 현광택, 주경석, 고영철, 로웰, 우리탕(Woo Ri Tang) 등을 포함한 11명으로 구성되었다.[39] 당시 미국의 아더 대

---

39) 이만열 편역, 아펜젤러 전기, 주 5, pp. 198-199.

통령은 뉴욕에 머물고 있었으므로, 미국에 간 조선사절단은 뉴욕의 5번가 호텔(Fifth Avenue Hotel)에서 대통령을 만났고, 이후 이들은 동부의 여러 도시에서 3개월을 머문 뒤 홍영식 일행은 샌프란시스코를 거쳐 귀국했고, 민영익은 트렌튼호를 타고 미국공사관 무관 포크 소위와 버나든 중위와 함께 유럽을 거쳐 수에즈 운하를 통해 한국에 귀국하였다.

흥미로운 것은 그리피스가 11월 27일 뉴욕의 빅토리아 호텔에서 민영익, 서광범, 변수 등 3명의 조선인들을 만나 저녁을 보냈다는 사실이다.[40] 그가 쓴 바에 따르면, 서광범과 변수는 일본어를 할 줄 알았다고 쓰고 있고, 또 『아펜젤러 전기』에서는 포크 중위가 도움을 주었다고 쓴 것으로 보아 일본어로 이야기를 한 것으로 보인다. 당시 조선사절단과 나눈 이야기의 일부는 조선의 기독교와 하멜에 관한 것으로, 당시 그리피스는 『하멜 표류기』를 구하여 이를 편집 주석하는 일을 하고 있었는데, 이에 관해 조선사절단들은 모르고 있었다고 썼다(번역본 p. 583). 당시 민영익은 그리피스에게 인삼을 선물하였다. 이 『하멜 표류기』는 『은둔의 나라 한국』의 초판에서 언급되어 있지만, 이 1883년의 작업의 결과가 1885년 발행된 『한국 밖과 안(Corea, Without and Within)』에 수록되었다.

또한 당시 이 사절단의 비서로 활동한 로웰은 홍영식과 함께 조선으로 돌아가 왕의 빈객으로 한해 겨울을 지냈고, 이 결과를 바탕으로, 『조선, 조용한 아침의 나라(Chosen, The Land of Morning Calm)』을 썼는데, 그리피스는 이 책이 훌륭한 책이라고 말하면서, 이 책이 애스턴의 『조선 지명고(Manual of Corean Geographical and Other Proper Name Romanized)』(Yokohama, 1883)에 의거하여 조선의 지명들을 적절하게 번역 표기했다고 밝혔다(p. 583의 주 6).

그리피스는 『아펜젤러 전기』에서는 아펜젤러의 행적과 관련하여 시카고 박람회에 대해 쓰고 있으나 『은둔의 나라 한국』에서는 시카고 박람회에 대한 언급을 하지 않았다. 그리피스의 아카이브에는 당시 시카고 박람회의 조선사절단과 조선 전시관을 그린 삽화를 담은 신문기사를 스크랩한 것이 남아 있다. 그리피스가 쓴 『아펜젤러 전기』를 보면, 1892년 7월 말부터 1893년 6월까지 미국에서 안식년을 보내던 아펜젤러는 조선으로 돌아가는 길에 1893년의 시카고 박람회를 볼 계획이었고 실제로 본 듯하다.[41] 이때 시카고 박람회를 위해 알렌은 1893년 2월 23일 조선을 떠났고, 서울의 궁궐에서 두 명의 사절과 10명의 악사들이 3월 13일, 미국으로 출발했는데, 알렌은 처음에 이 악사들의 미국 파견을 반대하였으나 그냥 악사들이 파견되었다. 아더 대통령을 위한 한 번의 연주가 끝난 후, 한국이나 미국 모두 이들의 경비를 대지를 않아서 이들은 곧 조선으로 돌아왔다고 한다. 아펜젤러는 시카고 박람회에서 "그가 가르치던 학생들 중 하나가 그 전시의 책임을 맡고 있다는 것을 알고 기뻐하였다."(p. 199). 여기에서 그 학생이 누구인지 밝혀져 있지 않으나 아펜젤러가 배재학당 책임을 맡고 있었으므로, 그 학생도 이 학교 출신으로 보인다. 시카고 박람회에 참가한 한국의 책임자는 정경원

---

40) 이와는 달리, 그리피스는 『아펜젤러 전기』에서 이 사절단을 1883년 11월 25일 뉴욕의 빅토리아 호텔에서 만나서 하루 저녁을 같이 보냈다고 썼다. 이들과의 대화는 일본어로 하였는데, 거기에는 미국 해군의 포크(Foulke) 중위의 도움이 컸다고 한다(p. 44). 이 견미 사절단은 볼티모어에서 가우처(Goucher) 박사를 만나서 조선에 관한 이야기를 나누었고, 그는 뉴욕의 감리교 해외선교부에 2,000달러를 조선선교기금으로 기탁하였다(pp. 44-45).

41) 아펜젤러는 이 안식 직전에 스탠포드대학교 박물관을 위해 500달러 상당의 조선 물건들을 구입하여 가져갔다. 당시 워싱턴 스미드소니언에는 월터 휴가 조선 물건들을 수집해 놓고 있었고, 언더우드도 이 사업에 협력하였다.

이었다.

제51장 청일전쟁에 관한 서술에서 그리피스는 일본군이 매우 근대적인 훈련을 받았고, 국제법을 준수하면서 전쟁을 치루었으며, 이 전쟁에 기초하여 조선의 독립이 보장되고 나아가 대한제국을 선포할 수 있었다고 썼다.

7판에서 추가된 마지막 장은 제52장인 러일전쟁이다. 이 장에서는 고종의 아관파천부터 러시아의 이권확보, 대한제국의 선포, 러일전쟁에 이르는 경로를 그리고 있고, 선교사들의 조선에서의 활동을 긍정적으로 언급하고 있다. 선교사들의 활동에 대해 그는 "이 나라에서 활동하고 있는 도덕적 개혁적 추진세력 중 주도권을 잡고 있는 집단이 기독교 선교사들로 이들이 조선어를 배운 후 조선의 문학과 역사의 보고를 열었으며" 이들이 코리아 리뷰를 발행하고 왕립아시아학회 한구지부를 설립하여 활발한 활동을 하고 있다고 썼다(pp. 618-619). 그리피스의 이 시기 한국에 관한 주요 정보원은 1890년대에 관해서는 코리아 리포지터리, 1900년대 초반에 관해서는 이 코리야 리뷰로 보인다.

그리피스가 이 4개 장을 추가로 썼던 1904년 9월은 아직 러일전쟁이 마무리되지 않았지만, 전쟁의 추는 이미 일본으로 기울어진 상황이었는데, 그는 이 책에서 이미 전쟁의 결과로 조선의 보호국화 가능성을 예측하고 있고, 또 러일전쟁의 목적을 중국의 국가적 존엄성과 일본의 안전을 지키기 위한 것으로 해석하고 있다.

제8판: 『은둔의 나라 한국』의 제8판은 제53장으로 을사조약에 관한 장을 추가하고 있는데, 이 장은 러일전쟁과 을사보호조약, 통감부 설치를 다루고 있다. 이 8판의 서문은 한국이 러일전쟁 후 일본의 보호국으로 전락한 것을 본 후인 1906년 12월에 쓰여졌고, 1907년 초에 발간되었다. 8판의 서문은 7판의 서문을 보충하는 형식으로, 그는 자신의 책이 한국에 가는 선교사나 신입자들에게 읽히는 첫 번째 책이 되었다고 썼다.

이 8판에서 그는 한국이 대외관계에서 자신의 주권을 잃게 된 이유를 밝히고자 하였다. 문제는 교육보다는 음모를 일삼고 국가적 복지보다는 계급적 이익을 앞세우는 지배계급과 그들의 양반주의에 있다고 보았다. 그런데 이 장은 그의 책 전체를 통하여 가장 친일적인 태도를 보여주고 있다.[42] 이것은 그의 반러시아주의와 밀접한 관련이 있다고 생각된다. 그는 아관파천과 러일전쟁을 다루면서 러시아의 정책을 매우 강력하게 비판하고 있다. 제7판과 제8판 사이의 1905-06년의 기간에 그리피스는 좀더 반러시아적이고 친일적인 입장으로 기울었다. 그렇지만, 제8판에서 추가된, 을사조약을 다루는 제53장은 역설적으로 그와 입장이 매우 달랐던 헐버트의 『대한제국멸망사(The Passing of Korea)』의 마지막 결론을 인용하면서 끝난다. 헐버트의 책은 1906년에 출판되었으므로, 그의 책이 출판되자마자 그리피스가 이를 읽고 인용했다는 의미가 된다. 그러나 헐버트의 책은 그에게 혼란을 가져다주었음이 틀림없다. 여기에는 그리피스의 관점과는 다른 사실들이 많이 포함되어 있었다.[43]

---

42) 그의 친일적인 저술활동 덕택에 그는 1907년 일본 정부로부터 훈5등 쌍광 욱일장을 받았다.

43) 헐버트의 책이 1906년에 출판되었는데, 여기에 이미 철도를 파괴한 죄로 한국인을 학살하는 장면을 담은 사진이 실려 있다. 헐버트는 "대만에서 오랫동안 살아온 미국인들은 조선에서 일본이 사용한 방법은 명백히 청일전쟁 이후에 대만에서 사용한 방법과 똑같다는 것을 분명하게 지적했다"고 강조하고 있다(헐버트 번역본 p. 253). 헐버트는 조선에 이주한 일본 군대는 중상류층 출신이어서 조선인을 하층으로 대하는 것이 익숙했고, 후에 들어온 하층은 매우 거친 행동을 하면서 비행을 저질렀다고 썼다(p. 253). 그는 일본이 "인권과 정의의 가장 기본적인 요소마저도 시간이 갈수록 일본인의 발 아래 짓밟혔다. 그들은 조선인들의 생활조건을 개선할 수 있

350

헐버트는 이 책에서 제34장 한국의 근대화에 이어 마지막 제35장에서 한국의 장래에 대해 쓰고 있다. 그는 일본에 의한 한국의 보호국화에 대해 일본인들은 한국이 아직도 독립국이라고 말하고 있지만, "이런 표현은 세상을 속이려는 것이며, 상상할 수 없는 커다란 국제적 변혁이 나타나지 않는 한, 한국은 결코 독립국가로 재기할 수 없는" 실정이라고 썼다(p. 532). 그에 따르면, 마지막 남은 과제로 "한국은 자기 민족이 자신을 정복한 민족과 대등하게 될 때까지 자기 민족에 대한 교육에 전념"해야 하지만, "일본인은 군사력이나 야수적인 폭력이 아니면 그것이 능력이라고 존경하려들지 않는 민족이기 때문에 한국 민족의 그 같은 능력은 아무런 소용이 없을지 모른다"고 썼다(p. 532). 헐버트는 최종적으로 미국의 개입, 즉 1882년의 조약에서 약속한 '한국의 안전과 이익을 존중하겠다'는 약속을 지켜야 한다고 말했다(p. 534). 이런 헐버트의 주장을 그리피스는 명백히 읽었다. 그렇지만, 그리피스는 헐버트의 명백한 주장을 인용한 것이 아니라 조금은 모호한 "폭력의 부도덕성에 대한 이론은 단지 학술적인 것일 뿐 현실을 바꾸는데 도움이 되지 못한다"는 부분을 인용하고 있다.

제8판이 매우 친일적인 논조로 흐르고 있지만, 일본은 조선을 보호국화하면서 다른 보호국을 가진 열강들처럼 세계 앞에 도덕적 시험대에 서게 되었다고 말했다. 그는 왕립아시아학회 한국지부와 알렌, 헐버트에게 감사의 표시를 하고, 제7판 서문에 썼던 아사카와 교수 대신 재팬 메일의 편집자에게 감사를 표했다.

제9판: 9판의 서문은 1911년 6월에 쓰여졌다. 이에 따르면 한일합방은 매화의 땅과 벚꽃의 섬이 합한 것으로 묘사되었다. 제9판에서 그리피스는 '조선: 일본의 한 지방'이라는 장을 추가하여,[44] 1907년부터 1911년 사이에 일어난 일을 요약하고 한국의 주권 상실의 원인을 분석하였다. 그는 한국의 주권이 사필귀정(the logic of events)으로 상실되었지만, 1200만 명의 백성들의 희망이 새로운 체제하에서 점차 실현되어 갈 것을 의심치 않는다고 썼다. 그는 이제 동경의 정부가 식민지정책에서 민족적 양심을 가지고 정책을 수행할 것인지 심각한 비판의 대상이 될 것으로 전망했다. 그는 자신의 책의 내용은 여전히 가치가 있지만, 책의 제목은 시대에 맞지 않게 되었음을 자인하였다.

그는 마지막 추가된 장에서 몇가지 흥미로운 점을 제시하고 있다. 그중 하나는 조선 멸망의 원인이다. 그는 조선사회를 지배계급(양반)과 평민을 구분하고, 약 20만에 이르는 양반층이 중화주의와 유교적 숭문주의에 빠져 정치적 사회적 통합에 실패했기 때문에 주권상실에 이르렀다고 보았다. 이런 관점은 이미 8판에서 드러나고 있는데, 9판에서 더 명확하게 드러내고 있다. 그는 평민들의 대중문화는 불교에 기반하여 풍부한 자원을 가지고 있는데, 이들의 부와 문화적 가능성을 관료집단이 압살했다고 생각했다. 사회적으로는 미신과 조혼의 폐해를 지적하였다.

그는 한말 의병과 이들에 대한 일본군의 철저한 진압에 대해 주목하였다. 이 과정에서 보여지는 한인과 일

는 개혁을 완수하기 위해 노력하지 않았다"고 썼다(p. 256). 헐버트는 "일본인들은 러일전쟁 초기에 조선의 독립을 침해하지 않겠노라고 엄숙히 선언했다는 사실을 잊어서는 안 된다. 그러나 지금에 와서 그 약속이란 그 후에 있을 행동의 예비단계에 불과하다는 것이 분명하게 되었다"고 썼다(p. 260).

44) 이태진 교수는 '지방(province)'을 '섭리(providence)'로 잘못 이해하였다.

본군의 희생의 엄청난 차이를 강조하고 있다.[45] 그는 제8판에서 추가된 마지막 장, 즉 제53장 을사조약에서 매우 친일적인 논조를 전개했는데, 이 9판의 제54장에서는 약간 톤이 달라졌음을 느낄 수 있다. 이는 한일합방 과정에서 보인 한국인의 엄청난 희생과 일본군에 의한 진압 방식 때문인 것으로 보인다. 그는 한국의 의병 활동에 대한 일본군의 야만적 탄압을 직접 취재하여 책을 썼던 영국의 데일리 뉴스 특파원 맥켄지의 책 『대한제국의 비극』을 읽었으며,[46] 이를 주로 달았다(p. 516의 주 1). 그리피스는 1882년 조미수호조약에서 규정한 한 나라가 위기에 처했을 때 개입하여 도움을 주어야 한다는 조항이 있었음을 상기시키면서, 한일합방 과정에서의 미국의 불개입에 관해서도 지적하였는데, 이 지적은 헐버트가 쓴 책의 영향으로 보인다.

그렇지만, 일본의 교육, 의료, 사법, 재정정책, 토지정책 등에 대해서는 긍정적인 평가를 하고 있다. 그의 친일적 입장은 래드가 쓴 이토에 관한 책에 의해 지탱된 듯하다.[47] 즉 그는 맥켄지와 래드를 양쪽의 균형추로 사용하고 있는 셈이다. 더구나 그는 이토와 직접 편지를 주고받기도 했다. 그러나 무엇보다도 그가 일본의 식민정책을 긍정적으로 바라보고 있는 것은 선교사들의 선교사업의 성과가 한국에서 두드러지고 있다는 것, 그리고 통감부나 조선총독부가 선교사들의 사업을 보호하고 있다는 점에 기인한다. 그는 이들에 의해 육성되는 조선의 신세대들에게 희망을 걸었고, 이들이 새로운 인간성을 갖게 될 것으로 생각했다. 그는 이미 이 시기에 일본과 조선에서의 선교사업의 성과의 차이를 깨닫고 있어서, 조선이 일본에 대하여 장차 팔레스타인이 그리스나 로마에 대하여 한 역할, 즉 정치적 주권은 상실했으나 결국 종교적 구원의 힘으로 전 유럽을 깨우친 상황이 재연될 수 있다는 것, 즉 조선이 일본의 정신적 소생자(regenerator)로서의 역할을 할 수 있을 것이라고 생각하였다. 그의 30년간에 걸친 은둔의 나라 프로젝트는 이런 '정치적 주권상실'과 '기독교 조선'에 대한 희망과 함께 종료되었다.

〈표〉 '은둔의 나라' 판본의 서문 비교

판본	서문 작성일	신판의 계기	추가된 장과 내용
1	1882. 10	일본 체류에서 얻은 조선에 관한 지식들의 출판, 조미수호조약 체결	당시 일본에서 얻을 수 있는 조선에 대한 지식들이 반영됨. 총 3부 48장

45) 그는 통감부 보고서를 인용하여, 1907년 7월부터 1908년 말까지 일본군 179명 사망, 일본 민간인 83명 사망에 비하여 한인 14,566명이 살해된 것을 주목했으며, 1909년 일본인 희생자 38명에 비해 조선인 사망자 3001명인 사실에 주목하였고, 더 나아가 일본의 공식 통계의 신빙성에 의문을 보냈다. pp. 516-517.

46) 맥켄지는 1904년 런던 '데일리 메일'의 극동특파원으로서 러일전쟁 종군기자로 활동하면서 한국에 관한 기사를 쓰기 시작하였고, 1906년 여름에 한국을 다시 방문하여 1907년 말까지 체류하면서, 한국의 실정, 특히 의병 활동의 현장에서 일들의 활동을 취재하여 1908년 『The Tragedy of Korea』라는 훌륭한 책을 썼다. 이 책에 실린 27장의 사진은 그가 취재과정에서 직접 찍은 것으로 매우 사료적 가치가 높다.

47) George T. Ladd, *In Korea with Marquis Ito*, NY: Scribner, 1908.

2	1885. 7	보급판, 미국사절단 만남	추가된 장 없이 서문에서 조미수호조규 이래의 변화 기술
3	1888. 6		오류수정, 서광범, 유길준, 변수 언급. 조선이 문명화-사회화-기독교화되기를 희망, 보론
4	1894		
5	모호함		(49장 1888년의 조선)
6	1897. 1 발행: 1897/1902	선교활동의 증가	더 이상 은둔국이 아님, 조선에 관한 정보원 소개 (50장 1897년의 조선)
7	1904. 9	러일전쟁	4장 추가; 49, 50장 수정 경제적 조건, 국내정치, 청일전쟁과 대한제국, 러일 갈등
8	1906. 12	통감부 설치	제53장 추가; 일본의 보호국 조선
9	1911. 6	한일합방	제54장 추가; 총 3부 54장 조선:일본의 한 지방

　　1판부터 9판까지의 텍스트를 관통하는 시각과 내용을 어떻게 요약할 수 있을까. 그리피스는 일본과 조선에 관한 서양인이 쓴 자료들에 의존을 많이 하고 있으며, 특히 고대사에서 한국사를 일본적 시각에서 투사하는 방식이 많이 배어 있다. 특히 '임진왜란'을 언급한 내용은 『징비록』을 언급한 것을 제외하면, 일본 진영에서 참가한 서양인이 기술한 자료들의 영향이 크다. 1882년 초판 발행시 사진을 거의 사용하지 못했고, 일본인이 그린 상상적 삽화가 많이 사용되어 신뢰성을 떨어뜨린다. 그러나 그는 이 책을 쓰거나 증보할 때, 객관적인 자료 비판을 하기 위하여 노력하고 있으며, 한국에 온 적이 없지만, 그럼에도 불구하고 한국에서 일어나고 있는 변화를 민감하게 포착하기 위한 노력을 하였다. 주한 미국 외교사절과 선교사들이 그의 주된 정보 공급원이었다. 그는 이들과의 네트웍 형성에 많은 노력을 기울였다.

　　그의 책은 1판부터 9판까지 무엇보다도 기독교의 확산을 희망하는 미국인의 입장이 관철되고 있다는 것은 너무 당연하고 새삼스러운 말이다. 그리피스의 세계관에는 문명과 야만, 은둔과 개방이라는 두 가지 차원이 교차하고 있다. 양자는 서로 연관되어 있지만, 구별되어야 하는 것이다. 그의 저작에는 친일적 시각과 미션적 시각이 혼재하는데, 후자가 더 우세하다. 또한 자신이 일본의 근대화와 서구화의 중요한 담당자였다는 점 때문에 일본에 대한 애정이 컸다. 다만, 일본이 한국에 대하여 문화적으로 빚지고 있다거나 고대사에서 일본의 주장을 그대로 받아들일 수는 없다는 유보적 입장을 견지하고, 또 한일합방 과정에서 보이는 일본의 억압적 행위들은 기독교 휴머니즘의 입장에서 비판하는 태도를 종종 보여준다. 그러나 당시 미국인들이 공유했던 확고한 반러시아주의적 태도 때문에 아관파천이나 러일전쟁, 또는 통감부 설치에 대한 입장이 매우 친일적으로 흐르고 있다는 점을 지적할 필요가 있다.

그는 조선의 지배계급 즉 양반을 매우 비판하는 반면, 일반 백성들에 대해서는 어느 정도 애정을 가지고 바라보는데, 이와 달리 일본의 사무라이층에 대해서는 매우 긍정적으로 평가한다. 그는 주한 일본인 중에 저질층이 존재한다는 것을 인정하고 있다. 한국과 일본 모두를 바라보는 관점은 지배층과 피지배층을 구분하는 이분법적 시각에 입각하고 있으나, 한국의 지배층은 불신하고, 일본의 지배층은 신뢰한다는 차이가 있다. 이는 조선의 양반층이 과거의 행적뿐 아니라 현재의 역할, 즉 일본의 사무라이층과는 달리 국가를 위해 자신의 집단에 부여된 특권을 버리지 않았다는 것, 즉 직접 일을 하려고 하지 않았다는 점에 주목하고 있다.

1판부터 9판까지의 판본들, 특히 서문들을 분석해 보면, 제6판을 쓴 1897년 전후가 상대적으로 가장 긍정적인 한국관을, 제8판을 쓴 1906년 말이 가장 부정적인 한국관을 표출하고 있던 시점이었다. 이런 관점이 차이나 변화를 어떻게 설명할 수 있는가? 그는 초판으로부터 9판까지 관점의 수정하여 기존의 내용을 다시 쓰기보다는 기존의 시각과 내용은 그대로 둔 채 주요 사건이 발생할 때마다 해당 내용을 덧붙여 가는 방식을 취하고 있다. 주요 정보를 한국관련 보도나 저작, 또는 개인적 교신을 통해 획득하였고, 이에 따라 한국관련 주요 저작이 그리피스의 텍스트에 반영되었다. 사실 이런 방식은 그리피스가 『황국』을 개정 증보하는 방식에서도 그대로 나타나고 있다. 결국 그는 일본과 조선에 관한 관심을 두 권의 책으로 표현하면서 약 30여 년간 두 개의 바퀴를 굴려 저작 생활을 해가고 있던 셈이다. 그렇지만 그 차이는 미미한 것이었다. 좀더 분석이 필요하지만 일본과 한국에 관련된 각 사건에 대한 평가들이 두 책에 동시에 반영되어야 했기 때문에 일본에 치우쳐있는 한번 만들어진 그 자신의 균형감각을 쉽게 허물어뜨리지 않으려고 한 것으로 생각된다.

이런 점에서 『은둔의 나라 한국』은 개방적 폐쇄체계, 즉 사건의 전개와 함께 계속 증보하지만, 나라의 멸망과 함께 더 이상 쓰지 않은 체계로 이루어진 셈이다. 즉 9판을 끝으로 종료하는데, 여기에는 한일합방을 통해 조선은 일본의 일부가 됨으로써 더 이상 조선의 역사를 독자적으로 쓸 필요가 없게 되었다는 인식이 깔려 있었다. 즉 그는 은둔의 나라 한국을 '일국사'로서 구상하고 30년간 끌고 온 셈이다.

그리피스는 1885년부터 명확하게 한국은 은둔으로부터 벗어났다고 표현하면서도, 책의 제목은 그대로 유지하면서 중판을 계속하였다. 이것은 상업주의의 발로인가, 아니면 이 외에 다른 요소가 있는가를 질문하게 한다. 그에게는 전문 저작가로서의 상업주의적 요소가 있었음에 틀림없지만, 동시에 이것은 저자의 의지와는 별도로 텍스트의 자기생존력을 보여주는 것이다.

『은둔의 나라 한국』은 초판이 발행된 후 약 13년이 지난 1895년 (메이지 28년) 일본어로 초역되었다. 이 책의 제목은 '조선 개화의 기원(朝鮮開化の起源)'이었다. 사쿠라이는 서양인의 조선연구서 중 그리피스의 책을 가장 유명한 것의 하나로 평가하고 있는데, 그것은 동경 수교사(水交社)에서 『은둔의 나라 한국』의 일부를 초역하여 발행한 것이다. 이 역서의 서문에는 이 책은 『은둔의 나라 한국』의 제1판의 제3부 '조선 근세 및 현대사'의 10편 중 8편을 뽑아 번역한 것으로, 제1편 야소교의 맹아, 제2편 처형 및 순교, 제3편 불국 선교사의 입한, 제4편 쇄국벽의 타파, 제5편 불국 정한출사, 제6편 조선과 미국과의 관계, 제7편 조선왕릉 발굴사건, 제8편 미국 정한 출사로 하였다. 빠진 것은 대일 문호개방과 강화도조약에 관한 것이었는데, 번역시 각 장의 제목을 일본적 시각으로 썼다. 그리피스의 책은 일본어로 뿐 아니라 러시아어로도 발췌 번역되었는데(박대헌, pp. 208-225),[48] 구체적인 내용은 추후 확인할 필요가 있다.

4. 『은둔의 나라 한국』 이후

그리피스의 저작생활에서 『은둔의 나라 한국』이 차지하는 위치, 그리고 『은둔의 나라 한국』 이후의 그의 저작 및 활동에 관하여 약간의 논의가 필요하다.

우선 그리피스는 일본과 미국에서 관련저작들을 최대한 수집하여 자신의 나름대로의 기준을 가지고 객관성을 유지하면서 이들을 활용하려고 하였다. 둘째는 초판 발행 이후 조미수호조약 이후 한국에서 미국으로 파견된 사신들을 만났고, 또 신미양요에 참여했던 미국측 당사자들을 만나 사건의 전말을 기록하였다. 1885년 그리피스는 『하멜표류기』의 영역본과 함께 조미통상수호조약의 과정을 설명한 『한국 밖과 안(*Corea Without and Within*)』 (Philadelphia: Presbyterian Board of Publication)을 발간하였다. 『한국 밖과 안』은 초판본 1,800부를 발행했는데, 그는 이 책의 서문에서 한국은 이미 미국과 유럽에 문호를 개방했기 때문에 더 이상 은둔의 나라가 아니며, "한때 은둔의 나라이던 한국이 개화되고 기독교 국가로 변화하기를 희망한다"고 하면서 한국의 어린이들에게 이 책을 헌정했다.

이후 그리피스는 아펜젤러, 언더우드, 헐버트, 알렌 등 한국에서 활동했던 미국인 선교사 및 외교관들과 활발한 의사소통을 하면서 한국에 관한 정보를 수집하였고, 또한 박영효, 서광범, 서재필 등 갑신정변 피난자들의 동정에 민감하였다. 또한 한국으로의 여행객들의 견문에도 주목을 하였다. 로웰이나 이후의 여행자들의 책을 그는 꼼꼼히 읽었다. 그는 전반적인 한국관의 변화와 관련하여 특히 헐버트와 맥켄지의 책에 영향을 받았는데, 특히 헐버트와 주고 받은 편지들은 좀더 자세하게 차후에 분석할 필요가 있다.

그리피스가 『은둔의 나라 한국』의 증보 프로젝트를 끝낸 1911년, 새롭게 출판한 책은 『버릇없는 호랑이』와 『한국의 우화』였고, 곧 이어 『아펜젤러 전기』를 1912년에 출판하였다. 『버릇없는 호랑이』는 1911년판 『은둔의 나라 한국』에 이미 거론이 되어 있다.

한편, 『아펜젤러 전기』에서는 그리피스가 어떤 과정으로 이 전기를 쓰게 되었는지 밝히지 않고, 다만, 아펜젤러는 "젊은 시절부터 꾸준히 일기, 노트, 비망록을 써왔으며, 중요한 기록의 사본과 편지들을 보관하였다. 나는 이 선교개척자의 미망인과 딸이 보관하고 있는 그 문서들을 자유롭게 열람할 수 있었다. 또한 아펜젤러의 많은 친지들"로부터 도움을 받았다고 썼다. 럿거스의 그리피스 아카이브에는 아펜젤러의 가족과 주고 받은 편지들이 많이 남아 있으므로, 이를 통해 그리피스가 아펜젤러의 전기를 쓰게 된 과정을 좀더 뚜렷하게 규명할 수 있을 것이다.

럿거스대학교에 남아 있는 자료로 볼 때, 『아펜젤러 전기』 집필 이후 1910년대의 그리피스의 관심은 한국의 선교사업과 교육사업의 진전에 있었던 것으로 보인다. 1915-16년 이화학당 및 재령 등의 선교사들의 활

---

48) 그리피스의 『은둔의 나라 한국』에 대한 내용분석과 평가는 러시아 학자들에 의해 이루어졌으며, 그 증거의 하나는 1900년 러시아 경제성에서 발간한 한국지의 서문에 잘 나타난다. 이 책의 서문에는 19세기 후반의 한국에 대한 연구의 근본이 된 것이 달레의 '한국교회의 역사'(1874)와 그리피스의 책이었다고 쓰고 있다. 한국정신문화연구원 편역, 국역 한국지, 1984의 서문을 볼 것.

동에 대한 정보를 많이 확보하고 있었다. 1916년 12월에는 언더우드에 대한 설명을 계간지 *The Delta Upsilon Quarterly*에 실었다.

그는 1919년 3·1운동을 보고 많은 자극을 받았으며, 새로운 길('굴다리')로 명명하였다. 이는 한국 민족주의자들의 요청, 그들과의 대화의 산물이기도 하였다. 3·1운동 이후에는 이승만과 서재필 등의 강력한 '도움 요청'을 받았다. 이승만은 1919년 4월 19일 그리피스를 미주한인총회에 초대하는 편지를 보냈고, 5월 21일에는 한국 정부의 이름으로 주빈으로 연설을 해달라는 초청편지를 보냈다. 6월 17일에는 그리피스의 책 『은둔의 나라 한국』의 새로운 판을 출판할 것을 출판사에 독려하겠다는 내용과 콜롬부스의 한인들이 그를 초대하는 편지를 보냈다. 또 7월 5일에는 이승만이 자기 조직을 통해 이 책의 출판을 요청한다는 편지를 또 보냈다. 그리피스는 7월 7일 하야시 다다시의 비망록을 읽어 보라는 편지를 보냈고, 이승만은 이 답으로 '한국역사'를 언제 집필할 수 있는가를 물었다(7. 12).

서재필은 7월 30일 필라델피아에서 열린 이 모임의 자료를 동봉하는 편지를 보냈는데, 이 때문에 그리피스의 컬렉션에는 1919년 4월에 열린 제1회 재미한국인 총회 기록이 남아 있다. 그는 1919년 6월 3일 이타카 데일리 뉴스에 '일본이 한국을 군국주의적으로 지배한 결과'라는 글을 실었고, 8월에는, '일본의 한국에 대한 빚'이라는 기사를 기고했는데, 이는 이러한 한국인들의 노력의 결과인 듯하다. 8월 17일의 이승만의 편지에는 그리피스가 기고한 '일본의 한국에 대한 빚'을 잘 읽었다고 썼다. 그리고 재차 그리피스가 '한국역사'를 출판하면 500부 이상을 사주겠다는 제안을 하고 있다. 그리피스는 이런 제안에 따라 프린스턴대학교출판부와 교섭을 하고 있다는 편지를 하여 재차 책 구입 약속을 확인하였다(9. 23).

1920년 6월 23일에는 박은식과 이광수가 중국 상해에서 편지를 보냈는데, 이는 그리피스가 '한국 문명의 역사적 스케치'를 준비하고 있다는 소식을 듣고 감사하며, 『은둔의 나라 한국』를 칭찬하는 내용이었다.

서재필은 1921년 7월(18, 25)에 워싱턴에서 개최되는 국제회의에서 일본이 해야 할 역할에 관한 논문을 작성해 줄 것을 요청하는 편지를 보냈다. 1922년 4월 17일 서재필이 쓴 편지는 한말의 역사에 관한 것으로, 박영효와 서재필 자신을 거론하면서 1885년의 일, 즉 갑신정변 실패 이후 일본을 거쳐 미국으로 망명한 경위를 정확히 밝히려는 것이었다. 1922년 5월 26일의 서재필의 편지는 한국 설화집의 초고에 관한 것이다. 이 내용에 따르면, 그리피스는 이 설화집의 초고를 서재필에게 보냈다. 그리고 12월 29일 서재필은 그리피스에게 신년인사 편지를 보냈다.

우리는 한국 민족주의자들, 특히 이승만이나 서재필과의 서신 교환에서 두 가지 프로젝트가 진행되고 있음을 알 수 있다. 하나는 『은둔의 나라 한국』의 개정판을 내는 것이고, 다른 하나는 한국 역사를 발행하려는 것이다. 그러나 전자는 이루어지지 않았으며, 후자는 아마도 역사책이 아닌 민담/설화책으로 발행된 것이 아닌가 추측한다.

그리피스의 민담이나 설화에 대한 관심은 저술활동 초기부터 갖고 있던 것으로, 1880년에 이미 『일본 설화집(*Japanese Fairy World*)』를 발행하였고, 『은둔의 나라』 초판에서도 제34장으로 전설과 민담을 다루었다. 그는 이때 『조선문전』에 실려 있는 민담들을 다수 소개하였다. 이 책의 제36장은 호랑이에 관한 이야기이다. 그는 1911년 발행된 제9판에서 같은 해에 발행된 『한국의 우화』와 『버릇없는 호랑이』에 관해 언급하고 있다. 그리피스의 민담이나 설화에 대한 관심은 1911년의 중국 설화에 관한 책을 쓰게 하였고, 1910년대 후반기에 여러 나라의 민담에 관한 책을 간행함으로써 결실을 보았다. 1918년 네덜란드(Dutch), 1919년 벨기에, 1920년 스위스, 1921년 웨일즈, 1922년 일본의 민담집을 출간하였다. 그는 이의 연속선상에서 1922년 『한국의 옛 이야기들』을 출판했다. 이 민담집은 1911년판을 증보한 것으로, 이의 마지막 동화는 '도끼자루 썩는 줄 모르고 지낸 500년'이다. 이는 명백히 조선왕조에 대한 정치적 비유로 보인다.

마지막으로 1926–27의 일본과 조선 방문 여행을 언급할 필요가 있다.[49] 그는 1926년 12월 일본을 방문한 후, 1927년 3월과 4월에 걸쳐 조선을 방문하였다. 그리피스는 1927년 3월 일본의 오이타 벳부에 있는 가메노이(龜の井)호텔에 묵고 있었는데, 3월 3일자로 조선총독부 영문 기관지인 서울 프레스(*The Seoul Press*)사의 김용주로부터 가능한 인터뷰 날짜를 질문받았고, 3월 5일자로 조선총독 사이토에게서 한국여행 계획을 환영한다는 편지를 받았다. 그리피스는 1920년 1월 사이토에게 부탁하여 『조선고적도보』를 기증받은 적이 있었다. 그리피스는 3월 22일 서울에 도착하여 이튿날 조선호텔에서 열린 환영식에서 '일미친선과 정신문명의 재건'을 역설하였고,[50] 이어 창경원 비원을 총독부 통역관의 안내를 받아 관람하였으며, 3월 29일에는 선교사단, 3월 30일에는 '국제친화회'의 환영 모임에 참석하여 '일미친선과 세계평화'를 주제로 강연하였다.[51] 국제친화회의 경우 니와(丹羽) 기독교청년회 총무 외에 총독부 학무과장이나 이왕직 차관 등 일본인 관리들이 참석한 모임이었다. 그는 개성, 평양을 거쳐 만주의 봉천과 대련을 방문하고 다시 조선에 왔다가 일본으로 돌아갔다. 이때 대구 애락원을 방문하였고, 애락원 방문의 결과를 'Cleanse the Lepers, Korea Leprosy Colony at Taiku'라는 신문기사를 기고하였는데(Box 66, Folder 35),[52] 이 글은 기독교적 나병관이 잘 드러나 있다.

그 후 그리피스는 뉴욕에서 발행된 해럴드 트리뷴지 1927년 12월 25일자에 "1927년에 나는 한 달 동안 한국을 끝에서 끝까지 여행하면서 20여 차례의 설교를 하였다"고 기고하였다. 그가 조선을 방문했을 때 기독교 선교사들 외에 그를 안내하고 환영한 것은 총독부 관리들이었고, 이들은 주로 '일미친선'을 언급하였다. 1920년대 초반기의 한국 민족주의자들과 같이 주고받았던 '독립운동'의 화두는 이렇게 약화된 상태였다.

5. 결론

그리피스의 한국에 관한 주저 『은둔의 나라 한국』은, 1880–1910년 기간의 서양인의 한국에 관한 저작들 속에서 선두에 위치하며, 그리피스의 저작의 세계에서 볼 때 일본에 대한 연구와 함께 특히 『미카도의 제국(황국)』보다 약간 늦었지만, 그 책과 평행선을 달린 두 축으로 존재하며, 그의 한국관을 대표한다. 그의 책은 영어로 쓰여진 한국관련 글들이 반영되는 일종의 거울이었다. 한일합방 직전에 반일적인 헐버트나 맥켄지의 책을 참고하여 증보했으므로 반일적 내용이 많이 반영될 수 있었으나 그의 '황국'이 이런 방향으로 흐르는 것

---

49) 사쿠라이는 "명치 정치사 자료를 수집"하기 위한 것이었다고 기록하고 있다. 櫻井義之 編, 明治年間 朝鮮研究文獻誌, 京城:書物同好會, 1941. 3. p. 14.

50) 경성일보 1927. 3. 24

51) 경성일보 1927. 3. 27;3. 30;3. 31

52) 그리피스 컬렉션에는 일본, 조선, 만주를 방문하였을 때의 여행 일정과 비망록이 남아 있고(Box 4, Items 31, 32), 한국 방문일기도 남아 있다(Box 36, Item 1; Box 136, Item 13). 또한 한국 방문시 수집한 여행 안내물과 홍보물들이 남아 있다(Box 92, Folder 17).

을 억제하는 톱니바퀴의 역할을 하였다. 『은둔의 나라 한국(1882-1911)』 이후 후기에는 약간 한국의 민족주의를 이해하는 방향으로 기울었지만, 그 차이는 크지 않다고 생각된다.

전반적으로 그는 한국이나 동아시아를 바라보면서, 은둔/개방이라는 틀과 야만/문명이라는 두 가지 틀을 사용하고 있지만, 기독교적 의미에서의 야만/문명의 틀에 더 많이 의존하고 있다. 전편을 통해 흐르는 시각은 "1870년대 초에 일본의 청년들을 훈련시키는 데 도움을 준 바 있는 인사"의 시각이어서(제53장, p. 627), 일본의 제국주의적 전환을 일정한 거리를 두고 바라보고 있었다 하더라도, 일본의 지배층에 대한 심리적 애정을 철회하기 힘들었던 것으로 보인다.

그리피스가 『은둔의 나라 한국』에서 1882년부터 스스로 한국이 더 이상 은둔의 나라가 아니라고 쓰고 있음에도 불구하고, 책을 계속 증보하면서 동일 제목을 사용한 이유는 아마도 인쇄자본주의 또는 상업주의의 속성과 관련되는 문제일 것이다. 정성화는 그리피스의 책과 글이 반세기에 걸쳐 끈질긴 생명력을 유지할 수 있었던 가장 중요한 이유를 시류 영합성으로 보았다(p. 19). 그는 '프레스 게임'을 아주 잘했다. 그는 그 책을 발간한 이후에도 한국을 직접 방문하지 않았고, 또 이미 어느 정도 유명해진 텍스트를 전면적으로 개정할 필요가 없었으므로 계속 후속되는 장을 덧붙이되 책의 제목 자체를 바꾸지는 않았다. 그만큼 텍스트의 고유한 자기존속성의 세계가 확인된다.

그의 책에서 가장 독창적인 부분은 제46장 신미양요에 대한 서술로 생각되는데, 이는 당시 생존해 있던 신미양요의 미군측 지휘자들을 만나서 인터뷰한 결과를 담고 있기 때문이다. 여타의 부분은 다른 연구자들의 연구에 크게 힘입고 있다. 특히 중요한 영어 저작들이 그의 책의 증보판에 수시로 반영되고 있다. 이런 상황은 그의 책의 내용들에서 확인되고, 또 그가 수집한 사진자료에서도 확인된다.

그리피스가 남긴 자료 중에서 사진자료들에 관하여 잠깐 언급할 필요가 있다. 주지하다시피 그리피스는 그의 책에서 몇 개의 삽화를 사용하였고, 사진은 거의 사용하지 않았지만, 그가 남긴 아카이브에는 상당한 사진들이 수집되어 있다. 물론 이 사진들은 자신이 직접 찍은 것은 아니다. 현재 럿거스에 남아 있는 사진들은 (초판에 사용된 삽화들의 출전을 그가 직접 밝히고 있지만), 많은 부분, 로웰이나 헐버트 등의 책에서 사용된 것들이다.

조선에 관한 책에서 사진을 본격적으로 도입한 것은 로웰이다. 로웰의 책은, 1883년 8월부터 11월까지의 조선사절단과 함께 미국을 여행한 것에 관해서는 기록하지 않고, 12월 고종의 초대로 조선에 와서 한겨울을 지내면서 경험한 것을 쓴 책이다. 그는 1885년 11월에 쓴 이 책의 서문에서 유길준, 주경석, 이시렴, 김낙집, 민영익, 서광범 등의 한국인에게 감사하고 있고, 또 홍영식에 대해 특별히 언급하고 있다. 그는 홍영식이 1884년 12월 갑신정변에서 죽었다는 것을 이 책을 쓸 때 알고 있었다. 이 책에는 1884년의 지도 2장, 한강, 부산 및 서울의 모습, 고종 어진 등 사진 28점, 일본에서 그린 민화 2점, 약간의 스케치 등이 포함되어 있는데, 이 사진들이 그리피스가 수집한 사진들에 포함되어 있다.

랜도어가 쓴 1895년에 쓴 책은 어떠한가.[53] 랜도어는 1890년 12월 28일 제물포로 입항하여 서울에 들어

---

53) A. H. Savage-Landore, Corea or Chosen: The Land of the Morning Calm, London:William Heineman, 1895 (신복룡-장우영 역주, 『고요한 아침의 나라 조선』, 집문당, 1999.

358

와 머물렀던 경험을 바탕으로 책을 썼는데, 이 방한이 두 번째라고 밝혔으며, 그의 책에 나타난 내용은 주로 1891년 상반기의 모습이라고 생각된다. 그의 책에는 몇 장의 사진과 함께 그가 직접 그린 인물화(민영환, 민영준, 김가진)와 풍경화들이 실려 있다. 랜도어는 서울에서 본 사람과 풍경을 주로 자신이 직접 그림으로 그렸다. 그의 책은 사진보다 그림이 더 많이 실려 있다. 그가 그린 그림은 그리피스의 수집 삽화들과 별로 관계가 없다.

1904년 출판된 이탈리아의 로제티의 책 『한국, 한국인』은 어느 책보다도 풍부한 사진자료를 싣고 있는데, 그리피스가 이 책을 보았는지는 명확하지 않다. 로제티의 책에 수록된 사진들은 무려 370장가량의 사진과 30여 매의 삽화들이 있는데, 이들은 그리피스의 아카이브에 거의 없다. 그리피스는 1906년의 헐버트가 쓴 책을 보았고, 여기에 실려 있는 사진의 일부가 그리피스의 수집자료에 포함되어 있는 듯하다. 그리피스는 1908년에 출판된 맥켄지의 책도 보았는데, 맥켄지가 찍은 사진들, 특히 의병들을 찍은 사진들은 그리피스의 사진첩에 거의 없다. 그 대신 1910년대의 이화학당이나 재령 등의 선교상황을 찍은 사진들이 많다. 그리피스가 수집한 사진들에 관해서는 좀더 원래의 출처를 확인할 필요가 있다.

3·1운동 이후 그리피스의 한국관이 상당히 변화했다는 것은 널리 알려진 사실이다. 그런 변화가 한국의 민족주의적 지도자들과의 대화의 결과라고 볼 수 있지만, 1920년 이후 그리피스가 한국의 독립을 지지한 것도 정성화는 "변화하는 환경에 적응하려는 기회주의자의 변신일 뿐"이라고 비판적 평가를 내렸다(p. 31). 그는 이승만이나 서재필의 한국역사 책 출판 제안을 민담집 출판으로 대체한 것으로 보이며, 이는 이승만이나 박은식, 서재필의 기대에 미치지 못하는 것이었을 것이다.

그가 처음으로 한국을 방문한 1927년에도 주로 선교사들과 교회 관계자들을 만났고 많은 강연을 하였지만, 정치적 함의를 가진 강연이 아니라 기독교적 설교에 가까운 것이었다. 일본 정부나 조선총독부는 그를 환대함으로써 자신들의 오랜 우군을 잃지 않으려고 했다.

앞으로 남은 과제를 말해야 한다면, 무엇보다 그가 남긴 편지들을 보다 체계적으로 검토하는 일이 될 것이다. 그리피스가 남긴 사진들은 1차 자료로서의 오리지널리티가 약간 떨어지는 반면, 그가 남긴 편지들은 훨씬 의미가 있는 것들이다. 앞으로 그리피스가 남긴 편지들의 체계적 분류와 분석을 통해 논의를 보완할 필요가 있다.

참고문헌

김민수, 하동호, 고영근 공편, 『역대 한국문법대계 총색인』, 탑출판사, 1986. p. 10.

김봉희, 『한국기독교문서간행사연구 1882-1945』, 이화여자대학교 출판부, 1987.

김수태, 윌리엄 그리피스의 은둔의 나라 한국-한국 고대사 서술을 중심으로 (발표 문초고), 2006.

김원모, 견미 조선보빙사 수원 최경석, 오례당, 로우웰 연구, 『동양학』 27, 단국대 학교 도양학연구소, 1997.

김현숙, 「대한제국기 미국인 고문관 문서조사와 해제」, 『미국소재 한국사자료 조 사보고 IV』, 국사편찬위원회, 2004.

류대영, 『초기 미국선교사연구』, 한국기독교역사연구소, 2001.

박대헌, 『서양인이 본 조선-조선관계 서양서지』, 호산방, 1996.

박현규, 『19세기 중국에서 본 한국자료』, 아세아문화사, 1999.

손정숙, 「대한제국기 주한 미국공사들의 활동과 개인문서 현황」, 『미국 소재 한국 사자료 조사보고 IV』, 국사편찬위원회, 2004.

손철배, '서양인이 본 한국과 한국인,' 한국역사연구회 편, 『우리는 지난 100년 동안 어떻게 살았을까 3』, 역사비평사, 1999.

신형식, 「일제 초기 미국 선교사의 한국관, 그리피스의 *Corea, The Hermit Nation*을 중심으로」, 『일본 식민지지배 초기의 사회분석 1』, 이화여대 한국문화연구소, 1987

심희기, 그리피스컬렉션의 개관, 2007(초고)

여동찬, 개화기 불란서 선교사들의 한국관, 『교회사연구』 5, 1987.

이덕주, 『한국 토착교회형성사연구』, 한국기독교역사연구소, 2000.

이태진, 「근대한국은 과연 '운둔국'이었던가?」, 『한국사론』 41-42, 1999, pp. 717-749. (Yi Tae-Jin, "Was Korea Really a Hermit Nation?" *Korea Journal* (Winter 1998), pp. 5-35).

이희수, 「곤차로프의 여행기 '전함 팔라다'에 비친 한국」, 이규수 외, 근대전환기 동 아시아 속의 한국, 성균관대 출판부, 2004.

정두희, 『미국에서의 한국사연구』, 국학자료원, 1999.

정성화, 「W. 그리피스: 은자의 나라 한국: 윌리엄 그리피스의 한국관을 중심으로」, 『해외한국학연구』 1-1, 2000. 11 pp. 11-35 (Sung-hwa Cheong, "William Elliot Griffis and Emerging American Images on Korea," *The Review of Korean Studies 3-2*, 2000. 12 pp. 53-72)

정성화, 『서양의 한국: 이미지의 탄생과 변화』, 명지대 출판부, 2005.

정연태, 「19세기후반 20세기 초 서양인의 한국관-상대적 정체성론, 정치사회 부패 론, 타율적 개혁불가피론」, 『역사와 현실』, 1999. 4, pp. 159-206

최덕수, 「개항기 서양이 바라본 한국인 한국역사」, 『민족문화연구』 30, 한성대, 1997.

홍이섭, 벽안에 비친 한국-구미인의 한국연구, 『한국현대사』 6, 신구문화사, 1971.

한국정신문화연구원 편역, 국역 한국지, 한국정신문화연구원, 1984 (러시아 경제 성, Korea, 1900) *9장 한국의 언어

高木不二, 橫井左平太-大平のアメリカ留學生活, 『大妻女子大學紀要 文系』 38, 平 城18年.

山下英一 編, 『윌리엄 엘리엇 그리피스-福井書翰(1871. 3. 9-1872. 1. 22)』, 2007.

信夫淳平, 『韓半島』, 東京堂書店, 1901.

阿部珠理, 青い炎-日下部太郎 アメリカの千日, 『言語』 35-9, 2006. 9, pp. 6-7.

櫻井義之 編, 『明治年間 朝鮮研究文獻誌』, 京城:書物同好會, 1941. 3.

櫻井義之, 「明治時代の對韓意識について-出版活動を通じての一考察,"『明治と 朝鮮』, 東京:櫻井義之先生還曆紀念會, 1964.

日本 昭和女子大學 近代文學研究室 編, 『近代文學研究叢書』 28.

藏原三雪(Miyuki Kurahara), W. E. Griffiss' Journal (1872/1/23-1873/3/25), 『武藏丘短 期大學紀要』 12, 2005, pp. 43-48.

Ardath W. Burks and Jerome Cooperman, Dr. William Elliot Griffis (1843-1928) and 'The Hermit Nation', 『아세아연구』 3:1, 고려대 아세아문제연구소, 1961. pp. 169-177.

Aston, W. G. , Hideyoshi's Invasion of Korea, A paper read before the Asiatic Society of Japan, 1878. 3 (개화기 한국관련 구미 소책자 및 논문자료집, 단국대학교 동양학 연구소, 2003)

Ardath W. Burks ed., *The Modernizers: Overseas Students, Foreign Employees, and Meiji Japan*, Boulder: Westview Press, 1985.

Ardath W. Burks, The William Elliot Griffis Collection, The Journal of Asiatic Studies 20:1 1960. pp. 61-69.

Arnold H. Savage-Landore, *Corea: or Chosen, the Land of the Morning Calm*, London, 1894 (신복룡-장우영 역주, 『고요한 아침의 나라 조선』, 집문당, 1999)

Barathosi Balogh Benedeko, *Korea, a hajnalpir orszaga*, Budapest, 1929 (초머 모세 역, 『코 리아, 조용한 아침의 나라』, 집문당, 2005)

Basil Hall, *Account of a Voyage of Discovery to the West Coast Corea*, London: John Murray, 1818 (신복룡-정성자 역주, 『조선서해탐사기』, 집문당, 1999)

C. A. Sauer (사우어 엮음, 자료연구회 역), 『은자의 나라 문에서: 감리교 한국선교 50주년 기념자료』, 2006.

Carlo Rossetti, *Corea e Coreani*, Bergamo: Istituto Italiano D'arti Grafishe, 1904. (까를로 로제티 (서울학연구소 역), 『꼬레아 꼬레아니』, 숲과 나무, 1996.)

Charles Dallet, *Histoire de L'Eglise de Coree*, Paris: Victor Palme, 1874 (Charles Dallet,

Traditional Korea, Hew Haven: Human Relations Area Files, 1954; 안응렬-최석우 역주, 『한국천주교회사』 상(4판), 1985; 정기수 역, 『조선교회사서론』, 서울:탐구당, 1966)

Corfe, C. J 외, 『조선, *The Morning Calm*』, 1890- (『개화기 한국관련 구미잡지 자료집』, 단국대학교 동양학연구소, 2003)

Craig S. Coleman, American Images of Korea, NJ-Seoul: Hollym, 1997.

Du Halde, *Kingdom of Corea in The General History of China Vol. 4*, London: J. Watts, 1741 (뒤 알드 지음, 신복룡 역주, 『조선전』, 집문당, 1999)

Edward R. Beauchamp and Akira Iriye eds., *Foreign Employees in 19th Century Japan*, Boulder: Westview Press, 1990.

Ernest Oppert, *A Forbidden Land: Voyages to the Corea*, London: Sampson Low, Marston, Searle, and Rivington, 1880. (한우근 역, 『조선기행』, 일조각, 1974)

F. A. McKenzie, *The Tragedy of Korea*, NY: E. P. Dutton & Co., 1908. (신복룡 역주, 『대한제국의 비극』, 집문당, 1999)

Georg N. Curzon, *Problems of the Far East*, London: Longmans, Green and Co. 1894 (나종일 역, 『100년 전의 여행, 100년 후의 교훈』, 비봉출판사, 1996)

George W. Gilmore, *Korea from its Capital*, Philadelphia, 1892 (신복룡 역주, 『서울풍물지』, 집문당, 1999)

George T. Ladd, *In Korea with Marquis Ito*, NY: Scribner, 1908.

H. B. Hulbert, *History of Korea I, II*, Seoul, 1905.

H. B. Hulbert, *The Passing of Korea*, London: William Heinemann Co., 1906. (신복룡 역주, 『대한제국멸망사』, 평민사, 1973; 집문당, 1999)

H. N. Allen, *Things Korean*, NY: Fleming H. Revel Co., 1908(신복룡 역주, 『조선견문기』, 집문당, 1999; 윤후남 역, 『알렌의 조선체류기』, 예영, 1996)

Horace N. Allen, *A Chronological Index*, 1901.

Horace N. Allen, *Korean Tales*, 1889.

Isabella Bird Bishop, *Korea and Her Neighbors: A Narrative of Travel with an Account of the Recent Vicissitudes and Present Condition of the Country*, NY, 1897. (이인화 역, 『한국과 그 이웃나라들』, 살림, 1994)

J. B. 버나드, 『은자의 나라: 사진으로 본 옛 한국』, 시사영어사, 2002.

James S. Gale, *Korea in Transition*, Cincinnati: Jenning & Graham, 1909 (신복룡 외 역, 『전환기의 조선』, 평민사, 1986)

James S. Gale, *Korean Sketches*, Boston and Chicago: United Society Christian Endeavor, 1898. (장문평 역, 『코리언 스케치』, 현암사, 1971)

John Ross, *History of Corea-Ancient and Modern*, Paisley: J. And R. Parlane, 1879.

Leah H. Gass, *Korean Materials in the William Elliot Griffis Collection*, 2003 (Draft); Fernanda Perrone revised edition, 2008.

L. H. Underwood, *Fifteen Years among the Top-Knots or Life in Korea*, Boston: American Tract Society, 1904 (신복룡-최수근 역주, 『상투의 나라』, 집문당, 1999)

Percival Lowell, *Chosen: The Land of Morning Calm*, Boston: Ticknor and company, 1886. (『고요한 아침의 나라』, 대광출판사, 1986; 조경철 역, 『내 기억 속의 조선, 조선 사람들』, 예담, 2001)

W. E. Griffis, Corea, Without and Within: Chapters on Corean History, Manners and Religion with Hendrik Hamel's Narrative of Captivity and Travel in Corea, Philadelphia, 1885.

W. E. Griffis(신복룡 역), 『은자의 나라 한국』, 탐구당, 1976; 집문당, 1999. (역주자의 초판, 재판, 3판 머리말; 원저자 초판, 8판 머리말).

W. E. Griffis, Japan's Absorption of Korea, The North American Review, 1910. 10 (개화기 한국관련 구미 소책자 및 논문자료집, 단국대학교 동양학연구소, 2003)

W. E. Griffis, A Modern Pioneer in Korea: *The Life History of Henry G. Appenzeller*, 1912 (이만열 편역, "아펜젤러 전기," 『아펜젤러-한국에 온 첫 선교사』, 연세대학교 출판부, 1985. pp. 3-262.

W. E. Griffis (水交社 역), 『朝鮮開化の起源』, 東京: 水交社, 1895. (*Corea, The Hermit Nation*의 제1판의 제3부 '조선 근세 및 현대사'의 초역)

W. E. Griffis, *Mikado: Institution and Person*, Princeton University Press, 1915 (龜井俊介 譯, 『みかど』, 岩波文庫 靑 468-1, 1995.)

W. F. 샌즈(신복룡 역주), 『한말 외국인의 기록-은자의 나라 한국』, 집문당, 1999.

W. R. Carles, *Life in Corea*, London: Macmillan Co. 1888 (신복룡 역주, 『조선풍물지』, 집문당, 1999)

William Pidduck(pub), *Japan Through Western Eyes: Manuscript Records of Traders, Travellers, Missionaries & Diplomats, 1853-1941*, Parts 2-5: The William Elliot Griffis Collection from Rutgers University Library, Adam Mattew Publications, 2000.

William C. H. Robert, *Voyage to Cathay, Tartary, and the Gold-and Silver-rich Islands East of Japan*, Amsterdam: Phiolo Press, 1643

William E. Griffis's Virtual Experience of Korea:
A Threefold Conceptual Map of Griffis's "Hermit Nation"

Eunice Lee
Princeton University

"To be lifted to the summit of the World Trade Center is to be lifted out of the city's grasp. […] An Icarus flying above these waters, he can ignore the devices of Daedalus in mobile and endless labyrinths far below. His elevation transfigures him into a voyeur. It puts him at a distance." (de Certeau, Giard, & Mayol 92)

Perhaps physical distance allowed William Elliot Griffis, too, the remove of a flying Icarus and the elevation of a spectator up in the heights of a skyscraper. An American Orientalist, prolific author of East Asian ethnographies and histories, and pioneering Korea scholar of the late nineteenth and early twentieth centuries, Griffis published a plethora of foundational texts in Korean studies including *Corea: The Hermit Nation*, without having physically travelled to the "hermit nation" itself. It was not until 1927, a year before his death, that Griffis was able to set foot in Pusan.

Griffis's virtual experience of Korea prior to this visit thus raises several questions significant to the understanding of his legacies: How was Korea, the remote and inaccessible "hermit nation," reproduced in Griffis's scholarly imagination? What were the means by which Griffis constructed an understanding of Korea, and what were the consequences of the spatial remove between Griffis and Korea? In this essay, I propose a conceptual map that attempts to identify three different kinds of space through which Griffis virtually experienced Korea: I analyze Griffis's conceptualization of Korea as a third-person space, in which he explored Korea through the existing literature, as a second-person space, in which he participated in this discourse via his correspondences with those in Korea, and as a first-person space, in which he interpreted Korea through his own scholarly work and personal writings. I furthermore propose that this framework may be a helpful tool in identifying the different voices present in Griffis's work, i.e. the political, religious, and cultural perspectives that influenced the information acquired or produced by Griffis. In formulating and examining these categories, I used the materials in the William Elliot Griffis Collection at Rutgers University, along with *Corea: The Hermit Nation*. While I attempt to identify the different kinds of space constructed by Griffis, an individual scholar, the broader inquiry of this essay regards the manner in which one understands, imagines, or secondhandedly experiences a space that is removed from one's physical location.

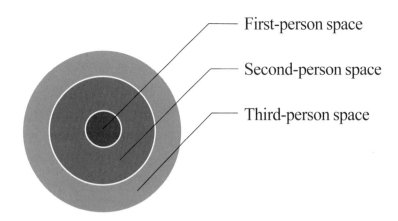

First-person space

Second-person space

Third-person space

Korea in the Third Person

As illustrated in the above diagram, the outermost layer of Griffis's virtual map of Korea is what I refer to as the third-person space. Korea, here, is a rather distant text, a space populated and narrated by "them." The "them," here, refers to authors of the existing literature on Korea — histories, ethnographies, political reports, treatises, promotional pamphlets, etc. — i.e. the third-person voices represented in the Griffis's extensive collection of Korea-related materials.

It is important, then, to identify whose voices are represented, and whose texts Griffis consulted in his virtual experience of Korea. A substantial proportion of these third-person voices are those of non-Koreans — Korean histories written by Japanese scholars, pleas for Korean independence by American contributors, reports on Korean customs and values by Christian missionaries, and the like. One notable example of a third-person and non-Korean voice that Griffis utilizes is that of the Japanese scholar. A manuscript of the bibliography to *Corea: The Hermit Nation* is a source that illustrates this predominance of the Japanese perspective. The majority of the texts and authorities consulted for this book are Japanese — *Precious Jewels from a Neighboring Country* by Zenrin Koku-hoki, *Chōsen Monogatori* by "two men from Mikuni, Echizen, cast ashore (in Corea) in 1645," *Illustrated History of the Invasion of Chosen* by Tsuruminé Hikoichiro, and other Japanese sources densely populate this list (Griffis "*Corea: The Hermit Nation*. Bibliography/list of authorities used in writing, partial valleys to the ninth edition."). In the margins of the manuscript, Griffis has also written the following: "The reason why Japanese works are so full of material for a history of Corea is that for many centuries, Japan claimed Corea as a tributary nation" (Griffis "*Corea: The Hermit Nation*. Bibliography/list of authorities used in writing, partial valleys to the ninth edition."). The accuracy of this observation aside, Griffis's specific attention to Japanese interpretations of Korea is worthy of attention. Griffis chose the voices of Japanese historians, ethnographers, and narrators, among other foreign perspectives, to build his understanding of a third-person Korea.

Griffis may have selected these non-Korean sources because some texts were more readily available than others, or more capable of rendering this remote third-person space more decipherable. In other words, my argument is not that the scholar deliberately dismissed the voices of Koreans, but rather that non-Korean texts may have been more user-friendly for an American Orientalist in the early twentieth century. With the dearth of academic literature on Korea during Griffis's time, translated Korean sources written by Korean historians or ethnographers may not have been available, and Griffis's proficiency in certain languages may have facilitated his engagement with certain textual sources over others. The physical remove between Griffis and Korea may also have prompted the scholar to look to sources within his proximity, e.g. the Japanese books that he had at hand. The use of Japanese sources may have been an effort to somewhat bridge the gap of impersonality in the third-person experience — Korea remains a space narrated by "them," yet when it is told through other more familiar third-party voices, it is rendered less aloof and more readable. The literature within his reach, albeit representative of mostly non-Korean perspectives, may have been a meaningful and friendly avenue through which Griffis attempted to draw the faraway peninsula closer to his sphere of comprehension.

Korea in the Second Person

The physical distance between Griffis and his "hermit nation" is further overcome through the scholar's second-person engagement with Korea — that is, through his correspondences with missionaries in Korea, Korean political figures, and other individuals that had a more direct involvement with Korean affairs. Here, Korea becomes a "you" space, as it is thoroughly contemplated, processed, and described to Griffis from the perspectives of his acquaintances, according to certain inquiries and needs expressed by Griffis.

The kind of information flowing into this layer of space is different from the previous, in that Griffis is its exclusive recipient, and that exchanges of this sort can involve very specific sets of expectations and assumptions. For instance, some correspondences directly respond to, revise, or endorse Griffis's opinions or inquiries held about Korea. In a letter written on September 26th, 1892, missionary Homer B. Hulbert states the following in response to Griffis's advocacy on the Christianization of Korea:

> "I know that you are interested in whatever pertains to the advancement of Christian civilization both in that country[Korea] and Japan. It is true that those two races differ widely in many points but it is equally true that a Christian education is as necessary to one as to the other. […] I arrived at one or two definite conclusions. The first was that we can never expect Korea and Koreans to carry on any extended system of education on the English basis as has been so largely done in Japan." (Hulbert)

Hulbert acknowledges Griffis's proposition regarding the matter of missionary activity, and presents his own opinion on Christian education in Korea, based on his "six years of work in Korea" (Hulbert).

In other moments, the correspondences respond to Griffis's requests for information pertaining to his academic work. In the same letter, Hulbert discusses the prevalence of Hangul over Chinese characters in Korea, and points out the opportunity for "a very influential piece of work" tracing the literary traditions of the Korean people (Hulbert). In a follow-up letter on November 16th, 1892, Hulbert states that he has been reminded by a note from Griffis that he should have searched through his "Korean notes" for "great literary lights in Korea"

(Hulbert). He then summarizes the legacies of "Say Jong and Choe Chi Won," enumerating their intellectual achievements: "He[Say Jong] superintended the making of an alphabet and published the Hoon Min Chong Eum in which the principles of the new alphabet were set forth" (Hulbert). "This[Choe Chi Won] is the man to whom educated Koreans look up as being their greatest scholar and literary genius" (Hulbert). Correspondences were thus an important avenue through which Griffis requested information and opinions, and the descriptions of Korea in this context took on a more personalized, need-specific nature.

The writer and recipient may also share certain values, and they may project these ideas onto their representations of Korea in their correspondences. For instance, a letter from the Christian missionary H. G. Underwood written on July 14th, 1900 reflects a Christian, modernizing perspective:

> "While, politically there has been no progress, in other ways [however] there [have] been advances. Railroads are coming in, mainly however for the benefit of foreign investors and the greatest advances that we[in Korea] find is the work of the gospel, here and here mainly appears the hope of Korea." (Underwood)

The recipient of this letter is an American Orientalist who also defines "advances" in terms of modernization and Christianization — thus the common values of Underwood and Griffis allow for an imagination of Korea as the destined object of evangelism, westernization, and industrialization. Shared perspectives between Griffis and his correspondents were likely conducive to an opinionated presentation of Korea in these correspondences.

The "you" space allowed Griffis to see Korea through the eyes of certain individuals, and by means of one-on-one interactions that allowed him to seek out more specific nuggets of Korea-related information. Noting the traces of personal opinions, shared values, scholarly requests, and other "you-and-I" transactions in the correspondences is important, because these are the elements that distinguish Griffis's correspondents from the books or pamphlets that he consulted in the third-person space. Second-person engagement with Korea allowed Griffis to form more personalized relations with the distant East Asian nation.

Korea in the First Person

The innermost of the conceptual map of Griffis's virtual Korea consists of the first-person space. This is the space in which Korea is imagined in Griffis's own voice; this is the realm in which Korea becomes the most personalized, internalized "I" space. Griffis's own writings about Korea — from scholarly works such as *Corea: The Hermit Nation*, to his journal entries that mention Korea — are products of this sphere of cognition. Rather than to attempt a summary of Griffis's works and all of his scholarly opinions, I would like to identify the coordinates that locate this personalized construction of the Korean space.

Perhaps the most private of the writings by Griffis evidencing this first-person space are the mentions of Korea in his appointment calendars, which follow Griffis's daily activities, meetings, and thoughts. Appearances of the word "Korea" in the appointment calendars thus imply the presence of Korea in Griffis's interior, as part of everyday endeavors and thought. "Korea. N.Y. Columbus Hall," he writes on February 12th, 1900, presumably marking a Korea-related appointment in New York (Griffis "Appointment calendars"). "ITHACA HIGH SCHOOL JAPAN-KOREA ILLUS." he writes on December 20th, 1910, perhaps in scheduling a lecture or meeting (Griffis "Appointment calendars"). "KOREA," he again writes in majuscules and without any additional explanation, on January 13th, 1919 (Griffis "Appointment calendars"). Korea had made its way into Griffis's most private pieces of text, whether by means of scheduled events or through his trains of thought. It existed not only as an object of scholarly inquiry, but as an entity that Griffis's most intimate "self" thought of and pursues in daily life.

In presenting this first-person space academically, however, Griffis had to acknowledge the fact that he was physically detached from Korea, and that his version of Korea was quite different from those of actual residents, missionaries, or even travelers. In the preface to the first edition of *Corea: The Hermit Nation*, Griffis states the following:

> "In one respect, the presentation of such a subject by a compiler, while shorn of the fascinating element of personal experience, has an advantage over the narrator who describes a country through which he has travelled. With the various reports of many witnesses, in many times and places, before him, he views the whole subject and reduces the many impressions of detail to unity, correcting one by the other. Travellers usually see but a portion of the country at one time." (Griffis xvii)

Griffis argues that his understanding of Korea surpasses the limitations of physical distance, and that this distance can even allow him unbiased, scholarly acumen and thus a more accurate mental reconstruction of Korea. Here, the "compiler" — the "I" who builds the virtual space of Korea — is a consciousness that possesses the ability to evaluate any kind of information flowing in through the third- and second-person spaces. In his preface to the third edition, Griffis goes a step further:

> "The reception of this work, both in the United States and Europe, as well as in the East, has been most kindly. From those best able to criticise it thoroughly, by having made themselves familiar by travel in the interior of Corea beyond the ports and capital, have come gratifying words of high appreciation." (Griffis ix)

Here, he claims that his rendition of Korea has been approved by those who have physically experienced the place. Griffis, in defending the credibility of his work, thus argues that his first-person space is not a product of mere imagination but an accurate portrayal of Korea supported by objective reality.

In other words, Griffis, in his first-person construction of Korea, both reached the elevation of the skyscraper spectator and brought the faraway "hermit nation" to his most private mental space. The voice of the "I" was not limited by its vantage point, but made use of it; through this voice, Griffis attempted to transcend the boundaries of physical distance by taking the outside voices of the third and second person, and retelling them in his own words, via the scholarly ability of "the compiler" to distinguish objective truth from opinion. In the first person space, Griffis strives to be both unbiased towards, and closely in touch with, his object of study, at once hovering above in the Orientalist skyscraper and walking "in the interior of Corea."

This threefold conceptual map thus attempts to deconstruct the workings of Griffis's virtual experience, with special attention to his physical remove from Korea itself. Understanding Korea in the third person, Griffis tried to read the nation as a text, while seeking the aid of familiar voices, in an effort to overcome the practical obstacles of his research — the language barrier, the lack of study on Korea, and so on. While operating in the second person, Griffis turned to his trusty acquaintances, who were capable of providing him with specific kinds of information, and with whom he could share certain modes of thought regarding the preindustrial, fledgling Christian nation. Finally, moving into the first-person space, Griffis used his findings to construct his very own "Korea" — the space that was as close to him as the appointment calendar in his pocket.

I would like to emphasize that the layers of this conceptual map do not denote an absolute sequence or process. For instance, it would be inaccurate to say that the information Griffis gathered through pamphlets and books always ended up in the first-person realm, or that ideas always flowed from the exterior to the interior — Griffis's first-person imagination of Korea has become the academic literature and the third-person medium of engagement for many Korea scholars after him. The purpose of this model is to identify different voices and agents existing in different parts of Griffis's work, and to locate Griffis's vantage point in the discourse of Korea, rather than to define a flow of ideas in a single direction.

On that note, I would like to conclude by discussing Griffis's trip to Korea in 1927. Had Griffis been able to publish more work on this visit, whether scholarly or non-scholarly, the model I have proposed would have been more nuanced. "Seoul — city of dreams from 1871," writes Griffis in his travel journal, yet not much is known about the way this trip revised these "dreams" or proved them to be true (Griffis "Journals"). With the absence of sources describing the scholar's physical experience of Korea, Griffis remains a case in the study of virtual experiences and constructions of the Korean space. Griffis's vantage point, like Icarus's view of his father's maze, or the spectator's vision of the cityscape on a skyscraper, encouraged the scholar to read, imagine, and interpret Korea in the most fascinating and academically significant ways.

Works Cited

De Certeau, Michel, et al. The Practice of Everyday Life. University of Minnesota Press, 1998.

Griffis, William Elliot. *Corea: The Hermit Nation*. Bibliography/List of Authorities Used in Writing, Partial Valleys to the Ninth Edition.Rutgers University.

Griffis, William Elliot. Appointment Calendars. Rutgers University.

Griffis, William Elliot. Journals. Rutgers University.

Griffis, William Elliot. *Corea: The Hermit Nation*. 6th ed., Charles Scribner's Sons, 1897.

Hulbert, Homer B. Received by William Elliot Griffis, 26 Sept. 1892, Zansville, Ohio.

Hulbert, Homer B. Received by William Elliot Griffis, 16 Nov. 1892, Zansville, Ohio.

Underwood, Horace G. Received by William Elliot Griffis, 14 July 1900, Seoul, Korea.

William Elliot Griffis and His Visit to Korea in 1927

From His Journal and Korea Letters

Sung-min Park & Young-mee Yu Cho

Rutgers University

1. Introduction

William Elliot Griffis (1843-1928) became one of the preeminent Western authorities on Korea in the late 19th and early 20th centuries through his numerous publications, including *Asiatic History: China, Corea, Japan* (1881), *Corea: The Hermit Nation* (1882), *Corea, Without and Within: Chapters on Corean History, Manners and Religion* (1885), *The Unmannerly Tiger, and Other Korean Tales* (1911), *A Modern Pioneer in Korea: The Life Story of Henry G. Appenzeller* (1912), and *Korean Fairy Tales* (1922). In particular, one of his bestsellers, *Corea: The Hermit Nation*, which was reprinted numerous times through nine editions and over thirty years, established himself as THE Korea expert in the U.S. However, scholars on Korean history have often pointed out that he was merely a competent compiler of Korean resources as he neither had first-hand experience with Korea nor used primary

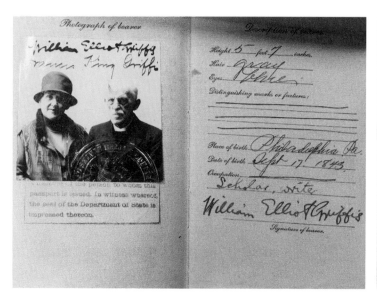

Picture 1. Original Image of Griffis's Passport Used for His First Visit to Korea[1]

*Courtesy of Griffis Collection, Photo by S. Park

Picture 2. Original Image of Griffis's Visa Used for His First Visit to Korea[2]

*Courtesy of Griffis Collection, Photo by S. Park

---

1) Passports series of William Elliot Griffis Papers (Box 38).

2) Ibid.

resources in his writing (Yi, 1999, p. 721; Chŏng, 2000, p. 25).

In 1926-1927, Griffis made his return visit to Japan when he toured the four main islands of Japan, Korea and Manchuria.

In his first as well as the last trip to Korea (between March 22, 1927 to April 19, 1927), he visited Seoul, Kaesŏng, Pyŏngyang, Taegu and Kyŏngju. Due to his unexpected death in 1928, there was no more publications on Korea or Japan. His journal entries during his visit to Korea are one of the few resources through which we could glimpse his impression on Korea. However, his journal entries have never been used by Griffis researchers because (1) their existence is not well known to researchers, (2) they are only accessible by library visits and (3) his handwriting is not easy to decipher. For instance, in discussing Griffis's visit to Korea, Yi (2015) used his wife, Sarah Francis King's journal,[3] Griffis's correspondence,[4] passports[5] and his unpublished manuscript, "Korea, the Land of Morning Splendor,"[6] (pp. 234-247). However, Yi (2015) notes that regrettably she was not able to use Griffis's journal due to the difficulty of deciphering his handwriting (p. 238).

The correspondence that include Japan, Korea, and China Letters are also an important resource to understand the background of his visit. Yi (2015) used some of Korea Letters, to research the background of his visit to Korea, namely to find out why and how his visit was planned. His return visit to Japan began in December of 1926, and all the letters sent to Griffis during 1926 and 1927 in Korea Letters in the WEG collection will shed light on the details of his Korea visit.

In this paper, we lay out his travel itinerary and provide annotated transcriptions of his journal entries from March 19 through April 20 (three days before and one day after his Korea visit). In addition, we compile a list of "Korea Letters" sent to Griffis between 1926 and 1927, of which two sample letters from Alice Appenzeller and A. G. Fletcher are transcribed. We sincerely hope that our transcription will be of some use to future Griffis scholars.

---

3) "Sarah Francis King's journal with Japan and Korea Travel Notes, 1926-1927" (Item No. 13, Box 133) under the subseries, "Sarah Frances King Griffis (1868-1959)" in Griffis Family Papers.

4) The WEG collection has the subseries, "Korea Letters" (Box 59 and 60) under Correspondence series of William Elliot Griffis Papers.

5) Passports series of William Elliot Griffis Papers (Box 38).

6) The typescript of "Korea: The Land of Morning Splendor" is under Manuscripts series of William Elliot Griffis Papers (Folder 6, Box 76).

2. Griffis's itinerary during his visit to Korea

Table 1. Griffis's Itinerary in Korea as Verified Through Griffis Journal
From March 21, 1927 to April 20, 1927

Country	*Places	Time
Japan→	→Shimonoseki	[- March 21]
Korea→	→Fusan (부산)	[March 22]
	→Seoul (서울)	[March 22 - March27]
	→Chemulpo (인천)	[March 27]
	→Seoul (서울)	[March 27 - April 1]
	→Songdo (개성)	[April 1 - April 2]
	→Pingyang (평양)	[April 2 - April 4]
Manchuria→	Antung (단둥)→Mukden (심양)→Dairen (대련)→Mukden (심양)→Antung (단둥)	[April 4 - April 8]

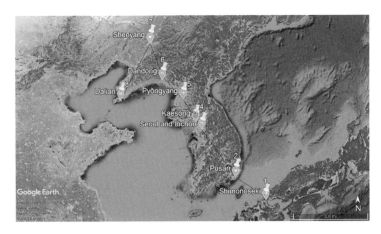

Map 1. Places Griffis Visited During his Stay in Korea
(On the Way from Shimonoseki to Dalian)
*Place names here are the current names of the places Griffis visited in 1927.

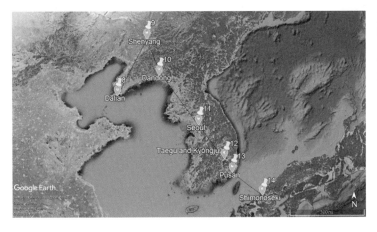

Map 2. Places Griffis Visited During his Stay in Korea
(On the Way from Dalian to Shimonoseki)
*Place names here are the current names of the places Griffis visited in 1927.

Korea →	→ Seoul (서울)	[April 9 - April 17]
	→ Taiku (대구) → Chongjiu (경주) → Taiku (대구)	[April 18 - April 19]
	→ Fusan (부산)	[April 19]
Japan →	→ Shimonoseki	[April 20 -]

* Place names here are exactly as written by Griffis in his journal. We provide the contemporary Korean names in Hangŭl.

3. Annotated transcription of Griffis's journal from March 19th, 1927 to April 20th, 1927

The Griffis's journals dating from 1859 to 1928 are kept in the WEG collection at Rutgers. Each volume of his journals, No. 1 through No. 31, is assigned a box number starting from Box 7 to Box 37 and his trip to Korea is found in Box 36.[7] Researchers can also access the full text of his journals through microfilm as well that was made available by Adam Mathew Publications.[8]

His journal during his stay at Fukui was transcribed in *Gurifisu to Fukui* (2013) by Eiichi Yamashita, but his journal during his stay in Korea has never been transcribed. We believe his journal entries, where he recorded his activities and thoughts during his visit to Korea, could provide answers that many researchers have been seeking regarding his views on many aspects of Korea. Griffis started keeping journals from 1859, but it was only in 1871 that they were kept and maintained consistently. Thus, he recorded almost all his activities of every single day in Korea.

The transcription was done to the best of our knowledge, and we tried to provide background information on people and places mentioned in the journal. However, we are fully aware that there will be errors and room for reinterpretation. We acknowledge invaluable help from Ms. Mary M. Doherty of Port Angeles, WA, who provided the first draft, and Dr. Fernanda Perrone (Curator of the WEG collection, Rutgers University) and Ms. Evelyn Kim Adams (Librarian at New Brunswick Public Library) who helped us clarify many puzzles hidden in Griffis's handwriting, including the verification of proper nouns. Personal names were also verified against the names who sent the letters to Griffis regarding his visit to Korea, the names mentioned in those letters, and the names in the list of Japan Letters of Correspondence series. Other sources, including *UCLA Online Archive Korean Christianity*, were also used for identification.

Notes

- <> is used for Griffis's own insertion (sometimes above/below lines, sometimes with an insertion mark).

---

7) No. 30 of Journals series

8) The detailed guide to the microfilm collection can be accessed at http://www.ampltd.co.uk/digital_guides/japan_through_western_eyes/index.aspx.

- ( ) is as written by Griffis.[9]

- |page#| marks the start of the transcription of the page. The number is given by the transcriber, not by Griffis.

- | | is used for Griffis's notes written in the margins (e.g. top, side, or bottom).

- | | is used for the notes in original journals written by Katherine G. M. Johnson, Griffis's grand-daughter[10] who annotated most of the volumes of his journal.

- _____ is used when the transcription cannot be found.

- Visitors to the collection are encouraged to use the microfilm in order to preserve the original journals. The microfilm reel number of the transcribed journal is reel 24.

- Griffis kept journals in fragments, not full sentences. We sometimes insert or ignore dots (either commas or periods) for better understanding of the text. Periods and commas are hard to differentiate from each other in the original.

Annotated transcription of Griffis's journal from March 19th, 1927 to April 20th, 1927

|page 1|

Day (18) Bright and fair. Beppu of sweet memory!

Saturday March ~~18~~ 19 [19]ₖ |at Fukuoka|ₖ

After a pleasant R.R.[11] ride, were met yesterday by our friends Rev. Clarence Norman and Miss Harriet Howey.[12] In hospitable homes Melody missionaries chat. Pleasant evening & morning (Saturday) at M.E.[13] School Commencement – fine – 500 pupils. At lunch spoke to girls and spectators 大.[14] Rain. Visited P.M. the Imperial University – Statue & Bas reliefs. 大 Nichiren.[15] Dinner at Mrs. Robert Spencer or Ballagh's[16] granddaughter (3 lovely children) Evening later (at home).

---

9) Sometimes he forgot to close the parentheses.

10) Katherine Johnson, "donated some additional archives to Rutgers in 1969 including the Korea diary. She tried to annotate and organize them before donating" (Fernanda Perrone, personal communication, September 30, 2016).

11) R.R. or RR refers to railroad.

12) Alice Appenzeller mentioned Miss Harriet Howey in her letter to Griffis (March 6th, 1927), of which the transcription is provided in the last section this paper.

13) "ME" or "M.E." for "Methodist Episcopal"

14) Griffis used the Chinese character, 大 to mean "big" or "important."

15) Nichiren is a Japanese Buddhist sect founded by Nichiren (1222-82).

16) There are three files of Jas. H. Ballagh ("Ballagh, Jas. H. 1870-1900," "Ballagh, Jas. H. 1901-1903," and "Ballagh, Jas. H. 1904-1919") in Japan Letters (Box 45). Mrs. Ballagh is also mentioned in the April 12th journal entry. R. E. McAlpine and Anna Ballagh McAlpine's letter to Griffis is in Korea Letters under the "M 1920-1927" file (Box 59).

[boxed note at top right of page:] Bad results from eating fish made over!

Sunday Mar. ~~19~~ 20 [20]ₖ

Rain. A.M. preached 中[17] interpreter in Pres[18] & Reformed Church (Miss 日十[19] Wada <fine> interpreter 大.) Dinner at home. Nap. Preached P.M. in ME ch.[20] "Heard in that he feared."[21] Evening "at home."

Monday Mar. 21

Sunshine again. Off to see the scene of the Tartar's Repulse (13th century).[22] <Wall etc.> Packed up. Sheraton hotel with Mrs. Spencer – tea party. Then on 1st class express train to Moji and Shimonoseki Hotel and Phila lady, Mr. & Mrs. Jenkins[23] (Englishman). On Steamship, fine room and berths for night ride. KOREA

Tuesday March 22

Alice Appenzeller[24] met us at station. [page3] Ride around Fusan[25] / 1 hour temple & Next to Seoul and after ride from 8 A.M. to 7 P.M. in the capital – warm welcome. Rode to Ewa Hak Tang[26] / Appenzeller - ville. Supper to bed at 9 P.M. Tired, but in Seoul – City of dreams from 1871.[27]

---

17) one of the three Chinese characters used in the part of Griffis's journal we are transcribing, perhaps meaning "China" or "Chinese."

18) Griffis used this abbreviation to mean "Presbyterian."

19) one of the three Chinese characters used in the part of Griffis's journal we are transcribing, meaning "Japan" or "Japanese."

20) Griffis used this abbreviation to mean "church."

21) The phrase seems to be the title of his sermon, which he gave in various places during his trip to Korea. It is also part of Hebrews 5:7 (KJV), "Who in the days of his flesh, when he had offered up prayers and supplications with strong crying and tears unto him that was able to save him from death, and was heard in that he feared."

22) The painting of the repulse of the Mongol Tartars was included in Griffis's book, *The Mikado's Empire* (1876) with the caption, "The repulse of the Mongol Tartars (from a painting by a Japanese who had studied under a Dutch master)."

23) Chas. F. Jenkins from Philadelphia was the president of the Swarthmore Chautauqua Association according to the letter sent to Griffis on July 2nd, 1920 from S. A. Beck ("B 1919-1924" in Korea Letters).

24) Alice Rebecca Appenzeller (1885 – 1950) was a daughter of Henry and Ella Appenzeller, pioneer Methodist missionaries to Korea. Ella Appenzeller worked with Mary F. Scranton, who established a women's school, Ewha Haktang (이화학당), in 1886. Alice was appointed as a missionary of "the Women's Foreign Missionary Society of the Methodist Church," and sent to Ewha Haktang. She was the 6th president of Ewha Haktang (1922-1939), and also was "Ewha College's first dean after she successfully persuaded the Japanese authorities to formally accredit Ewha as a women's college in 1925" ("Alice R. Appenzeller correspondence," 2013). Many of her letters sent to Griffis are in Korea Letters (Box 59), and one of her letter regarding Griffis's visit was transcribed in this paper.

25) Pusan (부산)

26) Ihwa Haktang (이화학당). Griffis usually spelled "Ihwa Haktang" as "Ewha Hak Tang" in his journal.

27) In the preface of his first edition on Korea, *Corea: the Hermit Nation* (1882), he wrote that he had spent a few days in 1871 in Tsuruga and Mikuni, where his interest in the neighboring country, Korea began.

Wednesday, Mar. [March]ₖ 23

Arm, bad, restless. Most of AM in bed. At 11:30 at bank, 2 drafts – Japan – & letter of credit – money. Then to great hotel hall. Met many readers of *Corea: The Hermit Nation,*[28] missionaries. Koreans, Japanese. Speech, 30 minutes rapt attention. Nap. Wrote letters. Took long walk. Retired early but had a poor night for sleep. Arm!

[page 4]

[note at top of page:] Buildings without nails

Thursday, March 24

Lovely day. Visited the Ewha School Library 大. M.C.G.[29] memorial collection complete. Thence to the Governor General Saito's[30] office, <Now Many 6227 in USA> chat (after 40+ years). Thence to Gov't[31] RR. office. Then to the new Gov't Bldg[32] 大 Dinner (日 + chow). Mr. (Kim) <: Cynn[33]> present. Nap. At 2:45 Mr. Oda from the Gov. General called, and we rode to the Museum (of Korean antiquities 大). Thence to old <Palace> Hall. <Dining> Wonderful nailless work. – East Gate etc. etc. Wonderful animation in the streets <shops>. White. color. Holy.

Friday, March 25.

Cloudy. Cool. Mr. Oda and auto came and we spent some time in Severance Hospital.[34]

[page 5] Then to Independence Arch. Dr. of Spine &, chat with examination – with 2 doctors. Koreans, etc. 大. Back to home. Dinner. Nap. Out with Mr. Oda in automobile. Lunch at Henry Appenzeller.[35] Saw Mary & her 3 children. Family party. Greatly enjoyed. Call on Dr. Shiga[36] at 大 Gov't hospital <Arboretum>. To Tomb of

---

28) Griffis's best known publication on Korea

29) Margaret Clark Griffis (1838-1913) was Griffis's sister.

30) Shishaku Saitō Makoto (1858-1936) was twice governor-general of Korea, first from 1919 to 1927, second, from 1929 to 1931 ("Shishaku Saitō Makoto," 2018).

31) government

32) building

33) Hugh Heung-Wo Cynn (신흥우, 1883-1959) was the author of *The Rebirth of Korea* (1920) and "the principal of the Pai-Chai School at Seoul, Korea" (Fuller, 1889, p.437). His letter, which was sent to Griffis as General Secretary of the Korean Y.M.C.A. on November 27th, 1922, can be found under "C 1920-1929" in Korea Letters. Cynn is also mentioned as Mr. Hugh Cynn in the March 28th journal entry.

34) "Severance Hospital was the founder of modern medical science in Korea with the establishment of Kwang Hye Won in 1885 by Dr. Horace N. Allen, missionary doctor, and has been serving the national health for the last 130 years as the leading organization among the medical institutions in this country" ("Severance Hospital," 2009).

35) Henry D. Appenzeller (1912-1926) was the son of Henry G. Appenzeller (1959-1902) who was a Methodist pastor and the founder of Paejae School (배재학당).

36) Kiyoshi Shiga (1871-1957) came to Korea in 1920 as "a clinical manager in the Japanese Government-General of Joseon" and as "Principal of Gyeongseong Medical College." In addition, he served as the president of "Gyeongseong Medlical College" from

Queen. Red arrow gates. To Marble 大 Pagoda. 大. Korean graves. Evening – dinner, by Viscount Saito,[37] at his palace. 24 present. Fine time!

[note at top of page:] Chinese Gate

Saturday, March 26

Rode out in the royal [page 6] palaces and show places. Then to Korean Club[38]– full Korean bill of fare. Sat beside educated Chinese girl (25 present). Speech &.Then home and nap. 4-6[39] Reception of Alice's friends (50 or 60). Chat with Bishop Welch[40] and Vice regent Saito. Then in auto – ride in the blooming. Over the hills. And the River Han. Korean Village etc. Supper at 8. Massage at a Hot bath 9:30. Off for Chemulpo[41] tomorrow!

[note at bottom of page:] stalled Koreans help out

Sunday, March 27

A heaven – sapphire and earths fair for our trip. Off at 8:30. afflictions with mud holes and nar-[page 7]-row bridge over a chasm. Arrived at the historic port & islands united to make a noble harbor. Looked into the native Korea church (good impressions). <25 years celebrations> At Mr. Biddle's home (lovely boy of 3) intelligent host & hostess – dinner <Henry & Mr. [Lacy]ₖ (Mary's husband) Mr., Mrs. Noble[42]> Nap. Walk to R.R. Station. By rail to Seoul! A lovely day! Masseur P.M.

[note at top of page:] Sunday evening – very pleasant dinner at Rev. Mr. Mrs. Grace Kilburn [Grace Kilburn Kerr[43]]ₖ, Dr. Kerr. <大>

Monday Mar. 28

Rode out with Mr. Oda to various city sights and streets – To dinner at Mary Appenzeller Lacy's.[44] Photos

---

1929 to 1931 (Matsuda, p. 30).

37) Shishaku Saitō Makoto (1858-1936) received the title of viscount in 1925 ("Shishaku Saitō Makoto," 2018).

38) H.T. Owens sent two letters to Griffis, one with an invitation to Seoul Lunchen Club and the other to discuss scheduling. Seoul Lunchen Club was a club for speakers of English, regardless of their nationalities (Yi, 2015, p. 237).

39) from 4 pm to 6 pm

40) Herbert George Welch (1862 –1969) was an American Methodist Bishop. "The 1916 General Conference elected Welch to the episcopacy and was assigned to the Japan and Korea area until 1928" ("Herbert Welch Papers," 2010). There is one letter written to Griffis by him on March 23th, 1921 under "W 1921" in Korea Letters (Box 60).

41) Inchŏn (인천)

42) William Arthur Noble (1866-1945) was a Methodist Episcopal missionary to Pyŏngyang and Seoul from 1892 to 1933. He also taught at Paejae School for three years (Han, 1994, p. 20).

43) There is one letter (July 10, 1925) sent to Griffis from Marcia Kerr, who is recorded as "sister of Grace Kilborn Kerr" on the back in Griffis's own handwriting ("K 1912-1925" in Box 59).

44) Mary Appenzeller Lacy was a daughter of the Rev. Henry G. Appenzeller, sister of Alice Appenzeller and Henry D. Appenzeller. There are letters sent to Griffis from Mary Appenzeller under "Appenzeller, Mary 1912-1920" in Korea Letters (Box 59).

taken. P.M. Women's Club at Ewha. WEG[45] spoke on "Women's Pro-[page 8]-gress in America." Live questions etc. 50 present <women>. Evening. Dinner (plates) at Mr. Hobbs[46]/ Bible Society agent – Scotland. 30 or 40 (Americans mostly) present, men & women. Mr. Hugh Cynn (Korean, book) read a paper on Korean farming, conditions of farmers, etc. WEG spoke twice. Pleasant Evening.

[side note:] Big dinner & company 7:30-9:30

Wednesday, March 29

Rainy day. At home A.M. reading. Dr. Jas. A. B. Scherer's[47] wonderful book, "The Romance of Japan." P.M. call on R.C. [Roman Catholic]ₖ Bishop, Mutel [Mutel]ₖ,[48] & bishop-elect. Photos taken.In cathedral. Delightful chat & call. Read Scherer's Japan 大. W.E.G. write the life of Admiral Saito of Korea 3.

[page 9]

[note at top of page:] Dinner - Good Fellowship Club. Japanese - Koreans. Station Restaurant.

Wednesday, March 39-30 [30]ₖ

Cool after rain but summer is coming. It's the time for Swelling of the bones. Finished the reading of James A. B. Scherer's "The Romance of Japan." Walk. Preparations for northern tour. & 大.

Thursday, March 31

Out in town. Haircut. Bank $150. Photograph of "the family." Henry's & Mary's children. _____ To Dinner at U.S.A. Consul General's home. 1-3.[49] Fine company. <Ithaca man, Miller[50]> historic grounds etc. Nap. Off to Revr. Dr. Gale[51] <大> – A Scholar's home. <大> Entertaining chat. Wonderful world of white clothes, shops, etc. in the street. Preparations for Northern trips.

Friday, April 1.

Left Seoul at 8 in the morning. Ride through the country till [till?]ₖ [page 10] Song Do[52] [Called KAIJO by

45) Griffis referred to himself as WEG or W.E.G. in his journal.

46) Thomas Hobbs (1880-?) was a missionary in Seoul from the British and Foreign Bible Society from 1910 to 1941 ("Biographies," n.d.).

47) James A. B. Scherer is the author of *The Romance of Japan through the Ages*, of which the first edition was published in 1926 in New York.

48) Gustave-Charles-Marie Mutel (1854-1933) was a "French cleric who led the Korean Catholic Church" (Rausch, 2018). He was the bishop (1890-1925) and the archbishop (1926-1933) of Seoul ("Biographies," n.d.)

49) from 1 pm to 3 pm

50) R. S. Miller was American Consul General. There are letters sent from him under "M 1920-1027" in Korea Letters (Box 59).

51) Reverend Dr. Gale is James S. Gale (1863 –1937) who was a Presbyterian missionary in Korea. Letters sent to Griffis from him can be found under "Gale, Jas. S. 1900-1921" in Korea Letters (Box 59).

52) Kaesŏng (개성)

Japanese]ₖ Sinto. Towards noon. <10:30> Met by Mr. C. H. Deal[53] who, besides being a missionary (Southern M.E.) carries on a factory - Textile Department of the Higher Common School[54] (wife 1s. 2 d. [1 son, 2 daughters]ₗ) Lovely home. Students into mills - a modern plant machinery etc. In automobile, visited the remains of temples, palaces of Korai[55] – the ancient kingdom, also the martyr's stones "blood" stains (assassination etc.) memorials, tablets etc. 4 P.M. meeting of missionaries. <Tea.> Gave a talk. Evening (after ride) early to bed.

Saturday, April 2

Off at early hours for Ping Yang.[56] Arrived. Rev. <Mr. Moore[57]> a Mine host. Rev. & wife met us with auto-[page 11]-mobile. Ride over the new made road. <a long> river, bridge etc. Lovely home. 2 children. Tea & meeting with many missionaries Pres. & M.E. at house of Mr. <J. Z.> Moore nearby. 大 Dinner at 6:30. Evening. Met the whole missionary body – young & old <young & old> in hall. Address.

[note at top of page:] Koreans squatting, hoofing, Japanese road making.

Sunday, April 3

Fair, cool, sunny. A.M. with Mr. Reiner[58] went to visit two large Presbyterian churches – Sunday School. (1ˢᵗ) Adult women 大 <200> (2ⁿᵈ) Boys & girls. Then to Methodist Church <with host> – 400-500 men, women, girls. Spoke - greetings. Interpreted. Dinner. Nap. 4:30 at Union Church. 200 <150> boys, girls, men, women. Preached [page 12] on "heard in that he feared." Evening, supper & company. Dr. Alexander, 2 d. 1 son.[59] Pleasant evening, Good company.

---

53) C. H. Deal was the "manager of the Textile department of the Songdo Higher Common School, Songdo Korea" (Southern Association of Science and Industry (U.S.), 1922, p. 83).

54) "In Songdo, Korea, is located the Songdo Higher-Common School established under the auspices of the M.E. Church South. The feature of this school is a textile department with an electrically driven, modernly equipped weaving and dyeing plant, where Korean Christian boys who want an education can secure it if they are willing to work five hours a day for the privilege of going to school the other half of the day. The boys are given practical training in self-reliance, personal independence, true economic values, and the fundamental principles of a successful life. In short, they receive a character development no ordinary educational system gives" (Southern Association of Science and Industry (U.S.), 1922, p. 48).

55) Koryŏ (고려)

56) Pyŏngyang (평양)

57) John Z. Moore in Pyŏngyang sent a letter to Miss Apenzeller on March 26ᵗʰ, 1927 about the plans and schedules for William Elliot Griffis for his Pyŏngyang visit ("M 1920-1927" in Korea Letters (Box 59)).

58) Ralph Olive Reiner (1882-?) was a missionary in Pyŏngyang from 1908-40 ("Biographies," n.d.). Mr. Reiner was referred to as "Mr. Reiner of the Presbyterian Mission" in the letter sent by John Z. Moore on March 26ᵗʰ, 1927. He also sent an invitation letter to William Elliot Griffis on behalf of the Presbyterian missionaries on January 10ᵗʰ, 1927 from Pyŏngyang. Those two letters are found under the file, "M 1920-1927" (Box 59) and "R 1920-1927" (Box 60) respectively in Korea Letters.

59) two daughters and one son

Monday, April 4

[Writing Tues April 4]$_k$ In Manchuria. 8 A.M.[60]

<_____日 + invasion 1593[61]> visited A.M. Peony Point.[62] Wonderful view. Over Ta Tong river,[63] landscape &, Then to (the only) Buddhist Temple left of old. Then to the gate (Japanese 1593). <speak> Then to where Konishi met, in interview, with the Chinese General, 1593-4.[64] Then over the city with cicerones.[65] Packed and ready for the dinner tendered by the governor. at Hotel. 15 or 20. Decorations. Japanese [page 13] ladies & Then to R.R. Station – train (from Fusan an hour late - Stormy sea last night. delay at Fusan) Began our long ride to Mukden,[66] 1 hour at An-Tung[67] [ANTUNG]$_k$ <Chinese> customs. Met new cicerone. Old one (Mr. Kondo) departed. New one, Mr. Iwata in. with us to Dairen & back to border. In sleeping car all night. At 6:25 [A.M. Tuesday]$_k$ at Mukden. At Yamato Hotel. B'kfast[68] & short walk. A busy scene at Station. Frost. Old snow in piles. Sunny fair day.

Tuesday April 5

In the Ming (old) capital and the new Japanese city addi-[page 14]-tional, made since war with Russia. At 9:30 started out to see the Ming tomb. 大 & glorious. Terra cotta splendor. 大 mound. Afternoon, rode with F.K.G[69] & 2 Japanese cicerone, to shops etc. Read Life of Willard Straight by Herbert Croly.[70] 大

[note on top of page:] Call at American consulate – girl, a student at Cornell. Borrowed half of "Willard Straight"[71]

---

60) Griffis spent Monday, April 4th in Pyŏngyang. He started a day in Manchuria in Tuesday, April 5th.

61) Japanese Invasions of Korea (임진왜란)

62) Moran Hill or Peony Hill (모란봉)

63) Taedong River (대동강)

64) Konishi Yukinaga was a Japanese commander during Japanese invasions of Korea (1592-1598). "Reinforced after a truce, Chinese General Li Rusong led 40,000 veteran Ming troops on a mid-winter offensive against the Japanese at Pyongyang. Facing a massive assault on the city, the courageous Japanese commander Konishi Yukinaga was forced to withdraw across the frozen Tadong. He then retreated towards Seoul, where the Chinese were finally halted at Pyokjekwan (10 February 1593)" (Jaques, 2007, p. 827).

65) an old term for a guide

66) Shenyang (심양)'s old name.

67) Dandong (단둥)'s old name.

68) breakfast

69) Francis King Griffis was William Elliot Griffis's second wife.

70) Herbert David Croly (1869-1930) was the author of *Willard Straight* (1924).

71) "Willard D. Straight was born on January 31, 1880 in Oswego, New York. Having spent four years in Japan during his childhood, he developed an interest in all things connected to the Far East. After majoring in architecture at Cornell University (1897-1901), he was appointed to a position with the Chinese Imperial Maritime Customs Service, and from 1902-04 he was personal secretary to Sir Robert Hart, Inspector General of the Service in Peking. Also in 1902, he illustrated Verse and Worse for J.O.P. Bland. In 1903, Reuters (some sources say Associated Press) hired Straight as a correspondent during the Russo-Japanese war, which brought him for the first time to Korea on March 16, 1904. In that capacity, he remained in Korea (mostly in its northern parts around

Wednesday April 6

With Messrs.[72) Ikeura[73) & Uyeda[74) rode out in automobile To the 大 Museum. Park. Star Beach Legend 9 stars <islands> Dinner 大 the bean-cake supplies. The great docks, miles of bean-supply, 大 foundries. The wonderful port – supplies & improvements. Evening in hotel – Lantern & pictures of Mongolian & Japanese [page 15] songs & music (samisen[75) 2 persons – old style, and Masamune (sword maker)[76) fat, etc. <6> 3 instruments & 3 singers – solemn – old style). Bath, massage, poor night, neuritis!

[note on top of page:] [DAIREN]ₖ

Thursday April 7

Sunshine in The Land of beans. Museum and its wharves etc. show that the Japanese know how to "replenish the garth and subdue it." Ready A.M. for the trip to Port Arthur.[77) Visited the Boy's Grammar & Girls' School (at later spoke) Hospital (大). & Ride to Port Arthur. dinner at Yamato Hotel. Governor etc. To The forts [page 16] field of battles <and bombardment.> The museums, industrial, military etc. etc. 大 day

Friday April 8

In Mukden again. At 7 A.M. and at the Yamato Hotel. Sunshine. Cold. Raw. Ride A.M. into the old city – wholly Chinese. F.K.G's purchases, etc. Off at 3 P.M. On train to Seoul. Stop at Antung (Chinese frontier 1 hour. Good sleep

Saturday April 9

In observation car, after grand mountains, valley, steppes, graves into the darkness. Then good sleep and awake in Korea (Graves, mountains <Breakfast on car> Arrived 9:40 at Seoul. Alice & Mr. Oda at [page 17] Station. In old quarters. Digested large mail. Wrote cards, letters etc. Chat. Early to bed. <Massage>

[note on top of page:] Ewha Hak Tang

Pyongyang, the port city of Nampo and the Yalu River). In June 1905, he was appointed personal secretary to the American ambassador to Korea, Edwin V. Morgan, and was at the same time named vice-consul to Seoul by the Foreign Affairs Office. He resided in Korea until December 25th of the same year, recording the dramatic events of the Japanese takeover of Korea in great detail" ("A Short Biography: Willard Straight in Korea," 2018).

72) plural form of Mr.

73) There is one file, "Ikeura S. 1927" in Japan Letters (Box 49).

74) There are two files with "Uyeda" in Japan Letters, "Uyeda Kyusje 1927" and "Uyeda Yoshitake 1920-1825" (Box 56).

75) Japanese musical instrument

76) Masamuneis known as Japan's greatest swordsmith.

77) a district in Dalian (= Dairen,대련)

Sunday April 10

Lovely day. With Alice and Mr. Lacy, visited 2 Methodist Korean churches (one founded by Horace Underwood) and one Congregational (Lord's Supper etc. Soldier etc.) Spoke at Pres. 1 minute & at Cong'l Ch.[78] 10 minutes. <music 大> Dinner with Bishop & Mrs. Welch. Nap. Preached at Woman Church, "in that he feared" sermon. Inspiring audience. Refugees from China etc. Evening at home.

[on the left side margin:] Inspiring, enchanting music by Tokyo String Quartettes

[on the right side margin:] Sang 'When I survey' in 'Hamburg'[79]

Monday April 11

Lovely day! The trees [page 18] bursting into bloom. With Alice A,[80] made inspection of the School, rooms, equipment of the Ewha (girl's school and college). Put papers, letters etc. in partial order. At 11:20, into the School hall, 300 scholars in high grades the auditory (30 minutes talk on American life, W.E.G.'s home &.)

[note on top of page:] P.M. April 11 addressed the Korean Asiatic Society. Early 日 + Korea.

~~Monday~~ Tuesday April 12

The pageant of incoming spring! At Theological Seminary M.E. Ch. Spoke to 40+ Korean students. Busy revising letters etc. received in Japan & Korea. P.M. 2-3[81] Talked to the Senior Class, boys & girls, [page 19] in the school for foreign (mostly missionaries' children) on the Civil War Leaders, campaigns etc. Evening at "Town Hall" – music concert by violinists, singers, piano etc. of young performers from Tokyo Conservatory of Music. Crowded Hall. Good programs (Mrs. Ballagh + E. H. House[82]) <USA>

Wednesday April 13

Cold. After breakfast over to Paichai School[83] (Henry Appenzeller principal). 7:50 boys, Drill. In 1st brick building in Korea spoke to the boys on Fear. 123 | Walk, Busy at typewriter. 10-12:30. Dictated letters to Katherine, g. d.,[84] Minister of Foreign Affairs (Tokyo) _____ life of Mutsuhito:[85] articles for the ~~Independent~~

78) Congregational Church

79) sang the hymn, "When I survey the wondrous cross" in Hamburg tune, a hymn tune written by Lowell Mason

80) Alice Appenzeller

81) from 2 pm to 3 pm

82) Edward Howard House (1836 –1901) was a "Meiji Westerner" and worked as an "America's first full-fledged foreign correspondent in Japan" (Huffman, 1987, p. 231). From 1869 until his death, "he spent all but eight years in Japan, teaching English, writing for leading American papers and journals, promoting reforms in music and in the treatment of women, publishing an English-language newspaper, corresponding with powerful friends, and crusading for treaty reform and better American diplomats" (Huffman, 1987, p. 231). There is one file, "House, E. H. 1888" in Japan Letters (Box 49).

83) Paejae School (배재학당)

84) granddaughter

85) Komei Mutsuhito (1852-1912), Emperor Meiji was the 122nd Emperor of Japan.

Congrst Boston[86] [page 20] on Congregationalism in Korea. to Mr. Araki[87] etc. 大.

[note on top of page:] Evening <大> with the "returned Korean students." Supper & address by W.E.G.

———

Thursday April 14

Rain, refreshment to the grass & flowers. Bursting forth of blooms on MSS.[88] Took dinner at the home of Rev. Dr. & Mrs. Noble -two ladies, refugees from Hankow[89] China, present – The Mikado's men also in Seoul – ? We go to supper and for the evening at Mary's (Mr. & Mrs. Lacey) Finished ME: "Then & Now," for the Missionary Review of the World.[90]

Have completed "Congregationalism in Korea" for the Congrsl[91] Boston. Begunrevision of N.Y. Times "Current Hobby." Alice's Type Writer. Japanese soldiers numerous in the city today. Refugees numerous [page 21] Evening. gathering of M.E. people at Mary (Appenzeller) Lacey's. 40 or more. Glorious night new moon

Monday April ~~14~~ [15]ₖ

Beautiful day! In automobile rode out to the Korean Christian College (Dr. O. R. Avison MD. LLD[92]). Spoke to the students (fear, servanthood) Preparations for leaving Korea – first forTaiku.[93] In the afternoon 4:30-6 meeting of Y.M.C.A. or more specially Congregational Xtians[94] – old & young, male & female, in a beautiful hotel garden. W.E.G. spoke. Much merriment. A holy crowd. Cool Sunsetglory! City 大

Saturday April 16

Morning at home. Sent off MSS on [page 22] Congregationalism in Korea P.M. Corrected proofs of address for Asiatic Society publication. At Henry Appenzeller'schileren's party. Easter eggs & Larna's (girl) Evening at Hall, of 日+ Y.M.C.A. Koreans & Japanese. Lecture on Japan Past & Present. 大

———

86) The Congregationalist (newspaper) was published in Boston. There is one letter sent on December 6th, 1929 after Griffis's death from the Congregationalist in Korea Letters under "C 1920-1929" (Box 59).

87) There are two files with "Araki" in Japan Letters, "Araki A. 1926" and "Araki S. 1927" (Box 45).

88) Griffis used MSS for manuscripts in his journal.

89) Hankou (한커우)

90) The Missionary Review of the World is the periodical published between 1878 and 1939.

91) The Congregationalist

92) Oliver R. Avison, M. D. (1860-1956) was a medical missionary in Korea. He "developed the House of Universal Helpfulness," later "expanded to become Severance Union Medical College" (Choi, 2018, p. 1).

93) Taegu (대구)

94) Christians

Sunday April 17[17]k

[note on the left side:] Spoke

A day of glory! Easter carols sung. 1:30 & 5:30 A.M. by Korean girls & boys. At the Appenzeller 1 ch. 10 or 12 members admitted. A dozen babies baptized. In H. G. Appenzeller's[95] 1st church. All the trees bursting into bloom. Photographs taken at 2:30 大 Off for Taiku on cars at 10+ P.M. A [page 23] group of 20 friends at Station to see us off. Kisses.

Monday April 18

Dr. Fletcher[96] at Station to meet us (Morning fire – fog over city <kang[97]> ovens fired) After breakfast Rev. Mr. Blair[98] [Blair]k in automobile took for Chang Jiu[99] (Shinra's Capital) Breakdown on bridge. In after auto to the city. Passed king's mounds, graves, tablets on great tortoises etc. In museum 大 Bell, antiquities etc. dinner in museum grounds. Ride to famous temple antiquities etc. Back at 5. Evening, met missionaries. Gave historical address Japan 1870-74.

[note on left side margin:] SHINRA

[note on the right side margin:] Prince expected with bride. Plans for him etc.

[page 24]

[note on top of page:] LEPERS [at Taiku]k The lepers

Tuesday April 19

A.M. Visited and spoke in boys' School girls' school. LEPER Hospital. P.M. Ride in city. NAP. P.M. ride around city with Dr. Fletcher. Off at 5:40 <P.M.>, ride to Fusan. On boat all night. To Shimonoseki. Rain

Wednesday April 20

Rainy. At hotel, breakfast. Then on train 1st class at 8:40. Rode all day along the Inland Sea (A Sea of green inland, contrasting with the dun color of March) Met Mr. Leocard 日+ of Yokohama & Englishman Mrs. Scott. Long chat. Lunch together. Arrived at Okayama at 5:20. At 日+ Inn. Walk. Mover. ½ hour. Supper. in room.

4. Letters sent to Griffis in 1926 and 1927 in "Korea Letters"

The correspondence series in the WEG collection has three subseries, "Japan Letters," "Korea Letters" and

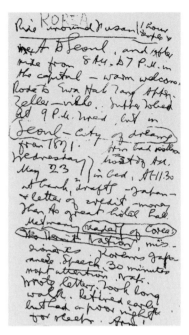

Picture 3. Original Image of Griffis's Journal Entries I

*Courtesy of Griffis Collection, Photo by S. Park

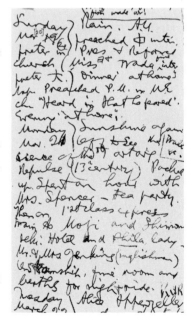

Picture 4. Original Image of Griffis's Journal Entries II

*Courtesy of Griffis Collection, Photo by S. Park

95) H. G. Appenzeller is H. D. Appenzeller's father. There is a file, "Appenzeller, Henry 1890-1895" in Korea Letters (Box 59).

96) Archibald. G. Fletcher (1882-1970). There is a file, "Fletcher, Dr. A. G. 1927" in Korea Letters (Box 59). One letter from him, which was sent to Griffis on February 22th, 1927, was transcribed in this paper.

97) traditional heatable brick bed of China

98) Rev. Herbert E. Blair (1879-1945) was a Presbyterian missionary in Taegu ("The Chosen (Korea) Mission," 1920, p. 191).

99) Kyŏngju (경주)

"China Letters." The following is the list of files in "Korea Letters," which are arranged, first in alphabetical order and then in chronological order. The title of each file represents the name of a person or an institution who sent a letter or letters to Griffis. Only one letter written by him is included under "Griffis, William Elliot" because it was returned to him. Under each file, which is equivalent to one folder in a box in the WEG collection, one to forty pages of letters are included, sometimes along with an envelope or pictures.

Table 2. List of Senders in Korea Letters[100]

(Korea Letters 《 Correspondence 《 William Elliot Griffis Papers 《 Manuscript collection 《 the WEG collection)

Name	Year	Name	Year	Name	Year
Allen, Horace Newton	1888-1890	Gilmore, George W.	1893-1919	M	1920-1927
Allen, Horace Newton	1895-1911	Griffis, William Elliot	1920	Niwa S.	1927
Appenzeller, Alice	1911-1912	G	Undated and 1910	N	1894-1912
Appenzeller, Alice	1918-1921	Harada Tasuku	1915	Owen, H.	1927
Appenzeller, Alice	1922-1927	Hulbert, Homer B.	1892-1897	Park EunSie[c]	1920
Appenzeller, Ellen	1912-1913	Hulbert, Homer B.	1900-1906	P	1911-1921
Appenzeller, Henry	1890-1895	Hulbert, Homer B.	1911-1917	Rhee Syngman	1919
Appenzeller, Henry	1912-1926	H	1890-1899	R	1902-1919
Appenzeller, Ida	1912-1917	H	1911-1920	R	1920-1927
Appenzeller, Mary	1912-1920	Ito, Prince	1908	Saito M.	1920-1927
A	1894-1916	I	1877-1908	Scribner's, Charles Sons	1884-1918
B	1874-1912	Jaisohn, Philip	1919-1922	Shibata Z.	1921
B	1919-1924	Heber-Jones, George	1894-1912	Sok Ye Koi	1896
Cho H. Y.	1923	J	1894-1912	Sonoda Y.	1923
Cromwell, Thomas Y & Co.	1911-1921	Kim P Yongji?	1927	S	1895-1926
C	1874-1907	Komatz Midori	1893	T	1896-1904
C	1920-1929	Korea, Legation of	1901-?	Underwood, H	1899-1909
D	1888-1920	Kraik, Earl	1916	Usami K	1912
E	1911, 1921	K	1912-1925	V	1903-1919
Fletcher, Dr A. G.	1927	Loomis, Henry	1914-1917	Walters, Jeanette	1919
F	1890-1898	L	1877-1912	Watanabe N.	1910-1921
F	1900-1927	Morris, C. D.	1911-1916	W	1894-1904
Gale, Jas S.	1900-1921	Morris, Louise	1902, 1910-1911	W	1921
Gifford, D. L.	1895	M	1894-1906	Yun Ye Cha	1890-1892
Gillett, Philip L.	1902-1905	M	1907-1919	Unidentified	

Griffis's trip to Japan and Koreastarted in December of 1926. Therefore, the letters that were sent to him in 1926 and 1927 had requests, schedules and plans for his visit to Korea. The following is the list of those letters. Out of 20, 19 letters were about his visit to Korea.

---

100) from *MC 1015 Finding Aid for the William Elliot Griffis Collection 1859-1928*

Table 3. Letters Written between 1926 and 1927

(Korea Letters 《 Correspondence 《 William Elliot Griffis Papers 《 Manuscript collection 《 the WEG collection)

Micro-film reel no. & WEG collection box no.	Files in Korea Letters (Finding Aid)	Number of letters	Person / Institution by whom the letter was written*	Place where the letter is written	Date	Discussion of Griffis's visit to Korea
Reel 38 Box 59	Appenzeller, Alice 1922-1927	3	Alice Appenzeller	Seoul	12/3 1926	√
				Seoul	1/6 1927	√
				Seoul	3/2 1927	√
Reel 39 Box 59	Appenzeller, Henry 1912-1926	1	Henry D. Appenzeller (Bai Chai Higher Common School)	Seoul	12/4 1926	√
	C 1920-1929	1	The Christian Literature Society of Korea (Gerald Bonwick, Publications Secretary)	Seoul	3/31 1926	X
		1	Cooperating Board For Christian Education in Chosen (Chosen Christian College) (Severance Union Medical College) (H. T. Owens, Secretary, Seoul Luncheon Club)	Seoul	1/8 1927	√
	F 1900-1927	0	no letter between 1926-1927	N/A	N/A	N/A
	Fletcher, Dr. A. G. 1927	3	A. G. Fletcher (Taiku Leper Hospital)	Taegu, Korea	2/22 1927	√
				Taegu, Korea	3/30 1927	√
				Taegu, Korea	10/10 1927	√
	Kim P. Yongji? 1927	1	F. Yongju Kim (The "Seoul Press" A Daily Newspaper)	Seoul	3/3 1927	√
	M 1920-1927	2	Ransford S. Miller (Mr. Miller) (American Consular Service)	Seoul	12/16 1926	√
				Seoul	3/23 1927	√

Reel 39 Box 59	M 1920-1927	1	R. E. McAlpine and Anna Ballagh McAlpine	Fukuoka, Kyushu, Japan	2/1 1927	√
		1	John Z. Moore (Mr. & Mrs. J. Z. Moore)	Pyŏngyang, Korea	3/26 1927	√
	Niwa, S. 1927	1	S. Niwa (Y.M.C.A.)		3/27 1927	√
	Owen, H. 1927	1	H. T. Owens (Accounting Department: H. T. Owens) (Severance Union Medical College) (Nurses' Training School) (Severance Hospital)	Seoul	2/10 1927	√
Reel 39 Box 60	R 1920-1927	1	Henry B. Restarick (Bishop Restarick)	Honolulu	11/21 1926	X
		1	R. O. Reiner (Secretary for the Station)	Pyŏngyang, Korea	1/10 1927	√
	Saito M 1920-1927	1	M. Saito (Government General of Chosen)	Seoul	03/05 1927	√
	S 1895-1926	1	A. G. Sudlow (Severance Hospital)	Seoul	11/23 1926	√

* In parentheses in the fourth column, we add further information on personal names or institutions, obtained from the letters or the envelopes.

As it is beyond our capacity to provide all of Korea Letters that are relevant to Griffis's Korea trip, as a sample we provide two letters in this section: one letter from Alice Appenzeller and one from Dr. A. G. Fletcher.

Notes

- ＿＿＿ is used when the transcription cannot be found.

Transcription of a letter from Alice Appenzeller, March 6th, 1927

Seoul, Mar. 6. 1927

Dearest Mrs. Griffis and both of you!

Your letter from Beppu received yesterday, is most welcome, and I hasted to send a reply before you have moved on. The latest news of you I'd had before that was word that Bishop Welch got from Governor General Saito, with whom we travelled from Fusan last Wednesday. Viscount Saito said you were coming to Seoul Mar.

17th and would stay with Miss Appenzeller – all of which was welcome news. I pictured Dr. Griffis is speaking at my two commencements on the 18th. But the later twice will really be better, I think, so I'm just as well pleased. It isn't that I don't want you at any time you can come, but it would be such a disappointment to have you here and not be able to be with you.

Well, just come when you can, stop over here first a day or two to make out your itinerary, then perhaps go to Manchuria and wherever else you want to go in the north and have your week as so in Seoul from April 1 on, as long as you can make it. Alumnae Day is Mar. 19. Then all will be over but entrances exams, planning for the new schedule, etc. till Apr 7, the opening day. I can't bear not to have you see our girls at all, and if you see the new term open you'll get some impression of how things are.

I just want you to feel right as if you were back home when you come here – and get rested up or mended up or washed up (!) or doctored up or everything else that one can't get done while rushing around. We have girls who'll be happy to mend for you, good servants and a nice, informal family of college women, much like _____, as you said, and they're all eagerly awaiting your visit. You know Severance Hospital, with its fine corps of American doctors, is found all turn the East, and perhaps Dr. Griffis would do better to come over here and get fixed up. Of course, it's colder here, just like Philadelphia climate, but we keep our house warm with steam. We have a woman, Dr. Mary Stewart, living with us, and we think she's pretty good. So you see I'm just doing all I can to get you over here and keep you!

We're ever so sorry to hear of your suffering, dear Dr. Griffis, and wife you're getting relief. Lying awake at night with pain is certainly most distressing at the time, and unfits one to enjoy the day time. I do hope you're much better now!

I must leave all the news for next time. The Lacys are here and almost settled in a house in our compound. You'll hardly know "little Mary," she's so fat and matronly with her three cherubs. All are well, we're relieved to know, after so much illness in America.

Just drop me a card when you think you can come and wire from Fusan the time you arrive here and we'll do the rest. Do you travel first or second class? If you take the night boat from Shimonoseki and the day train from Fusan, the most comfortable and interesting way, I'll meet you perhaps at Suigen,[101] an hour down the line – but that will depend on whether I can get away that day or not.

Well, it's glorious to have you as near as Kyushu, any way. You'll go to Fukuoka and see Betty's school, I hope – Fukuoka Go Gakko. Miss Harriet Howey, now principal, will be delighted. No more now, but my dearest love to you both.

Your Alice.

Picture 5. Original Image of Alice Appenzeller's letter to Griffis

*Courtesy of Griffis Collection, Photo by S. Park

---

101) Suwŏn (수원)

Picture 6. Scanned Image of Dr. A. G. Fletcher's letter to Griffis

*Courtesy of Griffis Collection, Scanned by S. Park

Dr. A. G. Fletcher

Taiku

Chosen, Japan

Feb. 22 — 1927

Dr. Eliot Griffs

Tokyo – Japan

My dear Dr. Griffs

Having learned from Mr. Hugh Miller of Seoul that you were expected there about the 20th of March I write to ask if it would be possible for you to stop over at Taiku for a couple of days while on your way to Seoul.

There are about 20,000 Japanese and forty fifty thousand Koreans in addition to twenty five missionaries who would be delighted to see and to have you speak.

If it is possible for you to pay us this visit please drop a line in advance that we may make the necessary preparations for your coming.

Your sincerely

A. G. Fletcher

5. Conclusion

It is not clear how Griffis planned his Korea visit; whether it was planned from the very beginning stage of his plan for his Japan trip, or included later and whether his decision to visit Korea was due to the requests by other people or his own will. However, it is clear from his journal transcripts that Griffis was eagerly looking forward to an opportunity to visit Korea. In the March 22nd entry, he wrote "Seoul – City of dreams from 1871." His itinerary mostly included meetings with missionaries, but he also enthusiastically recorded historical facts during his stay in Pyŏngyang and Kyŏngju. We believe that further research will be needed to fully understand the background and the implications of his Korea trip. Besides his journal and the correspondence in the WEG collection that we highlight in this paper, there are other resources that await further research, such as (1) "Korea, the Land of Morning Splendor Typescripts," which was written after his visit to Korea, in Manuscripts series (Box 76), (2) "Griffis's Pocket Calendar 2017" in Engagement Calendars series (Box 4), (3) "Japan Letters in Correspondence series" (Box 45-57), and (4) "Misc. Clippings and Notes, Including from 1926-1927 Japan Trip" in Notes and Subject Files series (Box 88). A fuller picture of his Japan-Korea visit would be obtained when all these resources were properly scrutinized.

References

A short biography: Willard Straight in Korea. (2018). *Rare and Manuscript Collections*, Cornell University Library. Retrieved from http://rmc.library.cornell.edu/Straight/bio.html

Alice R. Appenzeller correspondence. (2013). *Archives West*. Retrieved from http://archiveswest.orbiscascade.org/ark:/80444/xv84503#historicalID

Biographies. (n.d.). *UCLA online archive Korean Christianity*. Retrieved from http://koreanchristianity.cdh.ucla.edu/biographies/missionaries/

Choi, Jai Keun. (2018). Preeminent medical missionary in the 20th century: Oliver R. Avison. *Yonsei Medical Journal, 59*(1), 1-3.

Chŏng, Sŏng-hwa. (2000). W. Kŭrip'isŭ. *ŬnjaŭinaraHan'guk*: Kŭrip'isŭ ŭi Han'gukkwan ŭl chungsimŭro.*Haeoe Han'gukhak P'yŏngnon, 1,* 9–35.

Fuller, H. S. (1889). *School: Devoted to the public schools and educational interests.* New York: School News Co.

Han, Kyŭ-mu. (1994). "The journals of Mattie Wilcox Noble 1892-1934" e taehan sogae. *Han'guk Kidokkyŏ YŏksaYŏn'guso Sosik, 15,* 20-22.

Herbert Welch Papers. (2010). *The general commission on archives and history: The United Methodist Church.* Retrieved from http://catalog.gcah.org/publicdata/gcah5099.htm

Huffman, J. L. (1987). Edward Howard House: In the service of Meiji Japan. *Pacific Historical Review, 56*(2), 231-258.

Japan through Western eyes: Manuscript records of traders, travellers, missionaries & diplomats, 1853-1941. Parts 2-5, the William Elliot Griffis Collection from Rutgers University Library: A listing and guide to parts 2-5 of the microfilm collection. (2000). Marlborough: Adam Matthew Publications.

Jaques, T. (2007). Pyongyang, 1593, Japanese Invasion of Korea. *Dictionary of battles and siege. volume 3, P-Zs: A guide to 8,500 battles from antiquity through the twenty-first century.* Westport, CT: Greenwood Press.

Matsuda, Toshihiko. (2014). Kiyoshi Shiga and Joseon under Japanese Rule. *The Hallym Journal Of Japanese Studies, 25,* 5-58.

Rausch, F. (2018). Catholic Christianity in Korean History. *Oxford Research Encyclopedias.* Retrieved from http://asianhistory.oxfordre.com/view/10.1093/acrefore/9780190277727.001.0001/acrefore-9780190277727-e-311

Severance Hospital. (2009). *Yonsei University Health System.* Retrieved from http://www.yuhs.or.kr/en/hospitals/severance/Sev_Intro/Gnr_info/

Shishaku Saitō Makoto. (2018). *Encylopædia Brittanica.* Retrieved from https://www.britannica.com/biography/Shishaku-Saito-Makoto

Simmons, R., Piez, W., & Perrone, F. (n.d.). *Finding Aid: MC 1015 William Elliot Griffis Collection 1859-1928.* New Brunswick, NJ: Special Collections and University Archives, Rutgers University Libraries.

Southern Association of Science and Industry (U.S.). (1922). *Manufacturers record, 82.* Baltimore: Manufacturers Record Publishing Co.

The Chosen (Korea) mission. (1920). *Annual report of the Board of Foreign Missions of the Presbyterian Church of the United States of America, 83.* NY: New York.

Yamashita, Eiichi. (2013). *Gurifisu to Fukui.* Sakai, Japan: Ekushito.

Yi, T'ae-jin. (1999). Kŭndae Han'guk ŭn kwayŏn 'ŭndun'guk' iŏttŏn'ga? *Han'guksaron,* 717-749.

Yi, Yŏng-mi. (2015). Kŭrip'isŭ (1843-1928) ŭi Han'guk insik kwa Tong Asia (Doctoral dissertation). Retrieved from RISS International.

Appendix: A List of Studies on William Elliot Griffis Since 1918

Year	Author(s)	Title	Venue	WEGC mentioned	WEGC used
1918	Yi, Pyŏng-do 이병도	Toksŏ ugam 讀書偶感	학지광 제15호	X	X
1960	Burks and Cooperman A	Dr. William Elliot Griffis (1843-1928) and 'The Hermit Nation'	아세아연구 Vol. 3, No. 1	O	O
1960	Burks and Cooperman B	The William Elliot Griffis Collection	The Journal of Asian Studies Vol. 20, No. 1	O	O
1962	Hong, I-sŏp 홍이섭	Kumiin ŭi Han'guk yŏsŏnggwan 歐美人의 韓國 女性觀	아시아여성연구 1	X	X
1987	Sin, Hyŏng-sik 신형식	Ilche ch'ogi Miguk sŏn'gyosa ŭi Han'gukkwan – Griffis ŭi *Corea, The Hermit Nation* ŭl chungsim ŭro 日帝初期 美國 宣敎師의 韓國觀: Griffis의 *Corea, The Hermit Nation*을 中心으로	主題研究 14	X	X
1997	Ch'oe Tŏk-su 최덕수	개항기 서양이 바라본 한국인 한국 역사	민족문화연구 제30집	X	X
1999	Yi, T'ae-jin 이태진	Kŭndae Han'guk ŭn kwayŏn 'ŭndun'guk'iŏttŏn'ga? 근대 한국은 과연 '은둔국'이었던가?	韓國史論 Vol. 41, 42	X	X
1998	Yi, Tae-Jin [Yi, T'ae-jin]	Was Korea really a "Hermit Nation"?	Korea Journal Vol. 38, no. 4	X	X
1999	Chŏng, Yŏn-t'ae 정연태	19-segi huban 20-segi ch'o sŏyangin ŭi Han'gukkwan - sangdaejŏk chŏngch'esŏngnon, chŏngch'I sahoe pup'aeron, t'ayulchŏk kaehyŏk pulgap'iron 19세기 후반 20세기 초 서양인의 한국관 – 상대적 정체성론, 정치사회 부패론, 타율적 개혁불가피론	역사와 현실 34	X	X
2000	Chŏng, Sŏng-hwa 정성화	W. Kŭrip'isŭ. *Ŭnja ŭi nara Han'guk*: Kŭrip'isŭ ŭi Han'gukkwan ŭl chungsim ŭro W. 그리피스. 『은자의 나라 한국』: 그리피스의 한국관을 중심으로	해외한국학평론 1	O	O
2000	Cheong, Sung-hwa [Chŏng, Sŏng-hwa]	William Elliot Griffis and emerging American images on Korea	The Review of Korean Studies Vol. 3, No. 2	X	X

Year	Author(s)	Title	Venue	WEGC mentioned	WEGC used
*2001	Yi, Pae-yong 이배용	Sŏyangin i pon Han'guk kŭndae sahoe 서양인이 본 한국 근대 사회	梨花史學研究 (Bulletin of the Ewha Institute of History) Vol. 28	X	X
2002	Cho, Ŭn-yŏng 조은영	Miguk ŭi Tongyang ilki 미국의 동양 읽기	미술사학연구	X	X
*2002	Kim, Ŭn-jŏng 김은정	Sŏyangin ch'ulp'anmul e pich'in Chosŏn sahoe insik e kwanhan yŏn'gu: W. E. Kŭrip'isŭ, G.N. K'ŏjŭn ŭi tanhaengbon ŭl chungsim ŭro 서양인 출판물에 비친 조선 사회 인식에 관한 연구: W. E. 그리피스 · G.N. 커즌의 단행본을 중심으로	석사학위논문 한양대학교 언론정보대학원	X	X
*2005	Chŏng, Sŏng-hwa 정성화	Che 5-chang William Kŭrip'isŭ ŭi Han'gukkwan 제 5장 윌리엄 그리피스의 한국관	서양의 한국 명지대학교 출판부	O	O
2006	Kim, Su-t'ae 김수태	Williŏm Kŭrip'isŭ ŭi *Ŭndun ŭi nara, Han'guk* - Han'guk kodaesa sŏsul ŭl chungsim ŭro 윌리엄 그리피스의 『은둔의 나라, 한국』 – 한국 고대사 서술을 중심으로	발표 프린스턴 한겨레문화강좌 45	O	X
2007	Kim, Sang-min 김상민	Kaehwa, Ilchegi Han'guk kwallyŏn sŏyang munhŏn e nat'anan Han'guk insik yangt'ae yŏn'gu 개화, 일제기 한국관련 서양문헌에 나타난 한국인식양태연구	박사학위 논문 명지대학교	X	X
2008	Kim, Chong-ch'ŏl 김종철 [Kim, Jong-Cheol]	Kŭrip'isŭ sujip Han'guk kojŏn sosŏl tu p'yŏn kwa Kŭrip'isŭ ŭi Han'guk sŏrhwajip 그리피스 수집 한국 고전소설 두 편과 그리피스의 한국 설화집	Presentation at Workshop on the Korean Materials of William Griffis Collection, Rutgers University March 14, 2008	O	O
2008	Chŏng, Kŭn-sik 정근식 [Jung, Keun-Sik]	Kŭrip'isŭ ŭi *Ŭndun ŭi nara Han'guk* ŭi t'eksŭt'ŭ hyŏngsŏng kwajŏng 그리피스의 『은둔의 나라 한국』의 텍스트 형성과정, 본 책	Presentation at Workshop on the Korean Materials of William Griffis Collection, Rutgers University March 14, 2008	O	O
2008	Sim, Hŭi-gi 심희기	Williŏm Elliŏt'ŭ Kŭrip'isŭ (William Elliot Griffis) k'ŏlleksyŏn ŭi hŭigwi sŏjŏk kwa soch'aekcha 윌리엄 엘리엇 그리피스(William Elliot Griffis) 컬렉션의 희귀서적과 소책자	Presentation at Workshop on the Korean Materials of William Griffis Collection, Rutgers University March 14, 2008	O	O

Year	Author(s)	Title	Venue	WEGC mentioned	WEGC used
2008	Sim, Huigi [Sim, Hŭi-gi]	Rare Books and Pamphlets in the William Elliot Griffis Collection	Presentation at Workshop on the Korean Materials of William Griffis Collection, Rutgers University March 14, 2008	O	O
2008	Chŏng, Pyŏng-mo 정병모 [Chung, Byong Mo]	Kŭrip'isŭ ŭi Han'guk misul e taehan insik 그리피스의 한국미술에 대한 인식	Presentation at Workshop on the Korean Materials of William Griffis Collection, Rutgers University March 14, 2008	X	X
2008	Yu, Yŏng-mi 유영미 [Cho, Young-mee Yu]	Kŭrip'isŭ ŭi Han'gugŏ e taehan ihae 그리피스의 한국어에 대한 이해 (William E. Griffis on the Korean Language)	Presentation at Workshop on the Korean Materials of William Griffis Collection, Rutgers University March 14, 2008	X	X
2008	Kim, Yun-sik 김윤식	*Ŭnja ŭi nara Han'guk* ŭi chŏja Kŭrip'isŭ ege ponaen Pak Ŭn-sik, Yi Kwang-su yŏnmyŏng ŭi p'yŏnji 『은둔의 나라 한국』의 저자 그리피스에게 보낸 박은식·이광수 연명의 편지	문학사상 November	O	O
*2009	Kim, Hak-jun 김학준	T'ŭkbyŏlgigo: Sŏyangindŭl i kwanch'al han Chosŏn ŭi mosŭptŭl (che 2-hoe): kaehang ŭrobutŏ Ch'ŏng-Il Chŏnjaeng palbal chikchŏn kkaji 특별기고: 서양인들이 관찰한 조선의 모습들 (제2회): 개항으로부터 청일전쟁 발발 직전까지	韓國 政治 研究 Vol. 18, No. 2	X	X
2010	Kim, Su-t'ae 金壽泰	Williŏm Kŭrip'isŭ ŭi Han'guk kŭndaesa insik 윌리엄 그리피스의 한국 근대사 인식	진단학보 No. 110	O	X
2010	Yi, Yŏng-mi 이영미 A	Cho-Mi sugyo ijŏn sŏyangindŭl ŭi Han'guk yŏksa sŏsul 朝-美 修交 이전 서양인들의 한국 역사 서술	한국사연구 Vol. 148	X	X
*2010	Yi, Yŏng-mi 이영미 B	19-segi huban Chosŏn ŭl para pon Sŏyangin ŭi tu sisŏn: Rosŭ (John Ross) wa Kŭrip'isŭ (William Elliot Griffis) 19세기 후반 조선을 바라본 서양인의 두 시선: 로스 (John Ross)와 그리피스 (William Elliot Griffis)	발표 동아시아한국학 국제학술회의	X	X
2010	Yu, Hwang-t'ae 류황태	Kŭrip'isŭ rŭl t'onghae pon Han-il kwan'gye 그리피스를 통해 본 한일관계	美國學論集, Vol. 42, No. 3	X	X

Year	Author(s)	Title	Venue	WEGC mentioned	WEGC used
2010	O, Yun-sŏn 오윤선	*Tan'gun sinhwa* Yŏngyŏkcha ŭi sigak ilgoch'al 〈단군신화(檀君神話)〉 영역자(英譯者)의 시각(視角) 일고찰	국제어문 Vol. 48	X	X
2011	An, Chong-ch'ŏl 안종철	Williŏm Kŭrip'isŭ (William E. Griffis) ŭi Ilbon kwa Han'guk insik (1876–1910) 윌리엄 그리피스 (William E. Griffis)의 일본 과 한국인식 (1876–1910)	일본연구 Vol. 15	O	X
2011	Yook, YoungSoo	Fin de Siècle Korea as Exhibited at the World's Columbian Exposition of 1893 in Chicago: Revisited.	Seoul Journal of Korean Studies Vol. 24, No. 1	X	X
2011	Kim, Hŏi-yŏng 金喜永	Kaehwagi sŏyangindŭl ŭi Tonghak insik: Kidokkyo ŭi yŏnghyang kwa kwallyŏnhayŏ 개화기 서양인들의 동학 인식: 기독교의 영 향과 관련하여	동학연구 제30집	X	X
2012	O, Yun-sŏn 오윤선	Kŭndae ch'ogi Han'guk sŏrhwa Yŏngyŏkchadŭl ŭi pŏnyŏk t'aedo yŏn'gu –Allen, Griffis, Hulbert, Carpenter rŭl chungsim ŭro 근대 초기 한국 설화 영역자들의 번역태도 연구 – Allen, Griffis, Hulbert, Carpenter를 중심으로	동화와 번역 Vol. 23	X	X
*2012	Kim, Su-t'ae 김수태	Williŏm Elliŏt Kŭrip'isŭ ŭi Han-Il kwangyesa ihae – *Ŭndunŭi nara, Han'guk* ŭl chungsim ŭro 윌리엄 엘리엇 그리피스의 한일관계사 이 해 – 『은둔의 나라, 한국』을 중심으로	한국민족운동사연구 Vol. 73	X	X
2013	Pennanen, Henna-Riikka	Building a career in and out of East Asia: 19th century American experts S. W. Williams and W. E. Griffis.	미국학논집 제45집, 1호	X	X
2014	O, Yun-sŏn 오윤선	19-segi mal 20-segi ch'o Yŏngmun Han'guk sŏrhwa ŭi charyojŏk kach'i yŏn'gu 19세기 말 20세기 초 영문(英文) 한국 설화 의 자료적 가치 연구	우리文學研究 Vol. 41	X	X
2014	Yi, Yŏng-mi 이영미	Ilbon ŭi Han'guk chibae e taehan Kŭrip'isŭ ŭi t'aedo 일본의 한국 지배에 대한 그리피스의 태도	한국사연구 No. 166	O	O
2014	Yang, Sang-hyŏn, Pak So-yŏn and Yu Yŏng-mi [Cho, Young-mee Yu] 梁尙鉉, 朴素妍, 劉永美	Kŭrip'isŭ k'ŏlleksyŏn e sojangdoeŏ innŭn Han'guk kŭndae sajin charyo ŭi haksulchŏk kach'i e taehan koch'al 그리피스 컬렉션에 소장되어 있는 한국 근 대 사진자료의 학술적 가치에 대한 고찰	한국 근현대사 연구 Vol. 71	O	O

Year	Author(s)	Title	Venue	WEGC mentioned	WEGC used
2015	Yi, Yŏng-mi 이영미	Kŭrip'isŭ (1843−1928) ŭi Han'guk insik kwa Tong Asia 그리피스 (1843−1928)의 한국 인식과 동아시아.	박사학위논문 인하대학교	O	O
*2015	Cho, Kyŏng-dŏk, Chŏng Hye-gyŏng, and Yang Sang-hyŏn 조경덕, 정혜경, 양상현	Kŭrip'isŭ k'ŏlleksyŏn sajin e taehan Kidokkyosajŏk koch'al 그리피스 컬렉션 사진에 대한 기독교사적 고찰	신앙과 학문 Vol. 20, No. 3	O	O
*2015	Yi, Kyŏng-min, Yang Sang-hyŏn, and Mun Pyŏng-guk 이경민, 양상현, 문병국	Kŭrip'isŭ k'ŏlleksyŏn e p'ohamdoen kŭndae Inch'ŏn kwa Hansŏng sajin yŏn'gu 그리피스 컬렉션에 포함된 근대 인천과 한성 사진 연구	건축역사연구 Vol. 24, No. 6	O	O
*2015	Yi, Yŏng-mi 이영미	Kŭrip'isŭ (W. E. Griffis, 1843−1928) ŭi munmyŏnggwan kwa Tong Asia insik 그리피스(W. E. Griffis, 1843−1928)의 문명관과 동아시아 인식	역사학보 Vol. 228	X	X
*2015	Yi, Yŏng-mi 李映美	Kŭrip'isŭ (W. E. Griffis, 1843−1928) ŭi Han'guk insik pyŏnhwa 그리피스(W. E. Griffis, 1843−1928)의 한국 인식 변화	진단학보 No. 125	X	X
*2015	Pak, So-yŏn 박소연	Kŭrip'isŭ k'ŏlleksyŏn e p'oham toen Han'guk kŭndae tosi, kŏnch'uk sajin charyo e kwanhan yŏn'gu 그리피스 컬렉션에 포함된 한국 근대 도시·건축 사진자료에 관한 연구	석사학위논문 순천향대학교	O	O
*2016	Chang, Chae-yong 장재용	Kŭndae Sŏyangin ŭi chŏsul e nat'anan Han'guksa insik 近代 西洋人의 著述에 나타난 韓國史 認識	박사학위논문 강원대학교	O	X
*forthcoming	King, Ross	'Photographs of Mind' and 'Photographs Taken on the Soil': William Elliot Griffis, Korean Language, Writing and Literature, and Koreans in Russia	본 책	O	O
*forthcoming	Cho, Young-mee Yu & Sung-min Park	The Significance of the Korean Materials in the William Elliot Griffis Collection at Rutgers University	The Association for Asian Studies	O	O

The above is an augmented list from Cho & Park (forthcoming) "The Significance of the Korean Materials in the William Elliot Griffis Collection at Rutgers University" in *Beyond the Book: A Conference on Unique and Rare Primary Sources for East Asian Studies Collected in North America*, AAS Publications. The asterisk next to the year represents 15 additional studies not included in Cho and Park. The last two columns indicate whether the William Elliot Griffis Collection (WEGC) is mentioned or utilized in the writing.

'Photographs of Mind' and 'Photographs Taken on the Soil': William Elliot Griffis, Korean Language, Writing and Literature, and Koreans in Russia

Ross King
University of British Columbia

Introduction[1]

William Elliot Griffis (1843-1928), born in Philadelphia, Pennsylvania, was a prominent American orientalist, sympathetic observer of American missionary efforts in the Far East, Congregational minister, indefatigable lecturer and public speaker, tireless collector of photographs, folklore and other data on the East, and prolific author of articles and books. After graduating from Rutgers College in 1869, he was invited in 1870 by Matsudaira Shungaku (1828-1890), head of the Fukui Domain in Echizen Province on the west coast of the main island of Japan, to come to Japan and help organize a modern system of schools.

Though his total time of residence in Japan was less than four years, from 1871-1874, Griffis was one of the first westerners to live and work in the new Meiji era; his personal access to and acquaintance with many of the leading lights of Meiji Japan, his personal and professional network back in the United States, and his talents and productivity as a writer soon established him as a trusted expert on Japan. His book, *The Mikado's Empire*, published in 1876, remained in print as the standard work on Japan until at least 1913, which saw the publication of the twelfth revised edition.

But Griffis also came into contact with Koreans in modernizing Japan, and must have begun collecting materials about Korea at a very early date (he would not actually set foot on Korean soil until the very end of his life in 1927). As he recalls in Griffis (1917, 506), "My first interest in Korea was awakened in 1871, when, in interior Japan, as pioneer educator, I stood on the west coast and gazed across the sea ...There and then, I began praying for Korea, that she might be open to the gospel and to human brotherhood."

---

1. I wish to thank Fernanda Perrone, Archivist and Head, Exhibitions Program, and Curator of the William Elliot Griffis Collection, Special Collections/University Archives at Rutgers University, and Professor Young-mee Yu Cho, Rutgers University, for their assistance in preparing this essay. At the University of British Columbia, my colleagues Bruce Fulton and Don Baker, as well as the Centre for Korean Research, also provided valuable assistance during the initial phase of research in 2014.

In a lecture delivered more than twenty years later to the American Geographical Society in 1895 and subsequently published in the *Bulletin* of the Society in the same year under the title "Korea and the Koreans: In the Mirror of their Language and History," William Elliot Griffis (1843-1928)—billed in the printed version as "Author of *Korea, the Hermit Nation*"—uses the metaphor of the photograph to frame his remarks. Prefacing his lecture with the admission that he had "never, on foot or horse, in flesh and blood, been inside the boundaries of the Peninsular Kingdom," he goes on to explain that most of his notes "have been taken while exploring that great treasure house of thought, that gallery of photographs of mind which has been slowly formed in the evolution of the centuries,—the Korean language." He continues that his remarks will be "further illustrated by the stereopticon pictures made from photographs taken on the soil."

The published lecture includes only a "Map of Eastern China, Japan, and Korea" and no photographs, but we can assume that Griffis illustrated his talk with a rich selection of contemporary photographs, including no doubt many of those that survive today in the valuable Rutgers University Library collection. My purpose in this essay, then, is to explore and contextualize Griffis' thoughts on that "gallery of photographs of mind"—the Korean language—before concluding with a brief discussion of some early and quite rare photographs in his collection that appear to have been overlooked by Korean Studies researchers: the handful of photos of Korean immigrants to the Russian Far East.

Korean appreciations of Griffis' publications

Korean scholars and scholars of Korea have paid close attention to Griffis' publications, and in particular his influential works on Korea. Not surprisingly, his generally positive, optimistic and often apologetic accounts of Japan, its Emperor, and its occupation of Korea have drawn criticism, though in this regard he was not so different from many of the western missionaries in Korea upon whom he tended to rely for his information. Cheong (2000, 63)[2] accuses Griffis of an idealized view of Japan and biased view of Korean history based on Japanese sources: "The central theme of *Corea: The Hermit Nation* is an attempt to rationalize the Japanese rule of Korea, by using the same argument—the *Yimnailbonbu* theory—reflected in *The Mikado's Empire*." Hamish Ion (1993,108) has noted that "…descriptions of an unspoilt past with its exotic customs combined with hopes for a modern future were characteristic of writings about Japan in the 1870s as seen in such an important and influential book as W. E. Griffis's *Mikado's Empire*." Griffis' high opinion of and hopes for Japan continued well into the new century (see,

---

2. Chŏng (2000), by the same author writing in Korean, dwells at more length on Griffis' views of Japan and his *Midako's Empire*; she also describes his "strong affection for the common people of Chosŏn" as one of the most important features of his historical narrative (ibid., 27). In an early and useful assessment of the Griffis Collectoin, Burks and Cooperman (1960, 67) write that "it is not an easy task to follow his changing feelings" over Japan's colonial administration of Korea, "but the papers do allow the scholar to piece together some of the influences which eventually led him to support the Korean Independence Movement." Lyu (2010) is a more recent study of Griffis' changing views of the Korea-Japan relationship.

for example, his *Japanese Nation in Evolution: Steps in the Progress of a Great People* of 1907 and his article, "Japan's Absorption of Korea," from 1910), and only soured substantially after the Korean March First Uprising of 1919.[3]

Most Korean research has focused on just one or two of his publications: Griffis (1882), *Corea, the Hermit Nation* (historians of Korea in general) and Griffis (1912), *A Modern Pioneer in Korea: The Life Story of Henry G. Appenzeller* (historians of the Korean church, in particular).

The former book, much like his *Mikado's Empire*, was hugely influential. The book appeared in its ninth edition in 1911, after which it remained "probably the most influential and widely read English-language book on the country for decades after" (Oppenheim 2016, 12). A partial Russian translation by one Lieutenant Shipov appeared already in 1885 under the title "Koreia, strana otshelnikov [Korea, Land of the Hermits] in Imperial Russia's leading geography journal, and a Japanese translation appeared in 1895[4]. Lew Young-ick (2008, 145) cites Griffis' book along with Percival Lowell's *Chosön, The Land of the Morning Calm: A Sketch of Korea*, as being "responsible for spreading the stereotypical image of Korea as the "Hermit Nation" and the "Land of the Morning Calm" in the minds of Westerners." Nonetheless, *Corea: The Hermit Nation* was generally quite sympathetically received by western readers. For example, no less a contemporary expert that Frenchman Maurice Courant wrote favorably of it (Courant 1898, 7), describing it as "un bon tableau sommaire du pays et des moeurs."

Many readers have since taken issue with Griffis' epithet for Korea, the "hermit nation," starting already with his contemporary, the American missionary Homer Hulbert, who in his unpublished and undated memoir, *Echoes of the Orient: A Memoir of Life in the Far East*, opined: (Hulbert 2000, 18): "This term, invented by my friend the late Dr. William Elliot Griffis, was an unfortunate misnomer, for Korea was no more anchoretic than Japan and China had been… This name, which was good American journalese, fastened upon Korea a stigma that was entirely undeserved." Yi (1998) and Karlsson (2002) also problematize this designation, and in Griffis' defence, we might note that Griffis (1885, 23) developed his idea of Korea as a sort of missing link—but also conduit—between China and Japan, noting that Korea, "like Cyprus, between Egypt and Greece, forms the link between the Chinese and Japanese civilization—the old and the new." This same idea found a more religious inflection in the preface to the second edition of *Corea, the Hermit Nation*, where Griffis makes the prescient remark that because the Korean character is "a happy medium between the stolid Chinaman and the changeable Japanese," "Corea may become Christian sooner and more thoroughly than Japan, and might aid in the mighty work of evangelizing China (Griffis 1894, xi, cited in Eggert 2016, 113).

Yang et al.(2014, 12) complain of a superficial understanding and distorted preconceptions, as well

---

3. Caprio (2001, 258) characterizes Griffis as one of the "Western cheerleaders ready to voice their support for Korean annexation" on the basis of Griffis (1910), in which, for example, Griffis wrote of the "experiment of Japan" in Korea as an event "unique in history." Caprio notes, though, that Griffis also warned Japan that "aloofness" and "selfishness" would give the country an Ireland in Korea. For Griffis' changed view of Japan after the March First Movement, see Griffis (1919).

4. According, that is, to Lew (2008, 153), but he gives no citation.

as Japano-centric views of Korea in Griffis' works. Along similar lines, Hammond (2010, 4), in her discussion of the history of the East Asian collections at Yale University, notes that when Griffis read in the press about Yale expanding its program in philology in the 1870s to include East Asia, he wrote from Japan to offer his services to Van Name, librarian of Yale College Library, describing the Japanese as "… The 'Yankees of Asia,' I believe they are destined largely to influence all other Orientals."[5]

Sin (1999, 266) also faults Griffis for following Japanese colonial scholarship in his views on ancient Japanese and Korean history and sees *Corea: The Hermit Nation* as having helped form a pro-Japanese public view in the United States in favor of Japanese rule over Korea. But he nonetheless concedes that Griffis emphasized ancient Korea's cultural superiority over Japan and its progressiveness, citing, for example, Silla's achievements in Buddhist art and astronomy as well as Paekche's culture and its decisive influence on Japan. Sin also notes that Griffis described the kingdom of Ancient Chosŏn as extending into the Liaodong peninsula, and was generally diligent in his use of many sources (ibid., 266): "Finally, we can nonetheless acknowledge the fact that this book described an image of Korean society that was relatively accurate. But the argumentation was developed from a Japanese perspective, and in the end deserves our attention and criticism as having served to buttress or induce a pro-Japanese Korea policy on the part of the United States."

More recently, Lew (2008, 144) has harped again on Griffis' distortions of ancient Korean history: "The main focus of this book was on the history of Korea from the 1860s through the 1880s. Yet, regrettably, the author's account of ancient Korean-Japanese relations was based solely on an uncritical reading of Japanese mythology and legend, which alleged that the Japanese Empress Jingū had conquered the southern part of Korea in the third century A.D. and that the Yamato government received tribute from the Korean kingdoms of Silla, Paekche and Mimana."

Griffis' other book-length treatments of Korea were Griffis (1885, *Corea, Without and Within...*), which somehow has attracted less scholarly attention, and his biography of Henry Appenzeller (1912). This latter work needs to be seen in the wider context of Griffis' biographies-bordering-on-hagiographies of several westerners (especially missionaries) in Meiji Japan: Griffis (1890, *Honda, the Samurai...*), which is actually a work of fiction, was dedicated "to the noble band of missionaries living and dead who have done so much to make the New Japan that is, and the Christian Japan that is to be;" Griffis (1900, *Verbeck of Japan...*) on Dutch political advisor, educator and missionary Guido Fridolin Verbeck (1830-1898); Griffis (1902, *A Maker of the Orient...*) on American missionary to China and Japan, Samuel Robbins Brown (1810-1880); and Griffis (1913, *Hepburn of Japan...*) on American educator, physician, translator and missionary, James Curtis Hepburn (1815-1911) of Romanization fame.

---

5. Griffis went on to purchase a number of Japanese items for Van Name, which were donated to Yale along with the rest of Van Name's collection in 1921 (see Hammond 2010, 15, note 12).

Griffis on Korean Language and Writing

Though Griffis himself never set foot in Korea until quite late in his life (1927) and does not seem to have ever learned the Korean language to any sort of significant proficiency, it is clear that he had read and absorbed virtually everything available on the topic of the Korean language in western languages. Already from Griffis (1882) he presents as well-informed an overview of the structure of the language and the native script as could have been gleaned from sources available at the time. This can be seen from his extended appendix, "The Corean Language" (pp. 443-451, including two pages on "Corean literature"), which relies heavily on the work of Charles Dallet (1874) and William George Aston (1879). Thus, following Aston (and, no doubt, his own experience with Japanese in Japan), he avers (1882, 443) that "No other language is so nearly affiliated to the Japanese as the Corean," though he cautions on the next page that "In the northern provinces the divergence from modern Japanese is more marked." As evidence for the striking proximity of Japanese and Korean, he notes: "A very practical fact, which throws light on the question, is that the Corean prisoners in Nagasaki during the invasion of 1592-97 easily learned Japanese so as to be fully understood at the confessionals of the Roman Catholic priests." (ibid., 444).

Griffis was typical of his time in his attempts to link certain grammatical features of the Korean language to alleged cultural and psychological traits of the Korean people. For example, in Griffis (1885, 255), he ties the lack of grammatical gender to a lack of personification: "Decoration is the passion of the Orient, and for this, rather than for creative or ideal art, must we look from this nation to whose language gender is unknown and in which personification is unthought of…" On this particular topic, Griffis is clearly influenced by Aston (1879, 335) and Lowell (1885, chapter 13: "Quality of Impersonality") and he develops it at more length in Griffis (1895, 12): "It would be easy to show especially how the language reveals the lack of personality in Korean. In common with his brethren of all that part of Asia dominated by Chinese culture, the Korean suffers from deficiency of self-revelation and consciousness. He has not reached the stage of intellectual development in which he is able to draw a clear line between mind and matter, Creator and creation, the living being and the inanimate object. He does not personify, he has very little metaphor."[6]

The overall picture that Griffis paints of Korean grammatical structure is one of undisciplined and uncultivated chaos—an image that emerges in other western observers' comments on the language (and especially orthography)[7] : "In grammar there are no pronouns, but an amazing number of honorific words, while so little formal logic is exhibited in the language that one could write a book as big as Macaulay's "History of England" or Gibbon's "Decline and Fall of the Roman Empire" *in one sentence—*

---

6. See Silva (2003) for a full exposition of this topic of westerners finding Korean linguistic structure defective in comparison to European languages, and therefore concluding that Koreans suffered from "corresponding deficiencies of intellect, education, and morality." (Silva 2003, 270)

7. See King (2004, 2010) for westerners' and especially western missionaries' accounts of Korean spelling.

so many and so necessary are the Korean conjunctions." (Griffis 1895, 12)

Griffis was typical of his time in believing that language was at once a reflection of 'national character' and a sedimented site for the archeological excavation of the history and culture of a people. Thus, in Griffis (1895, 3) he declares, "In no country, more than in Korea, is the image of the character of the people in the mirror of their language and history more clear. … A study of that language in its details enables us to read therein the main features of Korean history. Even had we not the literary records before us, we could construct in bold outlines and in rich coloring the national story." Griffis also claimed a significant difference in language, customs and race between northern and southern Koreans, with northern forms of Korean more influenced by Chinese, and southern forms (especially southeastern) more influenced by Japanese: "Kiung-sang, the province nearest Japan, and whose language, custom and traditions show most powerfully Japanese influence, is populous, warm, sunny and fertile. It is the "Well-governed" province."(Griffis 1885, 286) "Roughly speaking, we may say that the northern half of Korea is in its language, ideas and procedure, strongly leavened with the Chinese civilization… southern Korea is Japanese, or at least far more Japanese than Chinese in language, ideas and procedure."(Griffis 1895, 4-5)

Learning the language

The "Appendix" to Griffis (1882) had already evinced Griffis' strong fascination with honorifics in Korean (spurred, no doubt, by his acquaintance with the same feature in Japanese): "The honorific element forms almost a complete language, yet one of ceremony rather than of syntax, though construction as well as vocabulary is affected by the desire to express the relation of inferior to superior, and *vice versa*, by means of speech. The difference in the forms of language between people and magistrate, convert and priest, servant and master, etc., are more than that between "high" and "low" German." (ibid., 443) In his biography of pioneer missionary to Korea, Henry Appenzeller, Griffis (1912) understandably dedicates an entire chapter to language learning (Chapter 8: "Mastering the Language"), and dwells here at some length on the topic of honorifics: "What from first to last most troubled the man from the democratic Occident and the freedom of America was the elaborate and perplexing system of honourifics." (Griffis 1912, 182-183) "Such a hedge of terminology revealed at once that principle of subordination which rules society in "the three countries"—moderate in China, exaggerated in Korea, and carried to the extreme of absurdity in Japan." (Griffis 1912, 183) "In Korea, as in Japan, one must have his language not only correct in the choice of vocabulary, but in the use of terminations, for these raise in honour or sink to dishonor, the individual addressed. These verbal branding irons are continually found necessary…. All that need be done, to beat your victim with a club of words, is to depress your terminology to the level of the ditch."[8] (Griffis 1912, 184)

---

8. See also Lillias Horton's remarks on the same topic: "I soon learned that all my verbs must wear a long train of "*simnaitas,*" "*simnikas,*" and "*sipsios,*" the highest honorific endings when visiting the palace. Each Korean verb has a generous collection of these endings, from

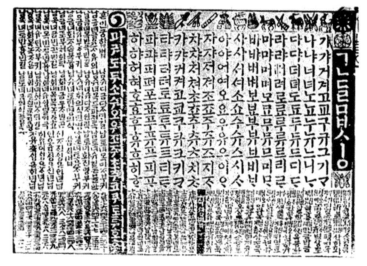

A commercially printed Korean *panjŏlp'yo* syllable chart (probably mid-19th c.)[9]

Korean Script

In his first essay on the language in *Corea, the Hermit Nation*, Griffis professes puzzlement at the way in which Korean children learn their alphabet as a syllabary: "There is also a syllabary in which these letters are associated in their possible combinations, one hundred and ninety-nine in all, and which the Corean children learn by rote, not analyzing or separating the letters. Thus, *mo* is learned by sight and sound as one character, though composed of *m* and *o*; just as an English child would learn to read and recognize by the eye the word *cat* without analyzing each letter." (Griffis 1882:446) Here Griffis is referring to the traditional *panjŏlp'yo* 反切表, lit. "table of countertomy spellings," where *panjŏl* is the traditional Chinese method of rendering the pronunciation of sinographs with two other sinographs—one chosen for its initial and the other for its final. In the Korean case, the syllabic chart reproduced only the simplest of initial + final combinations: syllables of CV or consonant + vowel shape(see illustration above).

Griffis praises the Korean alphabet as "one of the most simple and perfect in the world ... made with easy strokes, in which straight lines, circles, and dots or twirls only are used" (ibid., 445) but adds what would become a common complaint from foreign observers in the coming decades: "the spelling is in a state of confusion which is in sad contrast to the regularity of the Japanese" (Griffis ibid., 445; and

---

which the confused and unwary stranger must select at his peril, when addressing natives of different ranks ; but there is no doubt, fortunately, about what must be used at the palace, and one feels quite safe if every verb is tipped with a "*simnaita*" or "*simnika*." To be sure, there are high Chinese-derived words, which natives always use there, instead of the simpler Anglo-Saxon—I should say, Korean— but uninitiated foreigners are not expected to know them, and are really most generously excused for all mistakes. Koreans are in this respect models of kindness and politeness, and will often hear newcomers make the most laughable and absurd mistakes without a single spasm of countenance to show that they have taken note of the blunder." (Underwood 1904: 27)

9. Reproduced from Song (2008, 188).

see King 2010 for a full treatment of early Western views of Korean spelling chaos). Like many foreign observers, Griffis heaps praise on the native Korean script. For example (in the middle of a discussion of the history of Buddhism in Korea), "For, one of the grandest inventions ever achieved in Korea was that of a true vernacular alphabet, one of the most perfect in the world, and founded not only on thoroughly rational but on accurately phonetic and linguistic principles." (Griffis 1895, 7) In his biography of Appenzeller, Griffis (1912, 338-339) is able to add some updates based on new research by western scholars like William George Aston: "Mr. Aston, whose researches are based on the statements of Corean and Japanese writers, believes that the Unmun, or true Corean alphabet, "was invented not earlier than the first half of the fifteenth century."[10] However, note that Griffis (like more than one foreign observer) was still muddled about the difference between the sinographic *idu* script used to render Korean in administrative documents and the vernacular script proper. Thus, Chi (2007, 115) writes that "[p]erhaps most illustrative of the misrepresentations and mistakes around 1900 might be a passage of Griffis who failed to distinguish between *idu* and *han'gul* and juxtaposed them to the spoken and written language: 'Thus with one alphabet two distinct systems of writing, both phonetic, *nido* and *unmun*, exist side by side. The Chinese characters only as ideograms, or [...] logograms. As in Japan, so in Corea, three styles of language prevail, and are used'." (citing Griffis 1882, 445)

To his praise for the vernacular script, Griffis also added admiration for Korea's early successes in printing with movable type, a process that Koreans had mastered to a high level significantly before Gutenberg. If anything, Griffis seems to have valued Korean movable type even higher than its alphabet: "Despite her long humiliation and hermit life, the fact must not be forgotten that this people gave Japan much of her civilization. Furthermore, Korea is the only nation in the Far East that has produced a true alphabet. More glorious than all, Korea is the home of true printing, the place of the invention of movable types. Long before Gutenberg or Coster the Koreans printed books with separate and distributed type made of copper." (Griffis 1895, 12) In this latter regard, it is worth recalling that both *muncha minjokchuŭi* (script nationalism) and *hwalchaminjokchuŭi* (movable type nationalism) would soon become mainstays of modern Korean cultural nationalism, and praise from prominent western writers like Griffis must have added momentum to these particular pillars of Korean national pride.

But Griffis also chides the Koreans for their neglect of their grammatological gem, and credits the western missionaries with rehabilitating it and thereby laying the basis for both Christianity and a national literature: "Nevertheless, to the rapturous surprise of the missionaries, there lay, as in a cave, an invaluable treasure awaiting them. No Ali Baba, with the filched secret of "Open Sesame" was more thrilled by the discovery of gold and jewels, than were Underwood and Appenzeller over the trover of the Enmun alphabet. … missionaries made this despised earthen vessel the receptacle of a heavenly treasure. … Then the translated Bible, besides quickening the Korean mind and heart, called into life not only an unknown world of thought, but by setting a new standard of speech and writing induced the beginnings

---

10. Griffis may have misquoted here, as I am unable to identify this passage in any of Aston's publications, but the point is made in Aston (1895a, b).

of a true national literature." (Griffis 1912, 189-190)

In one of his last publications on Korea, Griffis (1922b, 6) returns to the metaphor of mental images in connection with the Korean script: "Then a Korean court noble made an invention that was greater than telegraphs or telephones, or Zeppelins or submarines. This was an alphabet of twenty-four letters, which excelled anything in Europe. Nothing is more wonderful, nor is any invention greater, than that of an alphabet, which makes thoughts in the brain visible to the eye. It was the first sort of moving pictures."

Korean Literature

Griffis has less to say on Korean literature than on the Korean language and script, but the sources for his pronouncements on this topic are less clear. His first statements on Korean literature come in two short pages in the appendix on the Korean language at the end of Griffis (1882, 449): "The Coreans show a low opinion of their native tongue by calling it *yuk-tam*, or sottish words without meaning, and utterly insufficient to express ideas. Hence the poverty of the native literature." Here *yuktam* is Sino-Korean 肉談, lit.: 'flesh-talk', meaning coarse and uncultured talk or stories, and one suspects that Griffis is parroting the opinion of a learned Korean acquaintance in Japan. It was a fact that literary production in vernacular Korean at this time counted for only a tiny fraction of printed and manuscript books in Chosŏn, and in the eyes of the sinographically trained elite such vernacular works hardly counted as "literature" at all. Western visitors to and missionaries in Korea soon encountered the traditional Korean elite's disdain for anything in the vernacular, but 1882 was too early for anybody to have commented on it at length in print. Griffis's account reflects such native elite attitudes: "Yet, in spite of their national system of writing, the influence of the finished philosophy and culture of China, both in form and spirit, has been so great that the hopelessness of producing a copy equal to the original became at once apparent to the Corean mind. Stimulating to the receptive intellect, it has been paralyzing to all originality. The culture of their native tongue has been neglected by Corean scholars. The consequence is, that after so many centuries of national life, Chosen possesses no literature worthy of the name." (Griffis 1912, 338-339)

My suspicion that Griffis' opinions on literature here owe more to his conversations and reading in Japan than to other western scholars is strengthened by the following passage in the same section (1882, 450): "The Chinese authors do not enjoy exclusive monopoly of the Corean world of readers, for some of the Japanese writers, notably Arai Hakuseki, and the Yedo scholars of the eighteenth century, who wrote mainly in classic Chinese, are also held in high repute. The Corean language has never, except in rare instances, been studied in Japan except by interpreters at Fusan, or in Kioto, Yedo, or Nagasaki; and the library of Japanese works treating of the language or people is a small one. Since the treaty of 1876 some attention has been paid to its acquisition, at which the Coreans must feel flattered. It is now studied by Japanese at Nagasaki, Kioto, and Tokio under the auspices of the government, and of the Buddhists, and as a means of culture, since in addition to private students the Society for Promoting Oriental

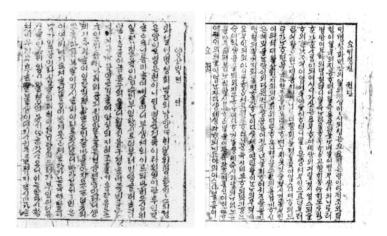

The first pages of Griffis' copies of *So Taesŏng chŏn* and *Yang Sanbaek chŏn*, resp.

Literature in 1881 engaged a Corean named Konseioi to teach a class of twenty Japanese gentlemen." I have been unable to confirm who this "Konseioi" was or who his private Japanese students were, but all these statements could only have come on the authority of a Korean literatus in Japan and/or learned Japanese with knowledge of Korea. The notion that Arai Hakuseki and other "Yedo scholars" were held in high repute in Chosŏn is somewhat of a conceit; certainly some Neo-Confucian writings by Japanese scholars were known in Korea, but this was among a small group of scholars, and Korean literati in general had a low opinion of Japanese Sinitic learning.

Griffis comments in passing again on Korean literature some thirty years later in his biography of American missionary to Korea, Henry Appenzeller, who indeed is the likely source of his information[11]: "In the two book-shops known in Soul [sic], only Chinese books were sold. No printed matter in Korean could be found, for anything in the native script was beneath the notice of an "educated man"… The novels were usually in the form of yellow, paper-covered books, nine by seven and a half inches in size, with twenty-four leaves or forty-eight pages stitched together with red thread, the text being in the pure Korean idiom and in the running script of the Enmun, or native alphabet. In the two samples in my library, which I am describing, Chinese characters, except those used to number the page, are absent. No name of author, publishers, or place of publication is given in these uninviting booklets. Their grayish paper is of the coarsest, cheapest, and meanest appearance, while holes, blotches, and bits of straw in the tissue further disfigure them." (Griffis 1912, 187-188) The "two samples" to which Griffis refers survive in the Griffis Collection at Rutgers and are undated *kyŏngp'an* (Seoul commercial woodblock prints) editions of *So Taesŏng chŏn* (The Tale of So Taesŏng, in 23 leaves) and *Yang Sanbaek chŏn* (The Tale of Yang Sanbaek, in 24 leaves)[12](see images above).

---

11. The correspondence portion of the Griffis Collection at Rutgers contains quite a few letters from Appenzeller.

12. See Kim Chongch'ŏl (2008) for more on these two texts, neither of which is particularly significant. However, when Kim claims (ibid., 1) that Griffis must have purchased these when he visited Korea in 1927, and that as a result these texts

In many ways Griffis' most intriguing contribution when it comes to things Korean was his effort over many years to introduce to his Anglophone readers Korean "legends," "(fairy) tales" and "folk-lore," something he began already with Chapter 34 ("Legends and Folk-lore") in Griffis (1882, 307-316), and continued with book-length compilations in Griffis (1911a, 1911b, 1922) as well as at least one short article in Griffis (1922). While Griffis (1911a) and (1911b) are the same book with different titles and publishers, Griffis (1922) adds seven additional stories to the nineteen contained in Griffis (1911a, 1911b).

Griffis' contribution is 'intriguing' because it is not always clear where and how he accessed his material, and because of the slippage between genres like the four brief dynastic foundation myths in Griffis (1882), which include the Tan'gun myth, and the blurred line between historical anecdotes preserved in writing like *yadam* 野談, folktales passed down by oral tradition, and 'fairy tales' in the case of many of the other stories. Griffis (1882) also includes four folktales carried over from the French missionary grammar (Missionnaires de Corée 1881). Koreans themselves did not start collecting and publishing *tonghwa* or 'fairy tales/children's tales' until the late 1920s, and many of the traditional folktales refashioned as fairy tales by Korean authors overlap with stories in Griffis' collections. For example, "The Unmannerly Tiger," the lead story in Griffis (1911a, 1911b) is widely known to this day, "Old White Whiskers and Mr. Bunny" is a version of the tiger and rabbit story that is still current in Korea, "Pigling and her Proud Sister" is a version of "K'ongjwi and P'atchwi," Korea's take on the Cinderella story (but, oddly, without any mention of shoes), and "The King of the Sparrows" is basically the well-known "Swallow Repays a Kindness" story, but with a sparrow instead of a swallow as protagonist. Others of the stories that Griffis presents in the 1911 volume are either from historical sources—e.g., "East Light and the Bridge of Fishes," which is a conflation of the Tongmyŏng myth (the foundation myth for the ancient kingdom of Puyŏ) and the Chumong myth (the foundation myth for the kingdom of Koguryŏ); "Peach-Blossom, Plum-Blossom, and Cinammon Rose," which is the "Hwawanggye 花王戒" or "Admonition to the Flower King" story attributed to Sŏl Ch'ong 薛聰 of the Silla dynasty and recorded in the twelfth-century *Samguk sagi* (History of the Three Kingdoms, 三國史記)—or stories of somewhat mysterious provenance like "The Sneezing Colossus" (where a lazy person obtains a nice, ripe pear thanks to the sneeze of a Mirŭk Buddha carved from stone) and "Sir One Long Body and Madame Thousand Feet" (about the troubled betrothal of a millipede and a worm), for which Kim Chongch'ŏl (2008, 8) was unable to identify analogues in standard South Korean reference compendia.

Both the 1911 and 1922 story collections were illustrated and clearly targeted at children, and indeed, both Griffis 1911a and 1922 carry the explicit generic designation of "fairy tales," a fact that Kim

---

demonstrate that demand for such traditionally printed works of fiction continued well into the 1920s, this is patently false, as Griffis already owned them by the time he penned his biography of Appenzeller in 1912. He must have received them as a gift from Appenzeller or some other westerner in Korea prior to 1912.

Chongch'ŏl (2008, 5) attributes to marketing reasons—Griffis also published separate volumes of Japanese (1908; 1923[13]), Dutch (1918), Belgian (1919), Swiss (1920) and Welsh (1921) fairy tales through the same publisher (Thomas Y. Crowell Company). The seven new stories in Griffis (1922) are an even stranger mix in terms of genre and provenance. "Longka, the Dancing Girl" is a historical anecdote well represented in *yadam* collections about the *kisaeng* Non'gae during the Hideyoshi invasions (1592-1598) who enticed a Japanese general into her embrace at the edge of a precipice before throwing herself and the enemy general to their deaths over the cliff; "Fancha and the Magpie" is the foundation myth for the Manchu people; "Old Timber Top" is a version of the Korean "Lazy Boy who turned into an Ox" story; and both "Cat-kin and the Queen Mother" and "The Magic Peach" are connected with the Chinese Queen Mother of the West legends. So where did Griffis get these stories? The Griffis Papers at Rutgers may yet yield more answers, but my suspicion is that at least some of them were provided by Koreans he knew in Japan, while others were provided more indirectly by western missionaries in Japan. The two Queen Mother of the West legends (one of which is repeated in Griffis (1922b) and makes explicit reference to "an American teacher, who had come to Korea…") probably owe in some way to James Scarth Gale's treatment of the same topic in his series "Noted Women of Korea" published in *Korea Magazine* throughout 1917 in eight different installments, with "Su Wang Mo" being the fifth (all eight being Chinese).

Although Griffis was not the first westerner to collect and publish Korean folk tales, he was certainly among the very earliest and also appears to have been the first to redeploy them explicitly as "fairy tales."[14] One of the first scholars to study Griffis' tales as a primary source appears to have been Soviet Korean scholar Vadim Pak, who (1967, 243) cites Griffis (1911) as among the more fruitful works that started to appear in the first decades of the 20th century, but finds its contents uneven because in addition to fairy tales it also includes myths. Nonetheless, he credits Griffis with the valuable inclusion of stories about goblins (*tokkaebi*), "which are rarely encountered in contemporary Korean folkloric collections." Cho Hǔiung (1995, 422) has also studied Griffis (1911/1922), but expresses disappointment with the colorless style inappropriate to fantastic tales. Like Kim Chongch'ŏl (2008) after him, Cho finds some of the stories unfamiliar (13-15, 19) and others inappropriate generically ("The King of the Flowers") but nonetheless, because of the wide variety of representative legends and tales, counts Griffis' collection as one of the pioneering "Three Gs" representing the first phase of modern folktale collecting: Garin (1904), Gale (1913)[15], and Griffis (1911, 1922).

---

13. Griffis had published other collections of Japanese folk tales and "wonder-lore" already in 1880, 1887, and 1901.

14. The first book-length collection of Korean stories was Allen's (1889) *Korean Tales*, and indeed, Griffis (1911b) carries a dedication to "Horace Newton Allen, Pioneer of Science and American Minister Plenipotentiary in Korea." The preface to the same volume includes an acknowledgment to the leading lights of western missionaries in Korea: "To Allen, Hulbert, Gale, Jones, Appenzeller, Underwood—all shining names, as well as to anonymous workers, my thanks are heartily given here and always. The dedication to Allen is dropped in the 1922 collection, which instead makes explicit reference on the inside cover to Griffis' collections of Japanese, Dutch, Belgian, Swiss and Welsh fairy tales.

15. But note that, strictly speaking, Gale (1913) is neither a folk tale collection nor a fairy tale collection. Rather, it is a collection of

The Photos in the Griffis Collection

Yang Sanghyŏn et al. (2014) have already provided a useful overview of the valuable photographic materials in the Griffis collection, and note the general poverty of visual materials concerning life in traditional Korea before the opening to Japan and then western powers. Overall, they count some 586 photos of Korea in the collection, of which 351 are identified as new to Korean academia. Readers can refer to Yang et al. (2014) and other essays in this volume for details about other photos, but I would like to close by focusing on five fascinating prints from Box 30, all of which pertain to Korean settlers in the Russian Far East.

One rather remarkable feature of Griffis (1882) is his mention already at this early date of the existence of a small community of Korean settlers in the Maritime Province of Russia just across the border from the easternmost tip of northeast Korea in North Hamgyŏng province. Thus, Griffis (ibid., 212), in the section on this province, writes: "Thousands of Coreans fleeing from famine, or from the oppression of government officials, Christians persecuted for their faith, criminals seeking to escape the clutches of the law, emigrants desirous of bettering their condition, have crossed this river and settled in Primorskaia, until they now number, in all, about eight thousand. The majority of them are peasants from Ham-kiung, and know little of the southern parts of their country. There is, however, an "underground railroad" by which persecuted Christians can fly for refuge to Russian protection." This page is preceded on page 211 by the following illustration:

"Corean Village in Russian Territory"

---

translations from two different late-Chosŏn *yadam* collections written in Literary Sinitic. Correspondence in the James Scarth Gale Papers at the Fisher Rare Book Library at the University of Toronto makes it clear that the book's title was determined by the publisher rather than by Gale.

The source for this photo is Box 30, Photograph 35, for which the caption on the verso reads: "Northern Corean village and family in Russia (Primorsk), 35."

"Northern Corean village and family in Russia (Primorsk)"

On the following page (ibid., 213), Griffis continues: "The Russians have taken the pains to educate the people in schools, and, judging from the faces and neat costumes, as seen in photographs taken on the spot, they enjoy being taught. The object of instruction is not only to civilize them as loyal subjects of the Czar, but also to convert them to the Russian form of Christianity. In this work the priests and schoolmasters have had considerable success. There are but few Coreans north of the Tumen who cannot read and write, and the young men employed as clerks are good linguists." The "photograph taken on the spot" that Griffis refers to must be Box 30, Photograph 36, the caption of which on the verso reads: "Russian Schoolmaster and Corean refugees in Russia (Primorsk), 36."

"Russian Schoolmaster and Corean refugees in Russia (Primorsk)"

There are three additional photos of Koreans in Russia in Box 30:

"Corean Refugees in northern Manchuria.
Corean thatched farmhouse man and family, in Primorsk, Russia, 34"

"Corean village market in Russia (Primorsk), 42."

This latter photograph can be compared with the following image from a Soviet Korean textbook published for use in ethnic Korean schools in the Russian Far East in 1929[16]:

실 거 질

16. From Ni et al. (1929, 24).

The fifth and final photograph from the Griffis collection seems to have eluded the compiler of the finder list for the photographs in the Rutgers collection, but carries the caption "Northern Corean village and family in Russia (Primorsk)." It appears to be a shot of some Korean children and adults in front of several thatched roof houses in their village:

"Northern Corean village and family in Russia (Primorsk)"

The significance of these photos lies in their early date. The earliest recorded mention of Koreans crossing the border to establish villages on the Russian side is 1863, when the first twelve families arrived and were settled along the valley of the Tizinhe River (Kirillov 1894, 336). So when were the Griffis photos taken? In his preface, Griffis (1882, vii): thanks "Mr. D. R. Clark, of the United States Transit of Venus Survey, for four photographs of the Corean villages in Russian Manchuria." Many years later (Griffis 1917, 507), he mentions "photographers in the Transit of Venus Expedition in Manchuria in 1866," but this cannot be correct. The only two transits of Venus to occur in the 19th century occurred on December 6 1882 and eight years earlier in 1874. The preface to Griffis (1882) is signed October 2 1882, before the 1882 transit had even occurred, so clearly these photos must have been taken by photographers accompanying the American expedition dispatched to Vladivostok in 1874[17]. Thus, these are rare photos taken within the first decade of the arrival of permanent Korean settlers on Russian soil.

Conclusions

I began this essay by emphasizing Griffis' apparent fascination with photographs, both as object and metaphor. Without ever learning the Korean language Griffis nonetheless saw in it a photograph of the Korean mind and a sort of blueprint to reconstructing Korean culture and history. And without ever visiting Korea until shortly before his death in 1928, William Elliot Griffis managed to publish a

---

17. The 1874 Vladivostock expedition was one of eight different US teams sent to points in both the North and Southern hemispheres to observe the phenomenon. See Dick (2004) for more on the American transit of Venus expeditions of 1874 and 1882. One wonders if more photographs of Korean settlements in the Russian Maritime Province survive in US archives.

significant number of books and articles on a wide range of Korean topics, ranging from history to art, literature, folklore, contemporary international relations, religion and Christian missions. He did this relying almost exclusively on assiduously collected secondary sources—especially materials provided by western missionaries active in Korea—and despite their various shortcomings, his resulting publications were extremely influential in shaping American attitudes, images and knowledge about Korea.

In this essay I have tried in the first place to contextualize Griffis' portrayals of Korean language, script and literature by identifying his sources and examining his depictions in the light of modern (especially Korean) scholarship. Though also flawed in many ways, his volumes of Korean folk tales recast as "fairy tales" are in many respects his most original or at least intriguing contribution in terms of language and literature, and deserve closer study in conjunction with the unpublished archival materials at Rutgers and the other such collections published by non-Koreans in the 1920s, 1930s and 1940s. Secondly, and with respect to concrete "photographs taken on the soil," I have drawn attention to the rare and early photographs he collected of some of the very first Korean settlements in the Russian Far East.

References

Allen, Horace Newton. 1889. *Korean tales: being a collection of stories translated from the Korean folk lore*. New York & London: G. P. Putnam's Sons.

Aston, William George. 1879. "A Comparative Study of the Japanese and Korean Languages." *Journal of the Royal Asiatic Society of Great Britain and Ireland* ns, volume 11, 317-364.

Aston, William George. 1895a. "The Önmun: When Invented?" *Transactions of the Asiatic Society of Japan* 23, 1-4.

Aston, William George. 1895b. "Writing, Printing, and the Alphabet in Corea." *Journal of the Royal Asiatic Society of Great Britain and Ireland*, 505-511, preceded by 2 plates.

Backus, Robert L. (comp.). 1958. *Russian Supplement to the Korean Studies Guide*. Berkeley, CA: East Asia Studies, Institute of International Studies, University of California, Berkeley.

Burks, Ardath W. and Jerome Cooperman. 1960. "The William Griffis Collection." *Journal of Asian Studies* 20, 61-69.

Caprio, Mark. 2001. Koreans into Japanese: Japan's Assimilation Policy. Unpublished PhD dissertation, University of Washington.

Cheong, Sung-hwa. 2000. "William Elliot Griffis and Emerging American Images on Korea." *The Review of Korean Studies* 3(2), 53-72.

Chi, M. S. 2007. "Repositioning Hamel: The linguistic significance of the first European cross-cultural account of Chosŏn." *In Korea in the Middle: Korean Studies and Area Studies: Essays in Honour of Boudewijn Walraven*, edited by Remco E. Breuker. Leiden, The Netherlands: CNWS Publications, 97-117.

Cho Hŭiung. 1995. "Sŏguŏ ro ssŭiŏjin han'guk sŏlhwa [Korean Myths Recorded in Western Languages]." In *Iyagi munhak mokkoji*, edited by Cho Hŭiung. Seoul: Pagijŏng, 406-486.

Chŏng Sŏnghwa. 2000. "Kŭrip'isŭ, 'Ŭnja ŭi nara han'guk'—Kŭrip'isŭ ŭi han'gukkwan ŭl chungsim ŭro [Griffis' *Corea: The Hermit Nation*: [An evaluation] with emphasis on Griffis' view of Korea]." *Haeoe han'gukhak p'yŏngnon* 1, 9-35.

Courant, Maurice. 1898. "Notes sur les études coréennes et japonaises." (Extrait des Actes du Congrès des Orientalistes. Paris: Imprimerie Nationale, 67-94). *Actes du onzième congrès international des orientalistes*, Paris-1877, 20 section, Langues et archéologie de l'Extrème-Orient, Paris, 1898, 67-94. [Reprinted in Daniel Bouchez (ed.), *Études coréennes de Maurice Courant* (Cahiers d'Études Coréennes 1), Paris: Éditions de Léopard d'Or, 177-190].

Dallet, Charles. 1874. *Histoire de l'Église en Corée, précédée d'une introduction sur l'histoire, les institutions, la langue, les moeurs et coutumes coréennes*. Paris: V. Palmé.

Dick, Steven J. 2004. "The American Transit of Venus Expeditions of 1874 and 1882." In *Transits of Venus: New Views of the Solar System and Galaxy* (Proceedings of the International Astronomical Union, No. 196), edited by D. W. Kurtz. Cambridge: Cambridge University Press, 100-110.

Eggert, Marion. 2016. "Religion in Korean Studies: The Case of Historiography." In *Religion and Orientalism in Asian Studies*, edited by Kiri Paramore. London, Oxford, New Delhi, Sydney: Bloomsbury, 107-118.

Gale, James Scarth. 1913. *Korean Folk Tales: Imps, Ghosts and Fairies*. London: J. M. Dent & Sons; New York: E. P. Dutton.

Garin-Mikhailovskii, N. G. 1904. *Koreiskyia skazki, zapisannyia osen'iu 1898 goda* [Korean Tales, Recorded in the Autumn of 1898]. Skt. Peterburg: Izd. tov. Znanie.

Gass, Leah H. 2003. "Korean Materials in the William Elliot Griffis Collection." Unpublished guide to the Griffis Collection held by Rutgers University Library.

Griffis, William Elliot. 1876. *The Mikado's Empire*. New York: Harper and Sons.

Griffis, William Elliot. 1880. *Japanese Fairy World. Stories from the Wonder-lore of Japan*. Schenectady, NY: J. H. Barhyte.

Griffis, William Elliot. 1887. *Japanese Fairy World. Stories from the Wonder-lore of Japan*. London: Trübner & Co.

Griffis, William Elliot. 1882. *Corea, the Hermit Nation*. London: W. H. Allen & Co.

Griffis, William Elliot. 1885. *Corea, Without and Within: Chapters on Corean History, Manners, and Religion with Hendrick Hamel's Narrative of Captivity and Travels in Corea, annotated*. Philadelphia: Presbyterian Board of Publication.

Griffis, William Elliot. 1890. *Honda, the Samurai: A Story of Modern Japan*. Boston: Congregational Sunday School and Publishing Society.

Griffis, William E. 1893. "Two Japanese Men of Letters: Michizane and Rai Sanyo." *The Independent* (Boston). 21 September.

Griffis, William Elliot. 1894. *Corea, the Hermit Nation* (Fourth edition). New York: Charles Scribner's Sons.

Griffis, William Elliot. 1895. "Korea and the Koreans: In the Mirror of their Language and History." *Bulletin of the American Geographical Society*, XXVII (1), 1-20.

Griffis, William Elliot. 1900. *Verbeck of Japan: A Citizen of No Country*. New York and Chicago: Revell.

Griffis, William Elliot and Matilda Chaplin Ayrton.1901. *Child-life in Japan and Japanese Child Stories*. Boston and New York: D. C. Heath & Co.

Griffis, William Elliot. 1902. *A Maker of the Orient, Samuel Robbins Brown: Pioneer Educator in China, America and Japan*. New York: Revell.

Griffis, William Elliot. 1902. "Korea, the Pigmy Empire." *Overland Monthly and Out West Magazine*, June, Vol. 39(6), 945-954.

Griffis, William Elliot. 1907. *The Japanese Nation in Evolution: Steps in the Progress of a Great People*. London: George and Harrap.

Griffis, William Elliot. 1908. *Japanese Fairy Tales*. London & Calcutta: G. G. Harrap & Co.

Griffis, William Elliot. 1910. "Japan's Absorption of Korea." *North American Review* 192, 516-526.

Griffis, William Elliot. 1911a. *Fairy Tales of Old Korea*. London: George G. Harrap. xi + 155 + plates.

Griffis, William Elliot. 1911b. *The Unmannerly Tiger and Other Korean Tales*. New York: Thomas Y. Crowell. xi + 155 pp. with 8 plates.

Griffis, William Elliot. 1912. *A Modern Pioneer in Korea: The Life Story of Henry G. Appenzeller*. New York, Chicago, Toronto: Fleming H. Revell Company.

Griffis, William Elliot. 1913. *Hepburn of Japan and His Wife and Helpmates*. Philadelphia and New York: Westminster Press.

Griffis, William Elliot. 1917. "The Opening of Korea." *The Korea Magazine*, November, 506-510.

Griffis, William Elliot. 1919. "An American View." *The Nation* (May 24), 830.

Griffis, William Elliot. 1922. *Korean Fairy Tales*. Illustrated in color. New York: Thomas Y. Crowell. Vii + 212 pp.

Griffis, William Elliot. 1922b. "The Five Traits of the Koreans: A Story for American Children." *Korea Review* IV(4)(June), 5-7.

Hammond, Ellen. 2010. "A history of the East Asian collection at Yale University." In *Collecting Asia: East Asian Libraries in North America*, 1868-2008, edited by Peter X. Zhou. Ann Arbor, MI: Association for Asian Studies, 2-20.

Hodge, John W. 1897/1902. *Corean Words and Phrases: Being a Handbook and Pocket Dictionary for Visitors to Corea* [Title cover is *The stranger's handbook of the Corean language*]. Seoul: Seoul Press (2nd edition). 397 pp.

Hulbert, Homer. 2000. *Echoes of the Orient: A Memoir of Life in the Far East*. Sŏul Taehakkyo Asia T'aep'yŏngyang Kyoyuk Palchŏn Yŏn'gudan Charyo Ch'ongsŏ 2. Seoul: Tosŏ Ch'ulp'an Sŏnin.

Ion, A. Hamish. 1990. *The cross and the rising sun* (Vol. 1, The Canadian Protestant missionary movement in the Japanese Empire, 1872-1931). Waterloo, Ontario, Canada: Wilfred Laurier University Press.

Ion, A. Hamish. 1993. *The cross and the rising sun* (Vol. 2, The British Protestant missionary movement in Japan, Korea and Taiwan, 1865-1945). Waterloo, Ontario, Canada: Wilfred Laurier University Press.

Karlsson, Anders. 2002. "A Hermit Nation not for Everyone: First-hand Contacts with Qing and their Consequences in late Chosŏn P'yŏngan Province." In *Embracing the Other: The interaction of Korean and Foreign Cultures. Proceedings of the 1st World Congress of Korean Studies*, volume 3, 1289-1300.

Kim Chongch'ŏl. 2008. "Kŭrip'isŭ sujip han'guk kojŏn sosŏl tu p'yŏn kwa Kŭrip'isŭ ŭi han'guk sŏlhwajip [Two Premodern Fictional Narratives Collected by Griffis and his Collection of Korean Fairy Tales]." Paper presented at the "Workshop on the Korean Materials of the William Griffis Collection at Rutgers University," March 14 2008.

King, Ross. 2004. "Western Protestant Missionaries and the Origins of Korean Language Modernization." *Journal of International and Area Studies* 11(3), 7-38.

King, Ross. 2010. "Dialect, orthography and regional identity: P'yŏng'an Christians, Korean spelling reform, and orthographic fundamentalism." In *The northern region of Korea: culture, history and identity*, edited by Sun Joo Kim. Seattle, WA: University of Washington Press, 139-180.

Kirillov, Aleksandr V. 1894. *Geografichesko-statisticheskii slovar' Amurskoi i Primorskoi oblastei* [Geographico-statistical Dictionary of the Amur and Maritime Oblast's]. Blagoveshchensk: Tip. D. O. Mokin.

Lew, Young-ick. 2008. "Contributions by Western Scholars to Korean Historiography." In *Early Korean Encounters with the United States and Japan: Six Essays on Late Nineteenth-Century Korea*, edited by Young-ick Lew. Seoul: The Royal Asiatic Society, Korea Branch, 139-158.

Lowell, Percival. 1885. *Chosön, The Land of the Morning Calm: A Sketch of Korea*. Boston: Ticknor and Company.

Lyu Hwangt'ae. 2010. "Griffis rŭl t'onghae pon han-il kwan'gye [Korean and Japanese Relations as Seen through William E. Griffis]." *Migukhak nonjip*

42(3), 107-131.

Missionnaires de Corée de la Société des Missions Étrangères de Paris. 1881. *Grammaire coréenne.* Yokohama: Imprimerie de L. Lévy et S. Salabelle.

Ni, P., T. Ogai, N. Ochankhvan, I. Oseled'ko, S. Tkhai, Ia. Tskoi and S. Iugai. 1929. *Novaia shkola: Pervaia kniga Koreiskogo shkol'nika* (Han'gŭl author names and title: Li Pyŏngguk, O Sangil, O Ch'anghwan, Osselledikko I., Yugai Ss. A., Tchoiya Dzh., and T'ae Insu, Tokpon sae hakkyo: Tye il kwŏn, tye 1 p'yŏn)[New School: First Book for the Korean Schoolchild]. Khabarovsk: Knizhnoe Delo.

Oppenheim, Robert. 2016. *An Asian frontier: American Anthropology and Korea, 1882-1945.* Lincoln and London: University of Nebraska Press.

Pak, Vadim. 1967. "Iz istorii sobiraniia i izucheniia koreiskogo fol'klora [From the History of the Collection and Study of Korean Folklore]." In *Literatura i fol'klor narodov vostoka: sbornik statei* [Literature and Folklore of the Peoples of the East: A Collection of Articles]. Moscow: Nauka, 242-254.

Silva, David. 2003. "Western Attitudes toward the Korean Language: An Overview of Late Nineteenth- and Early Twentieth-Century Mission Literature." *Korean Studies* 26(2), 270-286.

Sin Hyŏngsik. 1999. "Ilche ch'ogi miguk sŏn'gyosa ŭi han'gukkwan: Griffis ŭi *Corea: The Hermit Nation* ŭl chungsim ŭro [The Missionary View of Korea in the Early Colonial Period: With a Focus on *Corea: The Hermit Nation*]. In *20 segi chŏnban'gi han'guk sahoe ŭi yŏn'gu* [Research on Korean Society in the First Half of the 20th Century], edited by Ihwa Yŏja Taehakkyo Han'guk Munhwa Yŏn'guwŏn. Seoul: Paeksan Charyowŏn, 245-266.

Shipov, Poruchik [Lieutenant]. 1885. "Koreia, strana otshelnikov [Korea, Land of the Hermits]." *Sbornik Geograficheskikh, topograficheskikh i statisticheskikh materialov po Azii*, vol. 14:1-89. [Cited from Robert L. Backus (comp.). 1958. Russian Supplement to the Korean Studies Guide. East Asia Studies, Institute of International Studies, University of California, Berkeley, 7]

Song, Ch'ŏrŭi. 2008. "Panjŏlp'yo ŭi pyŏnch'ŏn kwa chŏnt'ong sidae han'gŭl kyoyuk [Changes in the *panjŏlp'yo* and *han'gŭl* education in the traditional era]." In *Segye sok ŭi han'gŭl* [Han'gŭl in the World], edited by Hong Chongsŏn et al. Seoul: Pagijŏng, 165-194.

Underwood, Lillias Horton. 1904. *Fifteen Years among the Top-knots or Life in Korea.* Boston & New York: American Tract Society.

Yang Sanghyŏn, Pak Soyŏn and Yu Yŏngmi. 2014. "Kŭrip'isŭ k'ŏlleksyŏn e sojangdoeŏ innŭn han'guk kŭndae sajin charyo ŭi haksuljŏk kach'i e taehan koch'al [An Examination of the Academic Value of the Modern Korean Photographic Materials Held in the Griffis Collection]." *Han'guk kŭnhyondaesa yon'gu* 71, 7-50.

Yi, T'aejin. 1998. "Was Korea Really a 'Hermit Nation'?" *Korea Journal* 38(4), 5-35.

그리피스 컬렉션 사진자료 총괄목록
The Complete List of Korean Photographs in the Griffis Collection

양상현 교수는 7년여에 걸쳐
이들 사진들을 고증하려는 노력을 기울였으나
끝까지 마무리 못한 채 미완의 상태로 남겨 두고 떠났다.
추가 확인 작업은 이제 후배들의 몫으로 남았다.

- 사진번호 및 제목: 양상현 교수가 임의로 분류하고 정한 제목이다.
- 그리피스의 친밀 메모: 매 사진마다 그리피스가 친필로 쓴 메모가 있는 경우 이를
  그대로 옮겨 적었다.
- 해석: 그리피스의 친필 메모를 우리말로 번역한 것이다.
- 참고사항: 사진의 기공개 여부를 점검하는 과정에서 해당 사진과 관련하여 확인된
  사항과 추가로 확인이 필요한 사항을 기재한 것이다.
- 음영 표시: 이미 공개된 사진임을 뜻한다.

1. 조선왕실과 대한제국

11. 태극기

사진번호 및 제목	그리피스의 친필 메모	해석	참고사항
1101_태극기	Allen & Ginters Cigarettes, Richmond, Virginia. Flag of Korea first saluted by Com. R. M. Shufeld, USN at Chemulpo, Korea	Allen & Ginters 담배회사, 리치몬드, 버지니아. 한국 제물포에서 최초로 R. M. Shufeldt 제독이 경례한 한국의 국기.	슈펠트 제독: 1882년 3월 미국 전권대사의 자격으로 군함을 이끌고 인천항으로 와서 조미수호통상조약을 체결함.

12. 왕실 인물

사진번호 및 제목	그리피스의 친필 메모	해석	참고사항
1201_대원군	Military officer showing his breast(rank) decoration. Seals of king in bags at ends of girdle. Commissioned to massacre 10,000. A High military official in court dress. Christians __ __ Tai wen kun in 1866. This officer carried out the order for the extermination of the native christians.	궁정 무관 복색과 흉배 장식. 기독교인 10,000명을 대학살을 지시함. 대원군, 1866. 이 관리는 기독교의 말살을 명했다.	병인박해, 1866-1871년까지 대원군에 의해 지시되어 8,000명 이상의 순교자가 나옴. 1866년이면 대원군(1820-1898) 나이 47세. * 기존 공개된 '관리'라고 표기된 책자의 출처 확인이 필요함.
1202_의친왕	The former crown prince who traveled in America. Made Emperor by the Japanese and then deposed. He is apparent still(1904) in America. Crown Prince Wi-wha of Korea. Has studied in America	미국을 여행했던 전 왕자. 일본에 의해 황제로 봉해졌으나 실각되었다. 1904년 현재 미국에 머무르고 있다. 미국에서 수학하였다. 한국의 의화 왕자.	이강(1877-1955). 의친왕, 의화군. 1900년 미국으로 유학, 오하이오주 웨슬리언대학교와 버지니아주 로노크대학에서 공부. 그해 8월에 '의왕'으로 봉해짐. 1905년 귀국. 합방 후 1919년 상해 임시정부로 탈출 모의하였으나 일본에 의해 발각, 국내로 송환됨. 일본정부의 도일 강요 거부, 기개를 지킴.
1203_고종	The still living ex-emperor and the former crown prince deposed, will probably live hereafter in Tokyo and Seoul alternately The king and his son	왕과 그의 아들. 생존해 있는 전 황제와 전 황태자는 권좌에서 물러났다. 그 이후에 도쿄와 서울을 번갈아 가면서 살았을 것이다.	고종과 순종의 모습. 순종의 재위는 1907-1910년이므로 그 이후에 기록된 메모임. 도쿄와 서울. 추정은 사실과 다름. 영친왕에 대한 착오인 듯함.

1204_고종	king of Korea, now emperor of Dai Han.	조선의 왕, 현재 대한의 황제	어느 책에 공개되어 있는지 확인 필요함.
1205_고종	His majesty the Emperor of Ta Han(Korea)	대한의 황제	사진번호 1204와 거의 같음. 옷 주름 등이 약간 차이가 있는 것으로 보아 같은 날 촬영된 것으로 보임.
1206_명성황후로 잘못 알려진 사진	Lady in waiting Court Lady Wm. Elliot Griffis ITHACA NY Korea	대기 중인 궁녀(Court Lady)	
1207_명성황후로 잘못 알려진 사진	Queen's palace maid, one of these suffered death in place of the Queen.	내전(Queen's palace)의 궁녀. 이 중 한 명이 왕비와 함께 죽임을 당하였다.	이 두 사진 모두 한때 명성황후로 잘못 알려졌으나, 그리피스가 명확하게 '궁녀'로 기록하고 있으며 시해의 정황까지 정확하게 기록한 바, 이에 대한 논란을 끝낼 수 있을 것임.
1208_궁녀	Korean Serving Woman the palace	한국의 궁녀	
1209_흥선대원군			

13. 을미사변과 명성황후 국장

사진번호 및 제목	그리피스의 친필 메모	해석	참고사항
1301_명성황후 국장	Transfer of the Remains of Queen Min to the new mausoleum. Now(1904) electric road_	새 능으로 가는 민 황후의 운구. 현재(1904)는 전차가 놓였다.	명성황후 국장 견여. 사진의 그림자로 보아 습의(예행 연습) 당시 찍은 것으로 추정됨.
1302_명성황후 국장			명성황후 국장 신련
1303_명성황후 국장			명성황후 국장 곡궁인
1304_명성황후 광릉무덤터	The mound raised once the spot where the queen's was buried.	높게 쌓인 흙더미가 황후가 묻힌 곳이다.	국장이 치러지지 않았으므로, 이 곳에 실제 묻힌 것은 아니며 동구릉의 첫 무덤터로서 조성이 중단된 상태임.
1305_청량리 홍릉	A tomb in the process of preparation for the Queen's remains, is being constructed just back of the large building which is in the centre. The east?(last?) building in the hall for sacrifices. This is about three miles from Seoul.	황후의 유해를 모시기 위해 마련된 무덤이 중앙의 건물 뒤에 공사 중이다. 동쪽의 건물은 의례를 위한 건물이다. 서울로부터 3마일(5km)가량 떨어진 곳이다.	국장 직전의 청량리 홍릉. 침전(정자각)의 뒤로 수도각(외재궁을 모시는 임시건물)이 보임. 오른쪽(동쪽) 윗 건물은 비각. 왼쪽의 건물군은 '내인가가' 등 행사를 위한 임시건물들로 추정됨. 앞쪽의 홍살문은 국장도감의궤의 〈유문도(帷門圖)〉에서도 확인됨.
1306_경복궁 건청궁	The palace, Seoul. The small rooms in the corner_ which the window is open, is the place where the queen was captured and killed. Her body was lifted out through the window.	궁궐, 서울. 창문이 열려 있는 모퉁이의 작은 방이 황후가 잡혀 시해당한 곳이다. 그녀의 몸이 이 창 밖으로 던져졌다(들어 올려졌다).	비슷한 사진 많음. 황후 시해 당시의 상황을 당시의 다른 기록과 부합하게 설명하고 있어 그 사료적 의의가 있음.
1307_조선 궁의 굴뚝	The King's clock tower the palace, Seoul. The clock has not been wound since the murder of the queen in 1895.	왕궁에 있는 시계탑. 서울. 이 시계는 1895년 황후 시해 이후 한 번도 태엽을 감지 않았다.	

14. 근대 교통 및 도로

사진번호 및 제목	그리피스의 친필 메모	해석	참고사항
1401_차표 파는 곳	Chong no office of the seoul Electric car_ Center of the city of Seoul	서울 전차노선 중 종로역 매표소. 서울의 중심.	1899-1904년 사이 촬영. 종로역. 박현순, 『코리안의 일상』, p. 256에 나온 건물과 같은 곳임.
1402_전차	Electric car Seoul	서울의 전차	전차의 종착역. 서대문역으로 추정됨.
1403_전차대기소	City trolley cars Seoul	서울의 전차	
1404_화력발전소	Seoul Electric Co. power House under construction	서울전기회사. 건설 중인 발전소.	동대문화력발전소. 1899, 한성전기회사에서 설립. 건설 중인 모습. 이해 5월 개통한 전차에 동력 공급.

1405_나무다리	American Timber Bridge of the Imperial Highway 50 feet wide connecting Seoul with the New Imperial Tombs. The open trestling shown at the left is for the tracks of the Electric Railway	임페리얼 하이웨이 구간 중 새로운 황릉과 서울을 연결하는 50피트(15m) 너비의 미국식 목조뼈대 다리. 왼쪽의 가대는 전차 철로를 놓기 위해 비어 있다.	남대문-청량리까지 전차 개통 직전의 모습으로 이해됨.
1406_나무다리	Korea Timber Bridge on Imperial Highway	목구조교량. 임페리얼 하이웨이	
1407_겨울 조선의 다리	800 foot bridge of Imperial Highway	임페리얼 하이웨이의 800피트(240m) 다리	안암천, 혹은 성북천으로 추정됨.
1408_나무다리	Imperial Highway	임페리얼 하이웨이	
1409_망우리 고갯길	Mang woori pass on Imperial Highway	망우리를 지나는 임페리얼 하이웨이	
1410_달구지와 신작로	Imperial Highway	임페리얼 하이웨이	
1411_삿갓쓴 남성들			
1412_능으로 가는 길	Road leading to an Imperial Graveyard.	황릉으로 가는 길	명성황후릉으로 가는 진입로로 이해됨. 『먼나라 꼬레-아폴리트 프랑뎅의 기억 속으로』, p. 73에 비슷한 사진 있음. 고양에 있는 서삼릉으로 가는 길로 추정됨.
1413_말 끄는 아이와 지게꾼	Avenue leading to Palace	궁으로 이어지는 길	
1414_철도공사 기념식	U.S Minister Dr. Allen and __ Seoul, Chemulpo R.R.	미국 알렌 장관, 경인선 철도 건설	1897. 3-1898. 12 사이의 상황. 가운데 키 큰 이가 알렌 공사임.
1415_철도공사			
1416_철도공사	Railroad building in Korea	한국의 철도 건설공사	
1417_한강철교	Electric car road building	전차 철로 건설	기차 철도를 오해하고 있음.
1418_기관차	Open of seoul Fusan railway The seoul - Fusan daily express	경부선 철도의 개통 서울-부산을 매일 운행	
1419_경부선 개통 축하 연회장	Dining Hall of Celebration Ceremony Seoul fusan Railway	서울 부산 철도 개통 축하 연회장	개통축하 기념식이 열린 서울역의 한 장소로 추정됨.
1420_나룻배	The emperor of Korea river stream on the Han. The emperor of Korea visiting his stream boat of the Han. Korea's only naval force, except a small revenve vessel or two	황제가 한강에 있는 그의 증기선을 방문하였다. 이 배는 한국의 유일한 해군 함정으로 그 외에는 한, 두 척의 세곡선이 있을 뿐이다.	
1421_동대문 화력발전소 전경	Seoul Electric Co. power House and car sheds	한성전기회사 발전소와 전차 차고	기존 사진보다 선명함.
1422_철도공사	Bridge of the military R.R. Seoul to w_____ crossing over the Seoul electric R.R. track.	군사 철도 교량 전차 노선을 가로질러 가설	사진과 같은 사진 및 비슷한 사진 있음. 비슷한 사진의 사이트 http://leekcp.new21.org/zb41/zboard.php?id=rmswjs&page=20&sn1=&divpage=1&sn=off&ss=on&sc=on&select_arrange=headnum&desc=asc&no=245 (사이트 20페이지) 비슷한 사진에 나온 설명: [경의선 시운전] 일본군 철도 대대가 시운전을 한 뒤에 오늘날의 서울 남영 전철역 부근에서 찍은 기념사진이다(1904. 6.). 일제는 러·일 전쟁을 치르면서 군수물자와 병력을 나르려고 경의선 공사를 시작하여 1년 만에 완성하였다. 일제는 서둘러 철도를 건설하기 위해 철도 주변의 토지와 자재를 마구 수탈하여 우리나라 사람들은 엄청난 피해를 입어야 하였다.
1423_한강철교	Han river	한강	
1424_한강철교	The Han River Bridge. (__ from end of train) steel bridge over Han river. Built by Americans.	한강 다리. 미국인에 의해 건설된 기차 철교	

1425_철도 개통식	First Railway in Korea, built by Americans Seoul to C_____ 11 miles ?	한국의 첫 번째 철도, 미국인이 건설 경인선 11마일(18km)	경인선 개통식(1899) 같은 사진이 있는 사이트 http://leekcp.new21.org/zb41/zboard. php?id=rmswjs&page=20&select_arrange=headnum& desc=asc&category=&sn=off&ss=on&sc=on&keywor d=&sn1=&divpage=1 (사이트 20페이지)
1426_경부선 철도 개통식	The celebration of the opening of the Seoul pu- san R,R	서울-부산 간 철도개통식의 축하행사	
1427_경부선 철도 개통식			

15. 개화기 인물사진

사진번호 및 제목	그리피스의 친필 메모	해석	참고사항
1501_서재필	Sah Jai Pil Aged 23(now 33), Now Graduate of the Tokio Military Academy, and Head of the Military Academy at Seoul. Appointed Vice-Commander of the Northern and Southern Army.	서재필(1864-1951). 23세(1887년 촬영). 도쿄 육군사관학교 졸업, 서울 군사학교 교장. 남-북군 부사령관	1883년 일본의 도야마[戶山] 육군유년학교(陸軍幼年 學校)에 입학, 이듬해 5월 졸업. 귀국 뒤 궁궐수비대에 배치되었고 고종을 알현하여 사관학교의 설립을 진언, 설립하여 조련국(操練局) 사관장에 임명. 갑신정변 참여, 실패 후 도미.
1502_서재필	Dr. Jaison, Korean educated in America, editor of the Korean Independent and president of the Independence Club.	서재필. 미국에서 교육받은 한국인. 독립협회를 주도하였다.	1889년 컬럼비아대학교(현 조지워싱턴대학교) 의과대학 (Columbian Medical College)에 입학. 1893년 6월 대학을 졸업하고 의사 면허를 취득함.
1503_서재필	Dr. P. Jaisohn? (Alias Jai Se Peel)	서재필 박사 영문명 Philip Jaisohn	일본 도야마 육군유년학교 입학 당시의 모습으로 추정됨.
1504_김옥균	Kim Ok Kiun Aged 35. Head of the Progressive or Liberal party. Formerly Vice-Minister of Foreign Affairs and Head of the Department of Development and Colonization. Was twice sent as Commissioner to Japan. In the new Cabinet was Minister of Finance and Member of Privy Council.	김옥균(1851-1894) 35세(1886년 촬영). 개화당 영수. 정부관료 역임. 두 차례 일본으로 파견되었다. 새 정부의 재무장관(호조참판, 갑신정변 당시)	갑신정변: 1884. 12. 4.(양력)
1505_박영효	Pak Yong Hio Aged 25(30/40/50). Prince of the highest rank. Married a daughter of the former King, who is a niece of the present King. Was Ambassador to Japan in 1881. In the new Cabinet was made Minister of War, and Commander of the Northern and Southern Army.	박영효(1861-1939) 25세(1886년 촬영). 전대 왕(철종)의 부마. 1881년에는 일본에 대사로 파견. 새 내각에서 군사장관이 됨.	1872년 철종의 부마. 1892년 전권대신 자격으로 일본 방 문. 1883년 한성판윤. 1884년 갑신정변, 좌포도대장직. 정변 실패 후 도일. 일제의 회유로 후작의 작위를 받음. 1926년 중추원 의장 등 역임.
1506_박영효	pak young hio boku__ko 1926 Prince Boku Radical reformer	박영효 1926 Prince Boku(?) 급진적인 개혁가	
1507_박영효	The first man to tell the truth about the outside world to the king. Active in recent years. prince boku	왕에게 외부 세계의 진실을 말한 첫 번째 인물. 최근 활동이 왕성하다. Prince Boku(?)	
1508_조선 사람			신원 미상

417

16. 왕릉

사진번호 및 제목	그리피스의 친필 메모	해석	참고사항
1601_흥선대원군 능	The stone guards, horses, lantern and square posts that stand in front of the tomb of the Tai-wn-kun father of present emperor. The horses is for the guard to ride on. on the opposite side is the sacrificial sheep The lantern post is used on sacrifial occassions The straight post is called the squared post, if you look closely you will see the chiselled form of a squirrel with___going up it. This is a guard against the spirits of the place Tomb of Tai-wn-kun. Believed ___ caused the death of 10,000 native Roman catholic christians.	석인, 마석, 장명등, 망주석 등이 대원군 (현 황제의 아버지) 무덤 앞에 놓여 있다. 말은 석인이 타기 위한 것이다. 반대편에는 희생물로 양이 있다. 장명등은 제례를 위한 것이다. 기둥은 사각기둥(망주석)이라 부르는데, 자세히 보면 다람쥐가 올라가는 모습을 볼 수 있다. 이것은 영혼을 보호하는 의미다. 대원군묘. 10,000명에 이르는 천주교인들을 죽음에 이르게 했다.	대원군묘는 1898년 그의 사후 고양군 공덕리에 있다가 1906년 파주군 대덕리로 이장되었고, 다시 1966년 남양주시 화도읍 창현리의 현 위치로 옮겨짐. 따라서 이 사진은 고양군에 있던 첫 무덤의 모습으로 추정됨.
1602_사당	Cemetery of a wealthy family near seoul.	귀족의 무덤, 서울 근교	대원군 묘일 가능성. 추가 조사 필요함.
1603_대원군 능(의빈 창녕 성씨 묘의 오류)	Mr.H.C.Shattuck 616N. cayuga st. Ithca, ny USA Drear Herbert, your card sent from Bath beach just received, it has been wandering round some where so was late getting here. The pictures you sent t what you wrote made me homesick to be back there. How I should like to have been there with you, bot it would not be that __ now. what it was fine years ago. I shall always remember the lovely time we gad together and be thankful for it. "Joys __ are past and back __ and mournful to the soul"	(편지글)	비석에 '(의)빈창녕성씨묘'로 기록되어 있음.
1604_왕릉	A royal tomb 800 years old . Outside the city walls. Seoul the burial with a small stone slab for sacrifices in front.	800년 된 왕릉, 서울 성곽의 외부. 정면에는 제례를 위한 상석이 놓여있다.	
1605_문인석	The stone guard that stands before the grave of Tajo. ___ of this present dynasty who came to the throne in 1392. This stone __ is 100 years older than Amn___ or nearly so. It shows the style of dress used at that period of the e___ officials.	태조릉의 보호석. 1392에 왕좌에 올랐다. 100년이 넘게… 이 돌은 당시의 관리가 입었던 복장을 보여준다.	
1606_문인석	Image at a Royal __ Image at king's ancestral tomb.	선대왕의 무덤	
1607_비각안묘비	Moument mear chun-ju Korea beside the frand "ataiju" founder of last dynasty of ___ Korea. before coming the throne 400 yrs. his gome was in ___ The men on either side of the momument are grace_ keepers.. official sacrifice at this graue twice a year.	전주 근교의 비각, 400년 이전. 두 인물은 비각의 관리인들이다.	전주의 조경단

17. 군대

사진번호 및 제목	그리피스의 친필 메모	해석	참고사항
1701_별기군			
1702_신식 군대훈련	Under American Instructors	미 교관의 지휘를 받고 있는 한국 군인들	기존의 사진과 비슷하지만, 더 선명하고, 넓게 찍힘.
1703_갑옷	Korean Armor worn by a General 1792? Prof. H. B. Hulbert Seoul, Korea.	1792년에 사용된 조선 갑옷 H. B. Hulbert 교수 한국, 서울	
1704_해군장교들	Korean Official	한국인 장교	'朝鮮海軍中將及將校' 중앙의 안경 쓴 인물이 눈에 띔.
1705_신식 군대	Police June(junior?) Used in America in the East	경찰. 미국 동부에서 사용되는 복장	
1706_신식 군대	Korean soldiers Modern drill	한국 군대의 현대식 훈련	
1707_별기군 병사			
1708_별기군 병사	Soldiers in semi-foreign uniform	신식 제복을 입은 군인	
1709_별기군			
1710_한국 군대	Corean Army-old style	구식 한국 군인	
1711_대한제국 군악대	The Korean Brass Band This is one department in which Koreans do remarkable will. __the training of a __ __ who formerly --- the japanese in Tokyo. They have learned every thing from Handel to yankee doodle. The may day at the opening celebration of the seoul_ fusan railway they were present and played remarkable well. Korean band	한국의 금관악기 악단. 놀랄 만큼 연주를 잘한다. 도쿄에서 가르치던 ___의 지도를 받았다. 양키 두들에서 헨델에 이르는 곡들을 익혔다. 서울-부산 간 철도개통식에 초대되어 멋진 축하 연주를 벌였다.	
1712_무관 포도대장 정장			
1713_군복			

2. 제국주의 침략과 민족운동

21. 동학과 의병

사진번호 및 제목	그리피스의 친필 메모	해석	참고사항
2101_전봉준 압송			기존에 알려진 사진과 다름 (기존 사진 사이트 http://leekcp.new21.org/zb41/zboard.php?id=rmswjs&page=17&sn1=&divpage=1&sn=off&ss=on&sc=on&select_arrange=headnum&desc=asc&no=292 (사이트 17페이지) 사이트 설명: ['가마 탄 전봉준'의 비밀은…] 전봉준의 유일한 사진(위)은 '서울로 압송되는 장면' 혹은 '형장으로 가는 장면'으로 알려져 왔으나, 사실은 '일본영사관에서 법무아문(법무부)으로 옮겨지는 장면'일 가능성이 커졌다. 아래 사진은 1895년 3월 12일자 일본 오사카 마이니치 신문에 실린 컷(이치백 전북향토문화연구회장 제공).
2102_동학군 참수	Exposure of head of decapitated traitors seoul	내걸려진 '반역자'의 효수된 머리. 서울	

| 2103_의병 처형 | From The American Headquarter, Republic of Korea
Continental Trust Bldg., Washington, D.C
(Photo by International Film Co., Inc.)
How The Japanese Executed Korean Revolutionist
Photo shows Korean revolutionists a minute after their execution by Japanese soldiery. The victims were placed in a kneeling position, their arms extended straight out and attached to the arms of rudely constructed crosses. With their eyes bandaged and their heads and bodies securely tied to the upright of the cross, they awaited the firing squad.
The Korean revolution was a passive nature, forbidding any act of violence on the part of the Koreans. They have no weapons to fight with; no Korean can possess even a fowling-piece.
On March 1, three millions of Koreans, men, women, and students, started the Independence demonstration simultaneously throughout the ancient kingdom of Korea. The public squares of every large city throughout the country were crowded with people whose only weapon was the manifesto, declaring the independence of Korea from Japan.
Dispatches from Peking, March 12: "The Japanese were taken completely by surprise. However, their authority regained its equilibrium and struck hard and quickly, thousands of demonstrators being arrested. The police arrested a number of students of the Pyeng Yang Presbyterian Theological School, who were not connected with the movement, stripped them and tied them to rough, wooden crosses, exclaiming that as their Master had borne the cross, they, too, should have the privilege of bearing it."
Shanghai, March 30: "Demonstrations throughout Korea are growing stronger, 32,000 persons having been imprisons, 100,000 killed and injured, including children; Christian churches, schools and stores have been closed."
Shanghai, April 12: "Japan began massacring in Korea. Over thousand unarmed people killed in Seoul alone during a three hour fight." --- | 미국본부, 한국
콘티넨탈 트러스트빌딩, 워싱턴 D.C
(사진, 인터네셔널 필름사)

어떻게 일본은 한국인 혁명가들을 처형하였는가.

사진은 한국인 혁명가들에 대한 일본군의 처형 직후 상황을 보여준다. 희생자들은 무릎을 꿇리고, 거칠게 만들어진 십자가에 팔을 뻗고 결박당한 자세이다. 그들의 눈은 천으로 가려졌고 머리와 몸뚱이는 십자가에 세워 묶여진 채 총살을 기다려야했다 한국의 혁명(3.1운동을 말함)은 평화적 성격으로 어떠한 폭력적 행동도 금지된 운동이었다. 그들은 싸울 수 있는 무기도 없었고 어떠한 한국인도 사냥엽총 하나 조차 소지하지 않았다.
3월 1일, 남자, 여자, 학생 등 3백 만 명의 한국인이 한국의 거리로 나와 독립을 외치는 시위를 시작했다. 한국 대도시의 광장마다 일본으로부터의 독립을 외치는 사람들로 가득 찼다. 그들의 유일한 무기는 선언문일 뿐이었다.

특파원(북경, 3.12일자): "일본인들은 비록 그들의 무력이 이를 재빨리 진압하고 수천 명의 시위군중이 잡혀갔음에도 불구하고 완전히 겁에 질렸다. 경찰은 운동에 가담하지 않은 수많은 평양신학교 학생들을 잡아가, 너희들의 주(主)가 십자가를 지었으니 너희들도 이를 견뎌야 한다고 소리 지르며 십자가에 묶기까지 하였다."

상하이, 3월 30일자: "한국의 시위는 더욱 커지고 있어, 32,000명이 투옥되고, 어린이들을 포함하여 10만 명이 죽거나 상해를 입었다. 교회와 학교, 상점들은 문을 닫았다."

상하이, 4월 12일자: "일본은 한국에서 대학살을 시작했다. 서울에서만 무장하지 않은 천명 이상의 사람들이 단 세 시간 정도 시위하는 동안 죽임을 당하였다." | 이승만이 설립한 '구미외교부'에서 작성한 문건으로 보임:
The American Headquarter, Republic of Korea
Continental Trust Bldg., Washington, D.C

사진을 찍은 International Film사가 어떤 곳인지 확인이 필요함.
Dispatches from Peking, March 12, Shanghai, March 30, Shanghai, April 12 이들 3개의 출처가 신문사인지 확인이 필요함.

평양신학교[平壤神學校] : 1901년 평양에서 미국인 선교사인 마포삼열(Samuel A Moffett:1864~1939)에 의해 설립된 신학교임. 한국장로교회의 첫 신학교. 1911년 몽양 여운형이 평양신학교에서 수학함. 1930년 일제의 신사참배 요구를 거부하였기에 강제 폐교됨. |
| 2104_의병 처형 | Koreans who tampered with the Japanese military railroad and were shot by Japanese troops. | 일본군 군사철도를 훼손한 한국인을 일본군이 사살하다. | 이 사진이 어디에 발표된 사진인지, 부기된 기록이 있는지 확인이 필요함. |

22. 신미양요

사진번호 및 제목	그리피스의 친필 메모	해석	참고사항
2201_어재연 장군기			신미양요 때 미군에 빼앗긴 어재연 장군의 수자기.

2202_깃발	Old Korea Battle Flag corean captured by U.S. Marines showing the double winged serpent and the god riding of the little piebald horse. Flag of device of winged viper shaft ornamental with pheasant feathers Corean cotton-guilted armor and helmet sword, canteen, Flag with device of the god of war (or vengeance) USA Commander Wadhamr, U.S.N	미군이 노획한 한국의 전투 깃발. 두 개의 날개가 달린 뱀과 말을 타고 있는 수호신의 모습. 독사의 깃발, 꿩의 깃털 장식이 달려 있다. 한국 솜 갑옷과 투구, 칼, 물통. 전쟁의 수호신을 새긴 깃발 미국 사령관 Wadhamr, U.S.N	중앙의 인물은 미군으로, 조선군인의 투구와 갑옷을 쓰고 사진을 촬영한 것으로 보임.
2203_환도와 칼집	Korean sword scabbard gun equipment	한국 칼과 칼집, 화승총	
2204_화승총, 총알주머니, 화약병, 부싯돌함	Matchlock, bullet pouch, powder flask or Match-box-as used against us forces in 1871.	1871, 신미양요 때 사용된 화승총, 총알주머니, 화약병과 부싯돌 주머니	
2205_해군 선장	To. Dr. Griffis with best wishes of John B. Beuaclou(?) I villareal zll Duval st. key west, FLA Florida		신미양요과 관련된 미군의 모습으로 추정할 근거 확인 필요함. 청년사_침탈 그리고 전쟁_p. 46: 함상에서 작전회의를 하는 미군 사진과 설명을 비교해 보았을 때, 제독의 비서인 피셔(Fisher)로 추측됨.
2206_Hugh McKee 장군 기록	1. In memory of Hugh W. Mckee Lieutenant, U.S.N Born April 23rd 1844 Died June 11th 1871 Form wounds received the same day of the parapet of The Citadel, Kanghoa Island Corea While leading heroically the assault of the Naval Battalion of the U.S Asiatic Fleet 2. In memory of Lieut. killed Korea, June 1871 Tablet at Annapolis Naval Academy	1. U.S.N Hugh W. Mckee 중위는 1844년 4월 23일에 출생하여 1871년 11월 6일 사망했다. 한국 강화도 요새에서 미국 아시아 함대의 선두에선 맥키 중위는 부상을 당했다. 2. 1874년 6월 중위가 한국에서 사망했다. 아나폴리스 미국 해군사관학교의 명판	
2207_광성보 전투 후			
2208_광성보 전투 후			
2209_초지진의 미군			
2210_점령당한 초지진			
2211_조선인 포로			
2212_조선인 포로			
2213_조선인 포로와 문정관			
2214_조선인 포로와 문정관			
2215_문정관들			
2216_문정관과 하인			
2217_문정관			
2218_맥주병을 들고 있는 조선인	The first Korean visitor on an American war ship, 1871 Portrait of charles summer apostle of peace	1871년 미국의 전함에 처음 오른 한국인. 평화의 사도 찰스의 초상화	
2219_해군 선장	Very truly yours Homer C. Blake captain us navy newyork Feb 16 1878. Rear admiral Homer C. Blake, commander of the U.S. attacking force in Corea. 1871	1878년 2월 16일 뉴욕 해군 호머 블레이크가 경의를 표한다. 해군 소장 호머 블레이크. 1871년 미 침략군의 사령관	

23. 일본의 침략과 청일 러일전쟁 및 재판정

사진번호 및 제목	그리피스의 친필 메모	해석	참고사항
2301_조선국 성환천	Seikwan The scene of the 1st land battle 1894	첫 번째 육상 전투, 1894년	
2302_일본군 행진	Japanes troops first entering seoul. some had previously come in secretly. These were the first to come in openly.	서울에 공개적으로 진입하는 일본군. 이전까지 일부 군대가 비밀리에 들어왔다.	1904년 4월 서울에 진주하는 일본군. 침탈 그리고 전쟁(p.194)에 일본군이 서울의 남대문로를 행진하는 사진이 있고, 동일 상황임.
2303_법정	modern(japanese)court room? seoul	현대(일본) 법정, 서울	
2304_청일전쟁 일본군 캠프	Japanese camp in time of war	전쟁시 일본 캠프	
2305_성환전투 승리 개선문			
2306_성환전투 승리 개선문	Return of Japanese Army from sei kwan. at Rinsan, Seoul	'sei kwan'으로부터 귀환하는 일본군 서울, Rinsan	
2307_바랴크호	The sunken Russian cruiser. Variag	러시아 순양함의 침몰, 바랴크	
2308_바랴크호	The nearby boat is the sunken Russian volunteer susare	보트 근처에는 침몰된 러시아 지원보트가 있다.	
2309_이토 히로부미			

24. 일인 거주지와 일본공사관

사진번호 및 제목	그리피스의 친필 메모	해석	참고사항
2401_일본인 마을			
2402_근대식 마을			
2403_근대식 마을			
2404_제물포 일본군 묘지			
2405_남산 녹천정 일본공사관 원경	The japanese legation-the centre of Korea's ___ at Imperial time. In Hayashi is ___ ___ ___, shrewd, and through master of this present selection in Korea.	일본공사관, 대한제국 시기. 하야시 공사는 ___ ___ ___ 상황판단이 빨랐다.	
2406_남산 녹천정 일본공사관 원경	Mission headquarters Seoul	사절단 본부. 서울	
2407_남산 녹천정 일본공사관 원경	Japanese legation	일본공사관	

25. 미국공사관

사진번호 및 제목	그리피스의 친필 메모	해석	참고사항
2501_미국공사관			
2502_미국공사관			
2503_미국공사관	Along the front of the us legation ___ is ___ ___ to put this extensive ___ in good___. front of U.S. Lgation where now(1904) our missinaries(marines) are stationed	미국공사관 ___ 1904년 현재 미국 해병대의 파견대가 주둔하고 있다.	
2504_미국공사관 사무실 뒷편	offices and rear of U.S legation now centre of interest	사무실과 미국공사관의 뒤쪽	

사진번호 및 제목	그리피스의 친필 메모	해석	참고사항
2505_미국공사관	Easy to transform a Korean house into a missionary home.	공사관으로 쉽게 개조된 한옥	
2506_미국공사관			
2507_미국공사관 내 한옥 건물	Korean house transformed into an American home	한옥을 개조한 미국인의 집	미국공사관의 일부로 추측됨. 한옥 건물 안에 외국인 보임.
2508_미국공사관의 외교관회의 1903년	The Ferry Representatives___ from the style of the police ? enlarge? c____ in the Korean capital in 1912 when Korea was ?	경찰 복장의 페리 대사	비슷한 사진의 사이트 http://leekcp.new21.org/zb41/zboard.php?id=rmswjs&page=11&sn1=&divpage=1&sn=off&ss=on&sc=on&select_arrange=headnum&desc=asc&no=381 (사이트 11페이지의 사진) 사이트의 설명: 주한 각국 외교사절(1903) 1903년 알렌 공사가 미국공사관에서 각국 공사를 초청, 외교관회의를 주재한 후 기념 촬영. 일본 공사가 불참한 것이 이색적이다.
2509_마구간	Corean Ponies Korean Ponies American Young folks and their farm.	한국의 망아지 미국 젊은이의 농장	

26. 러시아, 영국, 프랑스공사관들

사진번호 및 제목	그리피스의 친필 메모	해석	참고사항
2601_러시아공사관	This is the russian legation, over king of legations here. Now none so poor to do in reverence Today June 3rd,1905 There is a great celebration going on south mountain by the japanese in honor of Togo's ___. There will be no more Russian Legation as far as I can see for Korea. The six temple bells that used to ring their Greek service are silent and doubt less will ___ so. Banzai japan!	러시아공사관. 왕궁의 위쪽 현재 1905.6.3일 남산에서 일본인들의 큰 축하행사가 열리고 있다. 이제 더 이상 러시아공사관 직원들을 볼 수가 없다. 여섯 개의 그릭식 종들도 소리를 내지 않는다. 일본 만세!	
2602_러시아공사관			
2603_정동교회와 영국공사관			
2604_영국공사관	British Legation, seoul. legation/definition a group of government officials sent to work in a foreign country. also the building where they work	영국공사관 공사관 직원들이 집무하던 장소	
2605_영국대사관	This in the British legation in Seoul. Near by to_ west of it is the American legation but___ ___ of the___ they were all___. The present___. of this legation is sir John N.___ an old hand in the far East having been Chinese Secretary in Pekong. He is a Charming ___ and highly appreciated by all the missionary community	서울의 영국공사관. 근처 서쪽에 미국공사관이 있다. 좀더 동쪽으로 청나라공사관 위치. 그는 외교관 사회에서 매력적인 인물로 눈에 띈다.	
2606_영국공사관	British legation, Seoul	영국공사관, 서울	
2607_프랑스공사관	British legation, Seoul	영국공사관, 서울	프랑스공사관의 착오임.
2608_프랑스공사관	This is the French legation in Seoul, at present from the fact france keeping the late battle fleet. It is also in chung Dong or the western part of seoul.	서울의 프랑스공사관. 서울의 서쪽, 정동에 위치	

3. 조선사람의 생활과 삶

31. 혼례와 상장례 및 민간신앙

사진번호 및 제목	그리피스의 친필 메모	해석	참고사항
3101_전주혼례식	Heathen wedding at Chun-ju Bridegroom is prominent figure. is in the ___	(비종교인의) 결혼식, 전주. 신랑은 눈에 띄는 의상을 입고 있다.	
3102_초분	Straw graves Theses are disappearing under the japanese rule	초분. 일제 치하에서 점점 사라지고 있다.	청년사_코리안의 일상(박현순 외) p. 105: 초분에 대한 사진과 자세한 설명이 있음.
3103_초분	B___ ___ in a mal___ and ___ing burial		
3104_무덤			
3105_장승	Devil post village idol entrance	장승, 마을 입구의 상징	
3106_혼례	young officer of the Gentry class __, showing on the bride the style of head gear for the marriage ceremony, Bride and groom.	양반계급의 젊은 관리, 혼례를 위해 머리장식을 한 신부가 보인다. 신부와 신랑.	청년사_코리안의 일상 p. 110: 황세자와 황세자비
3107_상여	funeral	장례식	
3108_상복	Mourners	문상객	
3109_상복			
3110_상복	mourner	문상객	
3111_조선인 상복			
3112_장승	The Great Muryek?, stone image of Buddha	부처의 돌 조각	
3113_성황당	Many of these in the North. A Demon shrine	대부분 북쪽에 있는 성황당	
3114_무속인	The real ruler of Korea in old times. Now openly abolished. Driven away before christianity. Many converts were once wizards, witches ___? The real Governor of Korea- The sorceress For the abolition of this class of mind enslavers Mr. and Mrs. Underwood colored one ___ cessfully science and Christianity have near abolished these creatures.	예전 한국의 지배자. 지금은 많이 사라졌으며 기독교로 개종하기도 했다.	

32. 농사와 노동

사진번호 및 제목	그리피스의 친필 메모	해석	참고사항
3201_밭농사-평양	Village 40m, From Pyong Yang church is s here flag pole is.	시골마을. 평양교회(깃발 있는 곳)로부터 40m 떨어져 있다.	
3202_쟁기질			
3203_쟁기질			산줄기를 볼 때 평양으로 추측됨.
3204_쟁기질			
3205_인쟁기	picture of a christian Korean who sold his bull in and of the church and pulled his plough.	한 기독교인 농부가 소를 팔아치우고 사람의 힘으로 쟁기를 끌고 있는 모습	
3206_말 징박기	How the horse is tied up at night in the stable.	밤에 마구간에 말을 묶어놓는 방법	말의 징을 갈아 주고 있는 모습을 오해하고 있음.
3207_가래질	5 man _ power hoe	5명이 함께 하는 가래질	

3208_두레질	Sending the water from one rice field to another	하나의 논에서 다른 논으로 물 퍼나르기	
3209_뱃사공			
3210_콩 타작			
3211_흙담 치기	This is a sample of mud-wall building The mud is pounded in the Frame and when the required height is reached the top is covered with tile or thatch. A mud wall of this kind will last for years. Much the same as our cement edifices not as high, but as durable	흙벽 건축술의 사례. 흙을 다져서 필요한 높이에 도달하면 기와나 짚을 덮는다. 이런 종류의 흙벽은 몇 년 동안 견딜 수 있다. 우리의 시멘트 건물과 유사하지만 높지 않으며 내구성이 있다.	
3212_흙 담기	The porters _ most important guild in Korea	지게꾼들 – 한국에서 가장 중요한 일꾼 조직	
3213_톱질			
3214_대장간	A blacksmith shop. The lad by the post on to the trapeze works the bellows with his foot while the other two do the hammering.	대장간. 한 청년이 풀무를 작동하는 동안 다른 두 명은 망치질을 한다.	
3215_배 만들기			

33. 시장과 상인

사진번호 및 제목	그리피스의 친필 메모	해석	참고사항
3301_소끄는 사람			
3302_옹기장수			
3303_엿장수			
3304_엿장수			
3305_아이들	Little pedlars	소년 행상인들	
3306_부산시장	Street scene in Seoul	서울거리 풍경	부산을 서울로 잘못 쓴 것으로 추정됨.
3307_부산장터			
3308_개성장터			
3309_건어물점			
3310_노점 주인			
3311_보부상			
3312_닭장수	Chicken merchant	닭 장수	
3313_닭장수2	Chicken merchant	닭 장수	
3314_광주리장수	Seller of wooden bowls	나무그릇 장수	
3315_다듬이장수	Wood sticks that "lullaby"the city off to sleep night after night. Two women sitting face to face one of these sticks in each hand, and the ironing roll in the middle, can make and keep up a rapidity of clatter unequalled anywhere else in the world.	밤마다 자장가처럼 울려 퍼지는 나무방망이 소리. 두 여인이 각각 방망이를 들고 마주앉아 다림질하며 세계 어디에서도 찾아볼 수 없을 정도로 빠른 소리를 낸다.	

3316_돼지장수	To market Passenger not allowed to join in the conversation.	시장 손님은 대화에 끼어들 수 없다.	
3317_옹기장수	Korea peddlers peddlers of earthenuare	한국 행상 독 장수	
3318_테장수	Arepaire of hooped vessels	테 장수	
3319_테장수			
3320_테장수	This is the waning cooper. Since the introduction of __ and oil__ the cooper's trade has about disappeared from the peninsula.	낡은 그릇을 수리하는 사람. ___의 도입 이후에 한반도에서 점점 사라지고 있다.	
3321_오지그릇장수			
3322_옹기장수			
3323_엿장수	Candy pedlar	엿장수	
3324_여행상			

34. 생활과 복색-양반과 관리

사진번호 및 제목	그리피스의 친필 메모	해석	참고사항
3401_가마	marching chair	가마	
3402_관리	official writer	서기	
3403_관리	Korean official of old style.	조선 관리	
3404_내각장관	Cabinet Minister Corea	한국 내각 장관	신분확인 가능할 수 있음.
3405_양반	An unofficial gentleman dress	양반의 사복	
3406_양반집 가족사진	a Korean gentleman and family	한국 양반과 가족	
3407_강화유수 조병식	Governor of a district of Corea		지방 관리 '嘉善大夫江華留守兼鎭撫使趙秉式正服之圖' 가선대부 강화유수 겸 진무사 조병식(1823-1907) 정복지도. 1874년 강화유수를 거쳐 1876년 충청도관찰사가 됨. 동학의 교조신원운동 당시 충청도관찰사로서 협상에 임하였음. 1888년 조선 대표로 러시아 대표 베베르와 한로육로통상장정을 체결하여 열국의 이목을 끌었음. 황국협회를 선동해 독립협회 타도에 나서, 고종에게 무고하여 수많은 개화당 요인을 투옥시키기도 함.
3408_관리	An officer and valets	관리와 시종	
3409_구문관 부처			
3410_학동			
3411_양반	A ____ Seoul	서울	서양인이 한복을 입고 찍은 사진으로 추정됨. 확인 필요함.
3412_조선의 남성들			
3413_가마 행렬			
3414_군수 외출			
3415_말 탄 선비	Korean official	조선 관리	

사진번호 및 제목	그리피스의 친필 메모	해석	참고사항
3416_조선인 관리			
3417_한국의 소학당	Old fashioned school given way before fine modern and will-equipped school. Confucian Schoolmaster and scholars	옛날 서당. 현대적 시설을 갖추고 있는 근대학교에 밀려나고 있다. 유학자와 학동들	
3418_한국의 소학당			
3419_관리	Old fashioned Korean dress and sword, japan "land ruled by a slender sword" not the Korean handle!! Emblem of government in old times.	조선의 구식옷과 검. 일본은 "가느다란 검으로 땅을 지배했다" 한국은 지배할 수 없다! 구 조선 정부의 상징	의미에 대해 확인 필요함.
3420_관리와 첩	Officer & Concubine	관리와 첩	기존 사진의 출처에서 첩 명시 여부에 대한 확인 필요함.
3421_회식			
3422_식사	Three gentlemen at dinner	양반 세 명의 저녁식사	
3423_관리	Korean Official	한국인 관리	
3424_양반	Unofficial dress of official	관리의 사복	
3425_양반	An official in house dress	집에서의 정장	
3426_한국 풍속 남장	Korea	한국	여성의 남장 사진인지 기존 사진의 설명 확인 필요함.

35. 생활과 복색-서민과 승려

사진번호 및 제목	그리피스의 친필 메모	해석	참고사항
3501_조선의 가족	Pyong yang N. Korea Our first female deaf pupil after her marriage with husband and son	북한 평양. 우리의 첫 번째 여성 청각장애 학생이 결혼 후 남편과 아들과 함께 찍은 사진.	평양맹아학교의 졸업생으로 생각되며 사진의 제공자는 로제타홀 측으로 추정됨.
3502_소달구지			
3503_나무꾼			
3504_지게꾼			
3505_지게꾼			
3506_물지게꾼			
3507_물지게꾼			
3508_사람들			
3509_조선사람들			
3510_조선 남성의 두발	Top knot plait style of hair dress of unmarried men Head shaved on top preparing to tucking up top knot.	1. 상투 2. 미혼 남자의 머리 땋은 모습 3. 머리를 다듬어 상투를 틀기 위해 준비	
3511_고개 넘는 아이들	Korean children Chumulpo The road along the seashore	한국 제물포의 아이들 해변을 따라난 도로	
3512_농부 부자			
3513_갈퀴질하는 아이들	Kang-ju Korea Aug 9, 1909 Dear Frances, How __ you this warm weather? This is a picture of two little Korean boys raking up grass. to burn. with love from uncle william Aunt May. Miss franves sha __ 616 N,cay __ st, I __, n,y. U,S,A	한국의 강주, 1909년 8월 9일. 한국의 두 소년이 갈퀴로 덤불을 긁어 땔감을 모으고 있다. (편지글)	

사진번호 및 제목	그리피스의 친필 메모	해석	참고사항
3514_얼음낚시			
3515_비구니			
3516_물장수			
3517_지게를 진 소년들	A boy with a chicken coop and his companions 3 boys Braid of his shows him unmarried	소년과 닭장 그리고 그의 친구 3명의 소년은 미혼으로 보인다.	
3518_지게꾼	The 'chik-kay'	'지게'	
3519_지게꾼	A coolie with his 'chik-kay' a pack saddle	짐꾼과 그의 '지게'	
3520_물지게			
3521_물지게꾼			
3522_물지게꾼			
3523_물 긷는 남성	Water carriers	물 지게꾼	
3524_얼음낚시	Fishing through the ice the Han river. Frequently large fish are caught at this season though I am unable to give the names of the varieties. Luck in winter Fishing Han river Winter breakfast.	한강의 얼음낚시. 이름을 알 수는 없지만 아주 큰 고기가 잡히기도 한다. 아침의 얼음낚시.	
3525_조선의 남성들	Group of Koreans	한국인들	
3526_담배피는 남자			
3527_떡메			
3528_골짜기 노인			청년사_코리아의 일상 p.15: 1871년 신미양요 당시 미군의 종군 사진가로 방한한 펠리스 비토가 강화도에서 촬영함.
3529_광주리를 이고 있는 아이들	Boys carrying burdens	짐을 운반하는 소년들	
3530_조선의 아이들	Korean boys at play	연희하는 아이들	
3531_비석치기하는 아이들			
3532_남매	Little pedlars	작은 행상인들	
3533_삿갓 쓴 남성	Two Buddhists in _____	두 명의 승려	기존 사진의 설명 확인 필요함.
3534_승려			
3535_개화승 이동인			
3536_형벌			
3537_형벌			
3538_형벌	Punishment of a criminal	형사 처벌	
3539_앉아있는 소	Chewing his cud. The family pet. Note little dog in corner.	되새김질하고 있는 소 작은 강아지가 옆에 있다.	
3540_앉아있는 소	The family pet	가축	

36. 생활과 복색-여성

사진번호 및 제목	그리피스의 친필 메모	해석	참고사항
3601_양반집 여성과 아이	A green silk _ with red silk sleeves is worn in seoul	서울에서 초록 비단과 _ 붉은 비단옷 소매의 옷을 입는다.	

3602_양반집 여자들	Korean Women Mother and daughter	한국 여성 엄마와 딸	
3603_조선의 여성	A coolie woman	일꾼 여성	
3604_조선의 여성	Common women	일반적인 여성	
3605_장옷 걸친 여인	The white skirt over the head is worn pretty generally.	여인들은 보통 머리에 흰 치마를 두른다.	
3606_소녀들			
3607_소녀들	Corea woman	한국 여성	
3608_한국 부인의 외출			
3609_물동이를 이고 있는 여성	Kijah;s well kijah 1100 B.C Kijah's well, south of city of Pyong Yaang where Kijah built palace.	기자 우물. 평양 남쪽에 있는 기자 우물 유적	기자묘 및 관련 유적은 숙종 때 만들어진 것으로 봄. 사진번호 5108과 같은 장소.
3610_절구질하는 여인	pounding rice in wooden mortar	나무공이로 쌀 절구질	
3611_여성과 아이들			
3612_양반집 여성들과 유모	Korean lady and children and nurses.	한국 여성과 아이들과 간호사들	서 있는 여성들이 외국인 간호사로 보임.
3613_여아들			
3614_소녀들			
3615_소쿠리를 이고 있는 소녀			
3616_계란을 든 여인	_ _ mother of her last child cook at single ladies home, chunju. she's holding a string of eggs.	전주, 계란꾸러미를 들고 있다.	
3617_조선의 여성	Washing at the mill At the wash tub	통에서 쌀 씻는 모습.	
3618_빨래터	Women washing beside the stream as is the custom.	여자들이 개울가에서 빨래를 하는 것은 흔히 볼 수 있는 모습이다.	
3619_빨래터			
3620_계곡 빨래터	Valley near Seoul clothes washing	서울 근교, 빨래	예장동 인근 남산 자락으로 추정. 왜성대 일본공사관의 모습 보임
3621_빨래			
3622_강가			
3623_거울보는 여인	Modern Korean young lady Before the American mirror	미국 거울 앞에 선 한국의 젊은 여성	
3624_부인 외출	Woman's outing Until very lately in the capital and large cities. ladies went outdoors always covered thus. In the country _ the _ for outing.	여성의 외출 의상. 최근까지 수도와 큰 도시의 여성들은 외출할 때 항상 장옷을 덮어쓴다.	
3625_조선 여인	Common woman in street attire.	길거리 외출 여성 복장	
3626_양반집 딸			
3627_양반집 여성	Women in winter attire.	여성들의 겨울 복장	
3628_양반집 딸	Woman's winter hat	여성의 겨울 모자	
3629_장옷 입은 여성들			

사진번호 및 제목	그리피스의 친필 메모	해석	참고사항
3630_평양 부근 부인 외출	The Pyeong Yang custom. Head dresses covering the face most of the time in northern Korea.	평양의 풍속 머리에 삿갓을 덮어쓴다.	여성의 몸을 가리기 위해 크게 만든 삿갓. 이북지역에서 조선 후기에 사용됨.
3631_방갓 쓴 여인	Woman was walking in front of me, her feet and the basket were what I saw. In and around pyong yang the women wear the large baskets upon their heads. while in pyong yang a small woman was walking in front of me, her feet and the vasket were what I saw.	한 여성이 나의 앞을 걸어간다. 나는 오직 그녀의 발과 '바구니'를 볼 수 있을 따름이다. 평양과 그 주변에서는 여성들이 큰 바구니를 머리에 쓴다.	
3632_조선여성	The women in the islands and in the country dress like this	보통 여성들의 의상	
3633_물동이를 인 여인			
3634_가슴을 내놓은 여인들			
3635_삿갓가마 탄 여인			
3636_조선 여인의 나들이			
3637_가마 탄 여인	Korean closed chair	한국의 문이 닫힌 가마	
3638_가마 탄 여인	A wedding in humble life Bride going to her future husbands home.	미래 신랑의 집으로 가는 평민 신부의 결혼식	
3639_가마 탄 여인의 나들이	Palace lady's chair	궁궐 여성의 가마	
3640_절구질			
3641_절구질			
3642_다듬이질	Women ironing	다림질하는 여성	
3643_다듬이질	Ironing	다리미질	
3644_글공부와 바느질하는 여인			
3645_다듬이질하는 조선 여인			
3646_식사하는 어머니와 아들			

37. 생활과 복색-기생

사진번호 및 제목	그리피스의 친필 메모	해석	참고사항
3701_경성기생(행화)			'京城妓生(杏花)'. 한성기생조합소 소속의 기생. 1910년, 경성고아원 경비지원 자선연주회의 발기인.
3702_경성기생(연옥)			'京城妓生(蓮玉)'
3703_기생			
3704_기생			
3705_관기 성장			'官妓盛裝'
3706_기생	A famous Dancing Girl	유명한 무희	
3707_검무			
3708_경성기생(이화)			'京城妓生(李花)'
3709_기생	Dancing girls	춤추는 소녀들	

3710_기생			
3711_춤추는 기생	Dancing girls	춤추는 소녀들	
3712_춤추는 기생			

38. 생활소품과 모자

사진번호 및 제목	그리피스의 친필 메모	해석	참고사항
3801_모자	1. 2. 3. Royal chair bearers hat 4. Royal servant hat 5.	1. 2. 3. 황제 가맛군의 모자 4. 황실 시종의 모자 5.	
3802_모자	1. Court Hat 2. Hat of King's musician 3. Hat of ___ "Fly's head" 4. Wedding	1. 궁정 모자 2. 왕실 악공 모자 3. " ? "의 모자 4. 결혼	
3803_모자	1. Mourning woman's hat sacrifice 2. Mourning court mourning hat	1. 상(喪) 중 여성의 모자 2. 상(喪) 중 남성의 모자	
3804_모자	1. Hat of ___ flu's head Rear view 2. wedding ? hat rear view 3. royal ___ rear view	1. ___ flu's 의 모자 뒷면 모습 2. 결혼 모자 뒷면 모습 3. 왕실 ___ 뒷면 모습	
3805_모자	1. Gentleman's house cap official 2. Court hat (official) 3. Gentleman's house cap (official) 4. Gentleman's House cap Country official 5. Gentleman's House cap Country official	1. 양반이 집에서 쓰는 모자 2. 궁중 모자 3. 양반의 집 모자 4. 양반의 집안 정장 모자 5. 양반의 집안 정장 모자	
3806_조선의 신발	Korean shoes	한국 신발	
3807_도자기	Ancient? Korean wedding service. The handle, long spout? and? general form of Korean invention.	옛날 한국의 결혼 예물. 손잡이와 주둥이 한국의 발명품	
3808_도자기	Ancient Korean Pottery	옛날 한국도자기	
3809_인삼			
3810_인삼			
3811_꽃	Much prized flower lotus It's a beautiful pink color	귀한 연꽃 아름다운 분홍색	

39. 러시아 만주 이주 조선인

사진번호 및 제목	그리피스의 친필 메모	해석	참고사항
3901_만주 조선인	Man chu	만주(만추리아)	
3902_러시아 이주민 마을	Northern corean village and family. in russia.	북녘 조선인 마을과 가족 러시아	
3903_러시아 프리모르스크 초가집	Corean Refugees in Northern Manchuria corean thatched farm house man and family in pirmosk russia	북 만주의 한국 이주민 초가 농가과 한국인 가족, 프리모스크, 러시아	연해주 이주민 농가의 모습으로 추정됨. 러시아 프리모르스크.
3904_러시아 이주민시장_ 프리모르스크	Corean village market. in Russia.	조선인 마을의 시장, 러시아	

사진번호 및 제목	그리피스의 친필 메모	해석	참고사항
3905_러시아 이주민과 러시아인 선생_프리모르스크	Russian Schoolmaster and Corean refugees in Russia(Primorsk) (Primorst; Russian city name)	러시아 학교 교사와 한국인 이주자들 러시아 (프리모르스크)	'프리모르스크'는 블라디보스톡을 포함하고 있는 지역. 연해주 지역으로 이해됨.

4. 도시와 건축

41. 도시와 향촌-한성

사진번호 및 제목	그리피스의 친필 메모	해석	참고사항
4101_서울 전경	view of seoul from nam san. The lowest street near the centre of the farthest levels from the south Gate ___ the Bell Tower. The street ending at a ____ ____. gate in the street to the palace Gate. The palace and ____ Hall are just back of the gate. __	남산에서 보는 서울 모습. 아래쪽 중앙의 도로는 남대문에서 종각으로 이어지는 도로다. 도로는 ___에서 끝난다. 궁궐의 입구. 궁궐의 __ 건물은 이 문의 뒤쪽에 있다.	포크 중위, 1884-85년 사이 촬영. 남산.
4102_서울 전경			
4103_경복궁 원경			포크 중위, 1884-85년 인왕산 자락 사직동 부근 촬영으로 추정됨.
4104_서울 전경			
4105_서울 성곽			
4106_서울의 마을			
4107_서울의 마을			
4108_조선의 마을			
4109_서울거리	Scene in seoul	서울 풍경	
4110_마포나루			
4111_마포나루터			밤섬 촬영으로 추정됨.
4112_용산			
4113_개울	Prof. H C. Shattuck 616 N. C ayuga st. ithaca, ny. USA. SEOUL, Kong-ju, jan 27, 10 Dear H, Thank you very much for the pictures of France. They are very comming(charming) Yes, I have a fountain pen since my birthday. a nice one, We are having a mild winter, no ice yet. The mind is fearful. Remember we have no side walks here but walk right in the middle of the road. with the rest of the animals Rubber boots are the thing.	(편지글)	
4114_명동성당 주변	A view with the houses Catholic cathedral in the side of it.	가톨릭성당과 주택들	
4115_명동성당	Seoul the Korean capital in 1898 showing methodist college and french cathedral	1898년 서울, 한국의 수도. 감리교 대학 및 프랑스식 성당이 보인다.	1898. 5 명동성당 준공. 주교관(1890 건립)도 확인됨.
4116_명동성당 주변	Ewa methodist Girls School former U.S Legation	이화 여학당, 이전의 미국공사관	확인 필요함. 배후의 건물은 명동성당 주교관
4117_광화문 육조거리			
4118_광화문 육조거리	Entrance to palace seoul Main st. leading to palace.	서울 궁궐의 입구 궁궐로 이어지는 주 도로	
4119_광화문 육조거리	Main Avenue Leading to the palace	궁궐로 연결되는 주 도로	개화기와 대한제국 p. 384에 군인이 있는 사진 있음. 각도 다름.

4120_숭례문			
4121_숭례문	Seoul Gate	서울 성문	서울특별시립박물관_서울의 옛 모습 p. 40에 같은 시간에 찍은 사진 있음. 소가 앉아 있는 사진.
4122_동대문	Used before W.E.G Celebration of the king's Birthday	W.E.G 이전에 사용 왕의 생일축하 인파	
4123_흥인지문	outside East gate___ Showing the Electric R.R East gate in Seoul. American electric R.R. Power house, telegraph, loaded mule, mourners in his hats	동대문 밖___ 전차길이 보인다. 서울의 동대문. 미국인의 전기철도 발전소. 전신, 길의 노새, 삿갓을 쓴 문상객.	1904년 이후 모습.
4124_돈의문	Outside West Gate, showing electric(?) Road West Gate of Seoul	서대문 밖. 전차길이 보인다. 서울의 서대문	1899 전차 개통 이후 촬영.
4125_돈의문	City gate	도시 성문	
4126_골목길(원각사지10 층석탑)			
4127_골목길(원각사지10 층석탑)	an enigma a long little pagoda in a private compound	개인주택 골목 안에 있는 길고 작은 수수께끼 탑	
4128_환구단-황궁우	The new Imperial Altar Seoul, Korea	서울, 새로운 제국의 제단.	황궁우의 건립 중인 모습.
4129_서울외곽 성문	'Broad Gate' outside city wall. built in 13th Century. on road from Seoul to peking. Through this the wild flight of chinese 1894	13세기에 지어진 도시 외성의 '넓은 문'. 서울에서 북경으로 가는 도로 상에 있다. 1894년에 이 문으 로 청군의 패잔병이 퇴각하였다.	현판의 첫 글자가 '文'으로 보임. 서울, 개성, 평양일 가능성. 그러나 성문에 그러한 이름은 없음. (평양, 청군퇴각문: 칠성문,정해문)
4130_서울 전경			
4131_서울 전경			
4132_서울의 모습			
4133_경복궁 원경			
4134_경복궁 원경			
4135_경복궁 원경			
4136_독립문	Independence Arch 1905	1905 독립문	
4137_종로거리			
4138_남대문통			
4139_흥인지문			
4140_동대문 성벽			
4141_동대문 근처 종로길	Main street_Seoul	서울의 주 거리	
4142_광화문	A stone lion, that guarded the old palace from fire. It is refer____an essay on Korea written____in 1487. This is the Great Stone Fire Eater	돌 사자, 화재로부터 오랫동안 궁을 지켰다. 불을 먹는 짐승. 1487년에 쓴 한국관련 에세이에 언급되었다.	
4143_광화문	Main Avenue to Palace Seoul	왕궁으로 가는 주 도로, 서울	
4144_숭례문			

사진번호 및 제목	그리피스의 친필 메모	해석	참고사항
4145_남대문 측면	Mr. herbert C. Shattuck 616N. Cayuga st, ithaca, ny, USA. SEOUL, April 4, 1910 _____ Dear H, your #66 received, glad to get it, hope the meetings for Dr. Crafts cane off all right. Shall be anxious to hear what arrangements you made. The picture on the other side shows how the east gate has been fixed, when I first came here the city wall joined(pointed) on where you see. The flight of steps, some on other side but opening this gate was too small for all traffic so wall has been torn down t____ ____ made of each side gate, much better. Gate has been enclosed by the wall you see around it.	(편지글) 뒤쪽의 사진은 동문의 현황을 보여줍니다. 내가 처음 이곳에 왔을 때는 문이 교통량을 수용하기에 너무 좁았는데 양측면의 작은 문들을 허물어버린 뒤 훨씬 나아졌습니다. 이 문을 둘러싸고 성벽이 이어지고 있습니다. 1910. 4. 4일자 엽서. 수신: Herbert 박사, 뉴욕 / 서울 소인	동문은 남대문의 착오로 보임.
4146_숙정문	North Gate of Seoul 4296-6 Mar 24th -3½- Screen #1	서울의 북문	영추문의 모습. 어디에 공개된 사진인지 확인 필요함. 숙정문으로 쓰여 있으나, 영추문으로 사료됨.
4147_인화문	gate __ to carry the Queen Min out of new pal-ace	새 궁에서 명성황후를 옮기기 위한 대문	사료로 보아, 국장 때 명성황후의 유해는 인화문을 통해 밖으로 나왔음.
4148_광희문			
4149_보신각	Bell Tower, center of Seoul 1,00	서울 중심의 종각	
4150_보신각			
4151_영은문 전경			
4152_영은문	The old arch now replaced by ___ ___	오래된 아치, 현재는 ____ ___ 로 바뀌었다.	
4153_세검정			
4154_세검정			
4155_종	The great bell of Seoul A bronze bell that hangs in one of the ___ of the city, it shows how they hang the wooden clappers and also how the bell is ornamented. The Great Bell s____ no 16	서울의 커다란 종. 이 도시의 한 ___에 청동으로 된 종이 걸려 있다. 종의 장식과 공이를 어떻게 걸어두었는지를 볼 수 있다. 커다란 종, no. 16	
4156_서대문 전경	Panorama of Seoul and Legations.	서울과 공사관의 파노라마	러시아, 프랑스, 미국, 영국 등 공사관 위치 사진 표기
4157_한양 성곽 서쪽	Panorama of Seoul looking from a hill west of the city wall	한양성곽 서쪽 언덕에서 본 서울의 파노라마	현재의 북아현동-안산자락, 서대문(돈의문) 밖에서 찍은 것으로 추정됨. 사진 오른쪽의 우진각건물이 돈의문으로 보임. 추가 건축물 확인 필요함.
4158_관왕묘	Before a temple built in honor of a Chinese general who once helped the Koreans to expel a Japanese invasion Outside the city walls Seoul	임진왜란 때 조선을 도와 일본을 물리친 명나라 장수를 추모하는 사당 앞.	관왕묘 중 하나로 생각됨. 동관왕묘 혹은 남관왕묘. 기존 사진의 설명 확인 필요함.

42. 도시와 향촌-인천과 제물포

사진번호 및 제목	그리피스의 친필 메모	해석	참고사항
4201_인천항 전경	Chemulpo, the seaport nearest the corean capital, Seoul.	제물포. 한국 수도 서울에서 가장 가까운 항구	

4202_제물포 구락부			
4203_바다 전경			
4204_조선의 항구(미확인)			
4205_제물포	Seaport of Seoul Chemulpo, sea-port of Korean capital. R.R.(Rail Road) terminus	수도 서울의 항구, 제물포, 철도의 종착지.	서울의 마포나루를 그린 것이라는 독자 의견도 있음.
4206_나룻배			제물포항, 정면에 월미도가 보임.
4207_인천의 일몰	Mr. herbert C. Shattuck 103N. Taiga st. ithaca, <u>ny. kong-ju. sept. 12, 1910</u> Dear Hervert, Thank you for your good wishes on our anniversary. We talked of you all on that day and on the previous day, too. Four years is a long time, isn't it? who can say what the next four years will bring forth? Am sorry if mr. ____ did not visit Ithaca ____ she can use her papa's type writer well. love to all.	(편지글)	
4208_인천 일본제일은행지점 거리	Wonderful changes in modern Seoul of Capital Improved and cleaned	수도 서울 도시의 변화, 깨끗하게 개선되었다.	

43. 도시와 향촌-평양

사진번호 및 제목	그리피스의 친필 메모	해석	참고사항
4301_평양 나루터	The River front pyong yang Korea 2 japanese junk caught in the ice.	평양의 강(대동강). 일본인의 나룻배 2척이 얼음에 갇혔다.	
4302_평양 대동강 전경	Pyong Yang city from back of the Governor's residence. Along city wall	평양 지방관 숙소 뒤편에서 바라본 평양. 고시 성벽을 따라서.	
4303_대동강 영명사	Pavilion on city wall and on peony mountain.	모란봉 밑 누각	을밀대, 영명사, 부벽루.
4304_평양 대동강 건너쪽	Heijo, 1894 The scene of the battle of July 16th	7월 16일 전투의 현장	평양 대동강 도선장
4305_평양 대동문	East Gate and Telegraph office winter River front Pyong Yang Korea	평양성 동문과 전신국, 겨울 대동강, 평양	
4306_평양 모란봉과 대동강	Peony point pyong yang	평양 모란봉	
4307_평양 모란대 부근			
4308_평양 모란대	River near Pyang Yang – now area of the most prosperous mission. Thousands of Christians. Peony Mountain_ taken by Japanese in bayonet charge 1894	평양을 흐르는 강. 지금은 수천명의 기독교인들로 번창한 지역이다. 모란봉. 1894년, 일본인의 총검으로 습격당했다.	청일전쟁 당시의 평양전투. 1894. 9. 15, 일본군이 청군이 지키던 평양성 공격, 모란봉 점령.
4309_평양 모란대	'"peony point" pavilion overlooking the Ta Tong River Pyong yang'	모란봉에서 내려다보이는 평양 대동강.	
4310_평양 모란대 주변_건너편에 일본 비행연대			
4311_평양 성곽	Peony point view pavilion bombarded by the Japanese.	모란봉, 누각, 일본에 의해 폭격받았다.	
4312_평양 대동문			
4313_평양 대동문			여학생들의 모습이 인상적임. 사진번호 4314과 비교.
4314_평양 대동문	Gateway at which in Pyeong-yang. The chains of the schooner General Sherman, '1866' were hung. They are now inside the gate in the dark room.	평양의 입구. 1886년 제너럴 셔먼호의 쇠사슬이 걸려있다. 이것은 현재 성문 안쪽 어두운 곳에 달려 있다.	

사진번호 및 제목	그리피스의 친필 메모	해석	참고사항
4315_현무문			
4316_평양 성벽	City wall of pyong yang Mission 'compound'	평양 도시 성벽	
4317_평양 을밀대			
4318_평양 을밀대			
4319_평양 을밀대 책갈피			
4320_평양 연광정			
4321_기자묘 앞 사당	Temple in Front of Ki-Ga's grave. Pyong Yang	기자묘의 사당. 평양	북한 당국에 의해 철거된 것으로 알려져 있음.
4322_평양 대동강 겨울			
4323_평양 전경	Main street in Pyong yang. Large building is the presbyterian church.	평양의 주 가로. 상단의 큰 건물은 장로교회다.	
4324_평양 영제교			

44. 도시와 향촌-강화

사진번호 및 제목	그리피스의 친필 메모	해석	참고사항
4401_강화산성 전경			
4402_강화부 측면			
4403_강화도 연무당			
4404_강화부 남문 전경			
4405_강화부 남문 내수망병 지도	A Thatched House, Corea	초가집, 한국 江華府南門內守望兵之圖	강화도의 수비 군사들의 모습이 보임. 사진 좌우가 바뀜.
4406_강화진 해문 성벽	Walls of the King's castle, Corea	왕의 성벽의 문. 鐵海門城壁	강화진 해문. 사진 좌우가 바뀜.
4407_강화도 연무당	Building in the town koka, where military review is,	koka 마을 안의 집. 여기에서 군대의 사열이 이루어진다.	
4408_김포 통진나루			

45. 도시와 향촌-기타

사진번호 및 제목	그리피스의 친필 메모	해석	참고사항
4501_부산 진성	___ Korean Town	___ 한국 도시	
4502_조선의 마을	Village in Corea.	한국의 마을	
4503_조선의 마을			
4504_농촌			
4505_낡은 기와집	Single ladies's home in Chun-ju	전주의 독신 여성의 집	
4506_정자			장소 확인 안 됨.
4507_하류 한인가옥	Lower class people	하층민의 집	
4508_물레방앗간			
4509_갓 쓴 남성			
4510_미확인	Relic of medieval days.	중세의 유물	

4511_나막다리			
4512_나루터			장소 확인 안 됨.
4513_나룻배			
4514_강			
4515_강			
4516_강			
4517_성문	East Gate to the F___ mountain fort Gateway	F___ 산의 동쪽문 요새의 문	남한산성 진남문 (현재 지화문)
4518_구 외국사신의 접견지 강화도-부산의 오류	Mr. Herbert C. Shattuck 103N. Tiago st. ithaca, ny USA ___ Dear Hervert, your good letter no. 152 received. glad you are feeling all right again but you work too hard I fear. You must'nt Feel any different towards Marion on account of what I wrote, she did'nt mean to be hard. She apologized in ger next. it is all right, don't write when you are too busy. Ever yours.	(편지글)	부산임. 사진에는 강화도로 잘못 나와 있음.
4519_성곽	City wall seoul	서울 성곽	
4520_초가집 사람들	Korean House	한국의 초가	
4521_초가집 사람들	Average Korean House	일반적인 한옥	
4522_초가집 사람들	Street scene in seoul	서울 거리	
4523_물레방앗간 마을	A Village water mill in Korea text 있음.	한국 마을의 물레방앗간	사진 뒷면에 있는 텍스트는 사진에 대한 설명이 아님.
4524_조선 배			

46. 조선건축_궁궐과 관아

사진번호 및 제목	그리피스의 친필 메모	해석	참고사항
4601_경복궁 근정전			비슷한 사진 많음.
4602_경복궁 경회루	Pleasure pavilion in Lotus pond summer palace. Lotus pond and pleasure pavilion summer palace	여름 궁중 연못의 연회 누각	
4603_경복궁 향원정	In the old palace	오래된 궁궐에서	
4604_경복궁 팔우정, 협길당	Library Building in old palace	고궁의 도서관 건물	비슷한 사진 많음.
4605_경복궁 팔우정, 협길당	The royal library building. The Palace, Seoul.	왕실 도서관, 궁궐, 서울	비슷한 사진 많음.
4606_창덕궁 인정전	The great Audience hall The palace Seoul The stone posts leading up to the entrance shows how near officials of the ___ ranks might approach to the royal presence.	가장 큰 궁정 접견장, 궁궐, 서울 돌기둥들은 왕을 알현하기 위해 관리들이 계급에 따라 도열하는 것을 안내한다.	비슷한 사진 많음. 경복궁 근정전일 수 있음. 확인 필요함.
4607_창덕궁 인정전	Audience Hall in the Palace Grounds. Seoul, Korea.	궁정 접견장, 서울	
4608_창덕궁 희정당			
4609_창덕궁 주합루			

4610_삼삼와, 승화루			
4611_창덕궁 후원다리			
4612_창덕궁 후원다리	Scene in the Eastern palace. There is a report that this is to be given to the Japanese for the use of their government.	동궐의 풍경 이곳은 일본이 그들의 정부로 사용하는 것으로 알려져 있다.	
4613_경운궁 정관헌	Imperial Resting House on Imperial Highway	황제의 휴게용 건물, 임페리얼 하이웨이 상에 있다.	경운궁 정관헌
4614_경복궁 경회루	The pleasure pavilion in the lotus pond. The palace, Seoul The pillars are single granite blocks brought originally down from the mountains. The lotus is a royal flower in Korea. only growing in palace grounds.	연못 안의 연회 누각, 궁궐, 서울. 화강석 기둥은 산에서 채취된 단일 석재다. 연꽃은 왕실의 꽃으로 궁궐에서만 자라고 있다.	
4615_경복궁 경회루			
4616_경복궁 경회루			
4617_경복궁 영제교	An inner gateway. The palace, seoul	문 안쪽, 궁궐, 서울.	
4618_창덕궁			
4619_창덕궁 주합루			
4620_창덕궁 주합루			
4621_창덕궁 후원 육각정			
4622_동명관_성천객사			

47. 조선건축-사찰

사진번호 및 제목	그리피스의 친필 메모	해석	참고사항
4701_원각사지 십층석탑			
4702_원각사지 십층석탑	The white Marble Pagoda in Seoul Erected in "13" century	13세기에 세워진 서울의 흰색 대리석 탑	
4703_원각사비와 아이들	Tortoise and Column carved out of the Solid Rock. In Seoul.	단단한 돌을 깎아서 만든 귀부와 석비. 서울	
4704_공주 계룡산 절승(기사)대탑지경			
4705_금산사 미륵전	Buddhist temple south of Chun-ju in Gold mt. Gold mines are near.	전주 남쪽의 절, 금산. 금광산이 근처에 있다.	
4706_금산사 미륵전 미륵불	Buddha of one temple building,Gold mt. Three immense standing Buddhas of tallest building	금산사의 불상. 가장 큰 건물에 커다란 불상 3기가 서 있다.	
4707_금산사 대적광전 불상			
4708_금산사 부도와 석탑	Temple Grounds	절 마당	
4709_전각 내부	Interior of a Temple. Buddhist Temple.	사원의 내부 불교 사원	
4710_관촉사(은진미륵)			
4711_석불 조각			
4712_모란봉 기슭 석탑	stone pagoda at foot of peony mountain pyong yang	평양 모란봉 기슭의 석탑	

4713_원각사비	Turtle monument at Seoul	거북 비석, 서울	
4714_옥천암 보도각 백불	The famous white Buddha	유명한 흰색 부처	
4715_은진미륵	I have seen one large image by the roadside in Southern Korea.	남쪽 한국에서 본 큰 불상	
4716_대웅보전			어느 사찰의 대웅보전인지 확인 필요함.

48. 근대건축 단일 건물

사진번호 및 제목	그리피스의 친필 메모	해석	참고사항
4801_탁지부 청사			탁지부 청사. 1907년 4월 기공하여 12월에 완공. 해방 이후까지도 법원으로 사용되다가 1970년 철거된 건물
4802_경성재판소(평리원)			1899년 5월부터 1907년 12월까지 존치되었던 최고법원. 사진 오른쪽에 희미하게 平理院 글자 확인됨.
4803_경성재판소			
4804_한성사범학교부속보통학교			한성사범학교부속보통학교
4805_한성외국어학교			한성외국어학교는 1906년 8월 기존의 외국어학교들이 통합된 학교로 1911년 폐지되었음. 운현궁 건너편에 있었으며, 이 자리에 1911년 이후 경성여고보가 들어섰음.
4806_농업학교			1907년 이전한 수원농림학교의 초기 배치도(일제시기 건축도면 해제집 1권)와 비교해 보면, 좌우 날개채가 지어지기 전의 본관과 배치도 상의 형태는 같음. 수원농림학교에 대해서는 구체적인 도면이 확인된 바 없어서 도면과 직접적인 비교 어려움.
4807_서울병원			
4808_서울 YMCA			YMCA회관 개관이 1908년이므로 그 직전의 모습.
4809_경성 이사청	Japanese consulate	일본영사관	
4810_경성 이사청	Japanese Consulate	일본영사관	
4811_경성 이사청			
4812_한성전기회사	Central office of Collbran and Bostwick The Seoul Electric Co. The Bank of Dai Han The Seoul water works.	한성전기회사. 콜브란과 보스트윅의 사무실 대한은행 서울수도사업	한성전기회사(1898-1909)의 건물에 대한은행(1898설립)과 서울수도사업부서가 입주해 있었던 것으로 추정됨. 추가 조사 필요함.
4813_한성전기회사 보스트윅 사무실	Private office of H.R. Bostwick Manager Seoul Elec. Co. Bank of Dai Han	한성전기회사의 보스트윅 개인사무실 / 대한은행	사진번호 4812의 내부
4814_인천 일본제일은행 지점	First Bank of Japan_ch__po	일본의 첫번째 은행, 제물포	
4815_미공사관 직원의 집	american legation secretary's House	미국공사관 비서의 집	
4816_미공사관 직원의 집			사진번호 4815와 동일 장소
4817_미국인의 집 내부	An American Home in Seoul	서울에 있는 한 미국인의 집	
4818_한성사범학교 측면			한성사범학교. 1895년 설립
4819_경성감옥			경성감옥. 1908년 10월 서대문으로 이전, 신축된 모습.

4820_경성 이사청	Jap, Consulate Chemulpo Japanese consulate at Chemulpo	일본영사관, 제물포.	경성이사청의 착오임.
4821_국립극장원 각사	Korean theatre, Built with Government funds.	국립극장 원각사, 정부자금으로 건립	사찰 원각사와 구별 필요함.
4822_명동성당	French RC Cathedral Seoul	프랑스 로만캐톨릭 성당, 서울	
4823_예수교 숭실대학교	___ Union Christian colleges in Seoul (Dr. Underwood) and in PyeongYang.	서울과 평양의 연합기독교대학교(언더우드)	

5. 근대 교육과 기독교

51. 근대 기독교학교

사진번호 및 제목	그리피스의 친필 메모	해석	참고사항
5101_언더우드 학당	An average christian congregation	기독교 신자들의 회합	
5102_언더우드 학당	40 of these under Dr. Underwood supervision. A country church congregation-40males(miles) from Pyungyang	언더우드 박사의 지도하에 있는 40여 명의 지역교회 신자들. 평양으로부터 40마일 정도 떨어져 있다.	
5103_언더우드 학당	Women of the country church 40m(miles?) from Pyung Yang	평양에서 40마일 떨어져 있는 시골 교회의 여성들	
5104_광혜여원	Woman's Hospital of Extended grace, Pyong-Yang at the time of visit of Surg·Genl Fujita, President of the Government General Hospital of (at) Soul(at that time) Dr. Hall standing in the foreground by Dr. Fujita Dean Sato of Gov't Med Sch and Mr. Nakano chief of sanitary section of police Headquarters. Stand a step or two higher and Dr. Mary M.butler and our Korean nouses a bit in the rear.	평양 광혜여원. 서울의 Fujita 국립병원 원장이 방문했을 때. Dr. Hall 이 후지타 박사, 사토 과장 나카노 경찰위생 과장의 앞쪽에 있다. 계단 위쪽에 메리 박사와 버틀러 박사, 한국인 간호사들이 보인다.	사진번호 5105와 같은 학교.
5105_광혜여원	vacation day at the woman's hospital pyong yang	평양여성 병원의 방학	광혜여원, 1894 로제타 홀이 평양에 설립
5106_평양맹아학교	wishing Rew,and Mrs, D'camp and family a blessed X-mas tide! 1 st convention of far east Educators of Blind and Deaf The Sherwood Hall at the time of the B. and D convention in pyang yang, summer of 1914. In the foreground some of our B to D students who didn't go home during the summer vaca-tion and a couple of blind students from the government school of seoul. on the porch. mr. Feiner of Tai____ mrs._of f___, miss cater and Deaf____, vice-counsel shang of ___-nampo, mr. naka__ our blind chairman, recently from y____ Rew Billings, ____to others	(크리스마스 안부) 1914년 여름 평양에서 맹인과 농아 컨벤션이 개최되었을 때 맹인과 농아를 위한 극동교육자의 제1회 모임, 셔우드홀. 앞쪽에는 방학 기간 동안 귀가하지 않은 몇 명의 맹, 농아들과 서울 국립 맹아학교에서 온 두 명의 학생이 서 있다. 현관에는 Feiner 씨와 Tai____ mrs._of f___, miss cater and Deaf____, vice-counsel shang of ___-nampo, mr. naka__ our blind chairman, recently from y____ Rew Billings, ____to others 등이 보인다.	'맹인과 청각장애인을 위한 극동 교육자 제1회 모임'. 1914년 여름. 평양맹아학교. 로제타 홀이 1894년 설립.
5107_평양맹아학교	A group of new blind pupils for the year.	새로 입학한 맹인 학생들	
5108_평양맹아학교 학생들의 외출	An outing of the blind and deaf pupils at kijohs well. pyong yang- ___ in the time of king dano	맹인과 청각장애 학생들의 소풍, 기자우물, 평양	사진의 한글 '기차'는 '기자'를 잘못 옮긴 것으로 보임. 기자묘 관련 유적으로 추정. 사진번호 3609와 같은 장소.
5109_숭의여학교	Bible class women coming down the hill after morning prayers at the church. Chairyung, Korea 1916	성경반 학생들이 교회에서 아침기도를 마치고 언덕 아래로 내려오고 있다. 1916년 한국, 재령	1903년 모펫이 평양에 개교한 숭의여학교. 재령 지명 확인 필요함.

사진번호 및 제목	그리피스의 친필 메모	해석	참고사항
5110_재령_성경반 학생들	Mrs. Kerr The main street of Chairyung Korea, filled with Bible Class women on their way back from morning prayers at the church.1916 Note the Ford auto that plies to and from the R.R	1916년 한국, 재령. 아침기도 후 돌아오는 성경반 여성들로 가득한 거리. 철도역까지 왕복하는 포드 자동차가 눈에 띈다.	숭의여학교로 추정됨. 재령 지명 확인 필요함. 사진번호 5109, 5111, 5112와 연계된 사진.
5111_숭의여학교	Bible Class women crowding in for a "sightsee" of the only brick house in town. chairyung, Korea 1916	시내에서 하나뿐인 벽돌집을 구경하기 위해 성경반 여학생들이 모여 있다. 1916년 한국, 재령	재령 지명 확인 필요함.
5112_숭의여학교			
5113_숭의여학교	A portion of the General Women's Bible class in chairyung Korea. spring of 1916	1916년 봄 한국 재령, 성경반 수업.	재령 지명 확인 필요함.
5114_숭의여학교	Coming out after having "seen heaven"- namely a foreigner's home from the inside, and the baby! chairyung, Korea 1916	"천국을 보았다"라고 불리는 외국인의 집으로부터 나오고 있는 모습, 어린이. 1916년 한국, 재령	
5115_평양의 숭실학교	Appenzell first visited Pyung Yang Presbyterian Academy pyung yang Built 1901	평양에 처음 방문한 아펜젤러. 1901년 평양에 지어진 장로교 학교	
5116_평양 맹인학교	Dr. Hall, Miss Druman, native teachers and the graduates of the B and D work for 1915. Pyong Yang	맹인과 농아 졸업생 및 홀 박사, 미스 드루먼, 한국인 교사. 1915. 평양.	
5117_평양 장대현교회 건축	Presbyterian Church Pyang Yang N. Korea and Market below	북한 평양의 장로교회와 그 아래의 시장	
5118_인천 일어학교			기존에 알려진 사진 사이트 http://blog.daum.net/ysriver21/5538510 (블로그 107페이지) 기존에 알려진 사진보다 선명하고, 뒤의 배경이 많이 나옴.

52. 이화학당

사진번호 및 제목	그리피스의 친필 메모	해석	참고사항
5201_이화학당 학생들	first college class. Ewha hakdang, 1914	이화학당의 첫 대학반. 1914년	이화학당 첫 번째 여학사 졸업생, 3인 (신마실라, 이화숙, 김애식)
5202_이화학당 학생들	First two college class.1915	두 번째 대학반. 1915년	이화학당 두 번째 여학사 졸업생, 7인
5203_성벽 위의 이화학당 졸업생들	Our college graduates sitting on the city wall back our house. March 1915	우리 학교 졸업생들이 우리 집 뒤쪽의 성벽 위에 앉아있다. 1915년 3월	이화학당 2기 졸업생 7인의 모습으로 추정됨.
5204_이화학당 입학생들	The first christian girl pupils.	최초의 기독교 여학생들	이화학당 최초의 입학생들로 추정됨.
5205_이화학당과 선교사	American College and Missionaries in Seoul, Corea The Missionarry force in 1887.	한국 서울에 있는 미국 선교사들과 학교. 1887년.	사진번호 5204와 동일 장소. 1886년, 스크랜턴이 중구 정동에 이화학당 최초 개교.
5206_이화학당의 여학생들	May Day at Ewha Haktang 1914	1914년 5월 이화학당	
5207_크리스마스 트리	Ewha kindergarteners christmas tree. 1915	이화유치원 크리스마스 트리. 1915년	
5208_크리스마스	Kindergarten children after receiving their gifts from the tree 1915	1915년 크리스마스 선물을 받은 유치원 어린이들	1914년 이화학당에서 부설한 이화유치원. 사진번호 5207, 5209와 연결됨.
5209_크리스마스 선물을 받은 아이들	Some of the Ewha kingergarten kiddies and their christmas gifts 1915	이화유치원의 몇 아동들이 크리스마스 선물을 받았다. 1915년.	
5210_이화여대 간호학과 학생들	Present Hospital staff Seoul.	병원 간호사들. 서울	
5211_이화여대 간호학과 학생들	Graduating class. Miss N.A Anderson seoul	졸업반. 미스 N.A Anderson 서울	
5212_이화학당	Korean Girls School(Ewa Hak Tang) US Mission soul Korea	이화학당의 학생들	

| 5213_이화학당 김활란 메이 퀸 대관식 | Korean girls Ewha Hak Tang U.S school Seoul Korea | 이화학당의 한국인 학생들 | |

53. 경성공업전습소

사진번호 및 제목	그리피스의 친필 메모	해석	참고사항
5301_공업전습소			낙산 쪽에서 서쪽 방향으로 촬영된 것으로, 중앙에 남북방향으로 긴 이층 건물이 공업전습소 본관. 배치도와 비교하여, 사진에서 본관 서쪽에 남북으로 나란히 있는 각종 실습장이 확인되며, 가장 근경에 보이는 남북으로 긴 두 동의 건물은 기숙사와 식당으로 추정됨. 원경에 탑옥부 공사 중인 대한의원이 보임. 공업전습소가 완공된 시점이 1907년 3월 5일이며, 대한의원은 같은 해 5월 31일에 완공되었으니 이 사진이 찍힌 시기는 1907년 5월경으로 추정됨. 산줄기로 볼 때 정동 주변으로 추측됨. 사진 좌측에 공사 중인 건축물 조사하면 위치 파악 가능할 듯함.
5302_화학 실험실	Koreans taught by Japanese	일본인에게 교육받는 한국인	
5303_철공 실습			
5304_건축설계 실습	These lads are all Koreans, taught by Japanese.	여기 보이는 모든 청년들은 한국인으로, 일본인에게서 교육받고 있다.	
5305_요업 실습	Korean youth taught by Japanese	일본인에게 교육받고 있는 한국의 젊은이들	경성공업전습소
5306_목공 실습			경성공업전습소
5307_방직 실습	Korean youth taught by Japanese	일본인에게 교육받고 있는 한국의 젊은이들	경성공업전습소
5308_인쇄 제본 실습			

54. 기독교와 선교사

사진번호 및 제목	그리피스의 친필 메모	해석	참고사항
5401_선교사의 이동	on the way to Pomasa	Pomasa 가는 길	범어사를 보마사로 부르기도 했음.
5402_테이트 선교사 가족	Miss tate seated Mrs. tate standing	Miss. Tate (앉은 사람) Mrs. Tate (선 사람)	루이스 테이트(Lewis Boyd Tate, 1892년-1925년까지 전주를 중심으로 남장로교 선교를 개척하고 교회를 건설)의 가족으로 추정됨. 선 사람과 앉은 사람에 대한 사진 설명이 뒤바뀐 듯함.
5403_테이트 부인	Mrs Tate ready to start in Korean chair to visit a sick woman, Chun-ju	테이트 부인이 가마에 앉아 여환자를 돌보기 위해 출발하려고 있다. 전주.	사진번호 5402와 같은 인물
5404_선교사	Miss buckland of Chun-ju two Korean teachers.	Buckland 여사와 두 명의 한국인 선생님, 전주	
5405_종탑	Erecting ___ memorial bell. mr. williams of the "missionary" is in the tower.		종 상량식 광경(1909년): 이 한옥 종탑은 1908년 별세한 전킨(W.M. Junkin)을 기념하여 그 아내(M.L. Junkin)가 기증한 직경 90cm짜리 큰 종을 달기 위해 만든 것이다. 웅장하면서도 맑은 소리가 20리 밖에서도 들렸다고 함. 일제 말기 공출 때 '전킨 목사 기념종'은 없어졌음. 당시의 종은 없지만, 지금도 종탑은 아직까지 남아 있음. 한국에 남아 있는 교회 종탑 중 예배당 건물과 독립된 종탑으로는 최고라 할 수 있음. (출처) http://www.saegilchurch.or.kr/?category=10251&mid=free&sort_index=voted_count&order_type=desc&comment_srl=17570&listStyle=webzine&page=2&document_srl=98826)

5406_다듬이질	Chairyung. women pounding clothes for cleansing.	재령, 다듬이질하는 여인	뒤에 선 서양 여인의 신분 확인 필요. 재령의 지명 확인 필요.
5407_절구질	Two Korean young women pounding rice and thus segregating grain from hull. Back of them is ___ ___'s wife	두 젊은 여인이 절구질을 하여 쌀 껍질을 분리하고 있다. 그들의 뒤에 있는 이는 ___ ___의 부인이다.	뒤에 있는 부인을 알아보는 것이 의미있음.
5408_기독교 학생들			
5409_아이들	Group of Deaf boys and their teachers- They are making signs for the two precious words "Jesus loves" Luke Ⅶ:27.	농아 학생들과 선생님. "예수는 당신을 사랑하십니다"라는 말을 수화로 표현하고 있다. 누가복음 7장 27절	누가복음 7장 27절의 내용은 이와 관련없음.
5410_평양 장대현교회 학생들	Studunts of presbyterian pyung – yang Korea	평양 장로교의 학생들	모팻 선교사의 자녀로 추정됨.
5411_복음을 듣는 할머니	An old lady of cohju who recently died at age of 84. she heard the Gospel when 80 and readily accepted christ. previous to her acceptance of christ she had a nervous twitching of the cuscles of the gave. she said the trouble was caused by little devils and her cut places to let out the devils. after she became a christian the cervous trouble left her.	최근 84세의 나이로 사망한 할머니이다. 그녀는 80에 복음을 들었고 그리스도를 받아들였다. 그리스도를 받아들이기 전에 그녀는 근육에 경련이 일어나면서 긴장했다. 그녀는 악마들에 의해 문제가 있다고 말하고 악마가 나가도록 했다. 그녀는 기독교인이 된 후 신경 문제가 없어졌다.	
5412_성경을 들고 있는 조선인			
5413_아펜젤러 부인	I da Appenzelle. Wellesley 1914	아펜젤러. 1914년 웰슬리에서.	
5414_Marry Apenzeller의 수첩			
5415_Marry Apenzeller의 수첩			
5416_Marry Apenzeller의 수첩	Mary Appenzeller	아펜젤러 부인	
5417_선교사 묘비	Mckee monument Lexington Cemetery	맥키 기념비 렉싱턴 묘지	
5418_윌리엄 제임스홀의 묘비	A pioneer of science and religion in Chosen Grace of Dr. Wm jas Hall on the bank of the Han near soul, Korea	종교와 과학의 선구자인 윌리엄 제임스 홀의 묘. 한강변, 서울 근교	
5419_순교자들			
5420_William Watts Folwell 가족	Dr. Folwell	Dr. Folwell	
5421_알렌 선교사	Best compliments and Thanks from? A___? part___?(Somebody's name?) Dr. Horace N. Allen Envoy Extraordinary and Minister Plenipotentiary of the United States of America, Korea	알렌 박사 미국의 특별대사, 전권대사	
5422_알렌 선교사	First medical missionary in Korea After wards U.S. Minister Plenipotentiary Dr.H.N.Allen us Envoy in Korea	알렌 박사. 한국 첫 의료선교사이자 미국 전권장관	
5423_아펜젤러 선교사 가족	Rev Henry G Appenzelle and family 1900	아펜젤러와 그의 가족들, 1900	
5424_선교사			누구인지 확인 필요함.

55. 근대의료

사진번호 및 제목	그리피스의 친필 메모	해석	참고사항
5501_수술실			
5502_간호사			
5503_간호사	The hope of Korea CARTE POSTALE Union Postale Universelle Wm.Elliot Griffis Glen Place Ithaca, NY	한국의 희망 서신 발신인	

6.기타

61. 악공 그림

사진번호 및 제목	그리피스의 친필 메모	해석	참고사항
6101_조선인상	People of corea taken from original painting	원그림으로부터 추출한 한국인	집박악사

62. 총독부 표창 및 식목일

사진번호 및 제목	그리피스의 친필 메모	해석	참고사항
6201_총독부 표창	Translation of the Certificate of Merit presented to Dr. R,S,Hall oct31/15. From early time you have done not a little noble deeds in regard to and __, and you are indeed, the good example to the people! Accordingly, the governments General of chosun awards one set of silver cups to you, as a token of its appreciation. 31st oct, 4th year of Taisho(1915) General Tara~_ The Governor General of Chosun [photo of Dr. Hall certificate of merit and _ silver cups]	조선총독부 테라우치 총독이 수여한 상장	
6202_식목일	Arbor day in Korea pr__ itonda of pyong yang city in the fore-ground planting a tree.	평양에서 식목일에 나무를 심는 전경	

63. 기타 서구인 사진

사진번호 및 제목	그리피스의 친필 메모	해석	참고사항
6301_윌리엄 맥케이	William Mckay, accidentally shot in Seoul, Corea.	한국 서울에서 우연히 촬영한 윌리엄 맥케이	미국 에디슨 전기회사의 기사 윌리엄 맥케이(William McKay). 1887년 경복궁에 발전기와 전등을 설치함.
6302_미확인			
6303_미확인			